大韓帝國期 曆書

박경수 엮음

제이앤씨
Publishing Company

目次

大韓帝國期 曆書의 복원 출판에 즈음하여

본서의 출간은 국운이 풍전등화와도 같았던 大韓帝國期로부터 한국역사상 가장 어렵고 힘들었던 日帝强占期까지 한국인의 파란만장한 실생활 역사가 고스란히 담겨 있는 近代曆書를 통해 제국의 식민지 경영 시스템을 재조명함에 있다。

필자가 처음 近代曆書를 접하게 된 것은 개화기 신교육을 위한 관공립 초등학교 교과서 연구에 몰두하기 시작한 2008년 즈음이었다。 이때 수집된 자료를 찬찬히 살펴보던 중 일본이 제국을 향한 정치적 목적이 일상생활에 너무도 밀착되어있는 曆書에까지 반영되어 있음을 포착하고 近代曆書에 대한 총체적인 정리와 재조명이 시급함을 느꼈던 까닭이다。

이 방대한 작업을 위해 가장 먼저 해야 할 일은 당시의 여기저기 흩어져 존재의 유무조차 잃어가고 있는 曆書를 일일이 발굴하여 집대성하는 일이었다。 근대 한국인의 일상생활 지침에 대한 가장 실증적인 사료(史料)로서의 가치를 고려하지 않을 수 없었기 때문이다.

단단히 각오하고 시도한 일이었지만 처음부터 난항을 거듭했다. 그동안 부분적인 연구를 하면서 나름대로 원문을 확보하여 정리해 오긴 했지만 상태불량, 파본, 더욱이 결장에 결권도 적지 않아 영인본으로 출간하기에는 역부족이었다.

무엇보다 시급한 것은 조금이라도 상태가 괜찮은 曆書 전권의 확보였다. 그러나 이미 찾아볼 만큼 찾아봤던 터라 새로이 曆書를 찾아내는 것도 상태가 괜찮은 曆書를 확보하는 것도 쉬운 일은 아니었다. 그나마 어렵사리 찾아낸 것도 내용을 살펴보면 결장 또는 낙서 등으로 얼룩져 있거나 좀이 슬어 얼룩져 있거나 이내 부서지는 등 보존상태가 엉망인 것도 상당했다. 이 귀중한 사료가 불과 120여 년 남짓 세월에 이런 상태가 되어버린 안타까움에 만감이 교차했다. 그러나 그렇다고 해서 이대로 중단할 수는 없었다. 지체하면 지체할수록 원문의 분실 및 훼손에 대한 우려가 크다는 것이 자명한 까닭이다.

다시 한번 심기일전하여 조금이라도 상태가 좋은 원문의 확보에 더욱 박차를 가했다. 그동안 나름대로 소명의식을 갖고 열정적으로 수행해왔던 이 일이 행여 뒷전으로 밀려나지 않을까 하는 조바심 또한 본 작업을 더욱 재촉하게 하였다. 그러나 국내 어느 도서관을 검색하고 수소문해 보아도 일본에 소재한 유명도서관을 검색하거나 고서점을 수소문 해 보아도 개인 소장자를 찾아가 보아도 일부만 소장하고 있을 뿐 제대로 셋팅된 曆書 전권의 확보는 불가능했다。 혹여 일본에는 있으려나 하는 마음에 방학 중에 일본에 산재해 있는 고서점을 일일이 탐방하고자 계획했지만 근래 경색된 한일관계와 코로나19의 장기화로 인해 그것마저도 여의치 않았다。 특히 1940년대의 曆書는 좀처럼 찾아내기 힘들었음에도 가까스로 近代曆書 전권을 확보하기에 이르렀다。

돌이켜보니 우리는 한동안 일본의 식민지였다는 불운한 역사를 지우기 위해 무던히 애썼던 때가 있었다。 광복 직후에는 일제의 잔재로 여겨지는 모든 것들을 파괴하거나 샅샅이 찾아내어 소각해버렸고、그 이후로도 주권 없는 설움과 치욕으로 얼룩진 시대를 애써 외면하거나 피차 거론하기를 삼갔던 일도 부인할 수 없는 사실이다。

최근 들어 역사 바로 알기 차원에서 이를 복기하는 작업이 이루어지고 있지만 대개 3월과 8월을 전후하여 일시적으로 거론되거나 부분적으로 진행되다가 이내 잠잠해지는 실정에 있다。 그러나 이 또한 한국 근대사에서 빼놓을 수 없는 반드시 기억해야 할 역사적 사실이기에 누구나 그 실상에 접근할 수 있도록 실증적인 사료(史料)로서 近代曆書를 복원하는 일이야말로 오늘날 우리 세대에서 반드시 이루어야 할 필수적인 작업이라는 일념 하나로 수많은 난관을 무릅쓰고 본 작업을 꾸준히 진행해왔다。 그 결과 첫 번째 결실로 2021년 12월 日帝强占期 曆書 全35冊(「~~朝鮮民曆」26冊、「~~略曆」9冊)을

망라하여 영인본으로 출간하였으며, 금번에 近代曆書 복원의 마무리 차원에서 **大韓帝國期 曆書 全 13冊**(「~明時曆」 11冊, 「~曆」 2冊)을 출간하기에 이른 것이다.

이 실증적인 사료가 현대를 살아가는 대한민국 국민에게는 열강들의 타깃이 되어 파란만장한 세월로 점철되었던 구한말 우리 역사를 바로 아는 데 도움이 되기를, 아울러 후속 연구자들에게는 기초자료로 활용될 수 있기를 바라는 마음이 절실하다.

본서의 출간은 정부의 도움을 얻어 진행되었다. 뒤늦게나마 본 작업의 중차대함을 인지하고 近代曆書의 연구에 몰두할 수 있도록 학술적 지원을 아끼지 않은 대한민국 정부(교육부와 한국연구재단)에 감사드린다.

끝으로 출판업계의 어려움을 무릅쓰고 본서의 출판에 흔쾌히 출판에 응해주신 제이앤씨 윤석현 사장과 이의 편집에 수고를 아끼지 않으신 최인노님께 감사의 마음을 전하고 싶다.

2022년 12월

박경수

일러두기

一 본서는 대한제국 관상소(觀象所)와 대한제국 학부 편집국에서 발행한 일반용 曆書 전권 13冊을 영인한 영인본이다。

二 본서는 국내 대학도서관、고서점 외에도 개인 소장자를 수소문하여 확보한 원문을 저본으로 하였다。

三 낙서、낙장、파본、결장 등 훼손된 부분과 선명하지 못한 부분은 최대한 복원하려 하였다。

四 본 영인본의 내용 중 간혹 발견되는 당시 사용자의 수기(手記) 부분은 사료적 가치를 고려하여 참고용으로 그대로 두었다。

五 大韓帝國期에 시행된 曆書의 규격은 『大韓光武二年明時曆』(1898)부터 『大韓光武十一年明時曆』(1906)까지는 木板本 四周單邊 半郭 21·8×12·3㎝、『大韓隆熙二年明時曆』(1907)은 23·4×16·8㎝、『大韓隆熙三年曆』(1909)에 이르러 25·4㎝×16·8㎝ 규격으로 발행되는 등 시기에 따라 약간의 변화가 있었으나、편의상 같은 규격으로 영인하였다。

1 大韓光武二年明時曆(1898)

大韓光武二年明時曆
1898

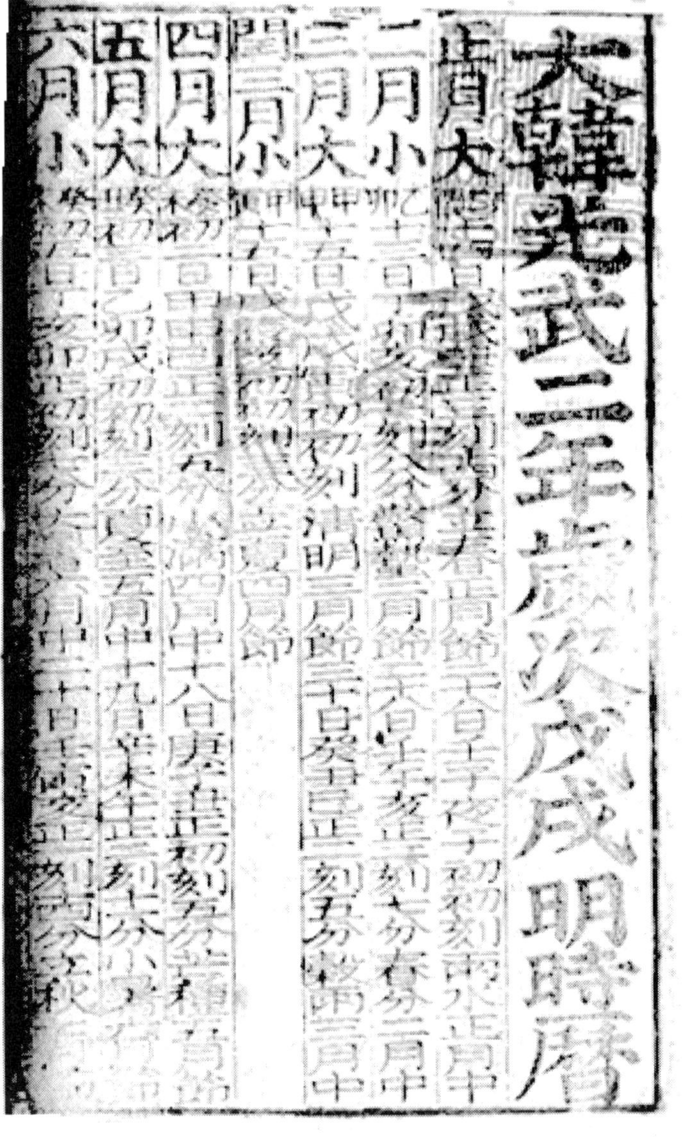

大韓光武二年歲次戊戌明時曆

正月大

二月小

三月大

閏三月小

四月大

五月大

六月小

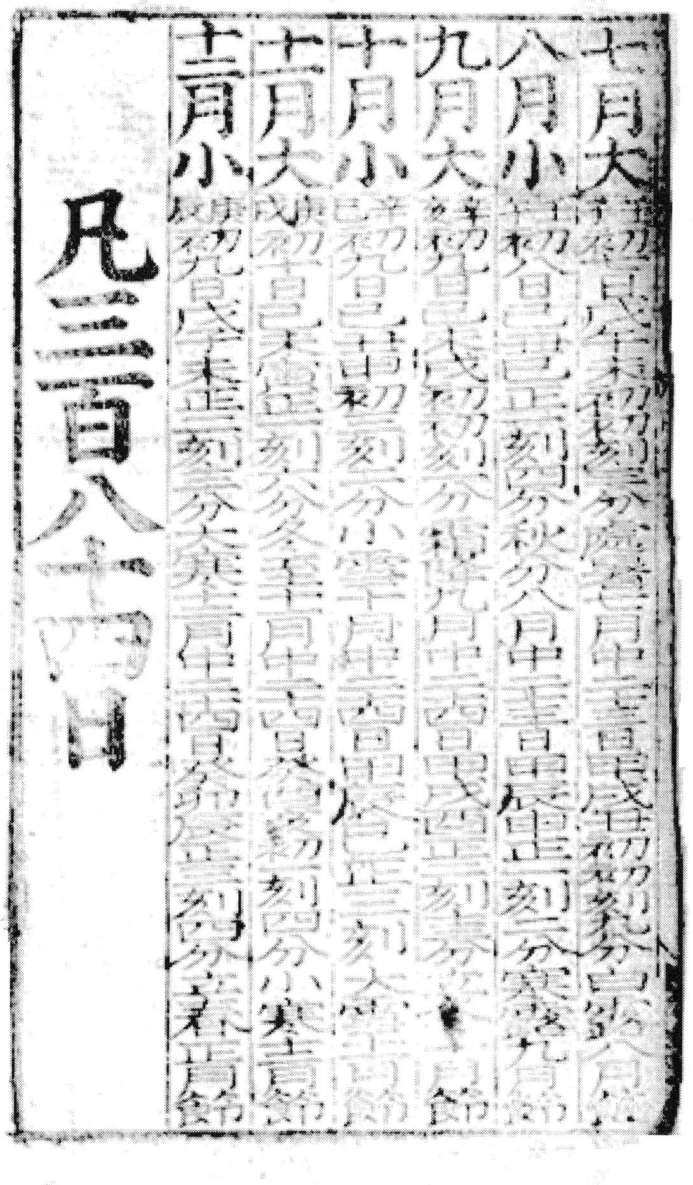

七月大

八月小

九月大

十月小

十一月大

十二月小

凡三百八十四日

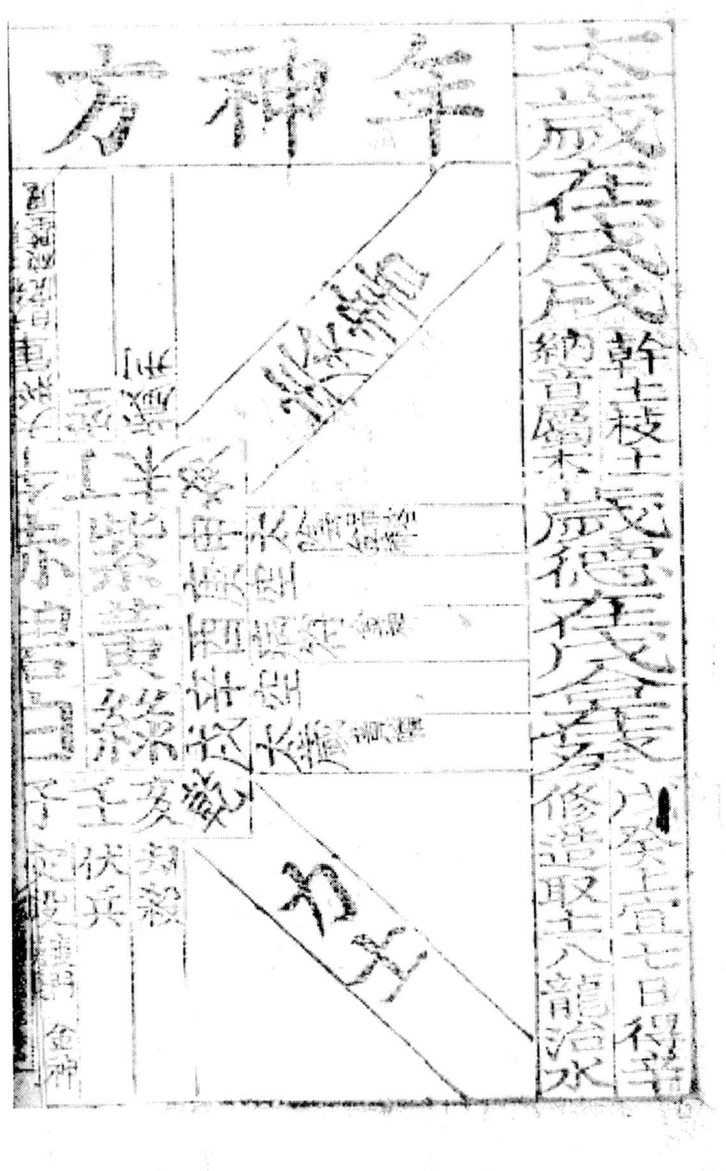

年神方

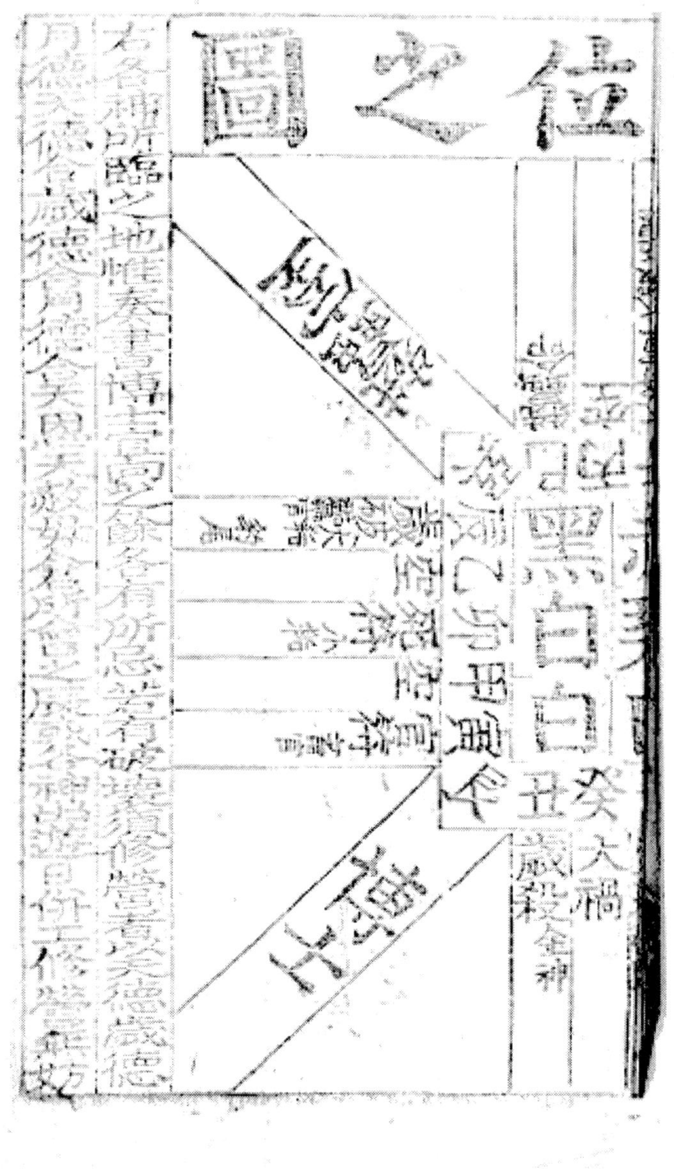

正月大 建甲寅

十四日戊戌丑正三刻立春正月節 天道南行宜向南行宜修造南方

[illegible]

初一日乙酉水 [illegible]

初二日丙戌土 [illegible]

初三日丁亥土 [illegible]

初四日戊子火 [illegible]

初五日己丑火 [illegible]

初六日庚寅木 [illegible]

初七日辛卯木 [illegible]

初八日壬辰水 [illegible]

初九日癸巳水 [illegible]

初十日甲午金 [illegible]

十一日乙未金 [illegible]

十二日丙申火 [illegible]

十三日丁酉火 [illegible]

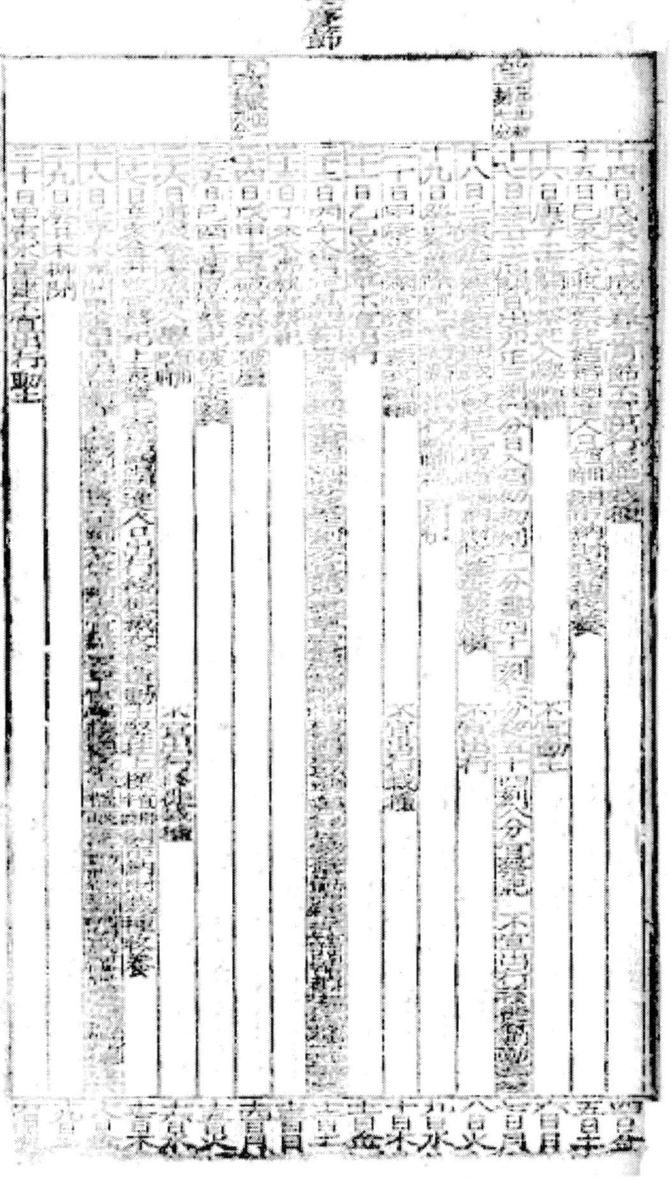

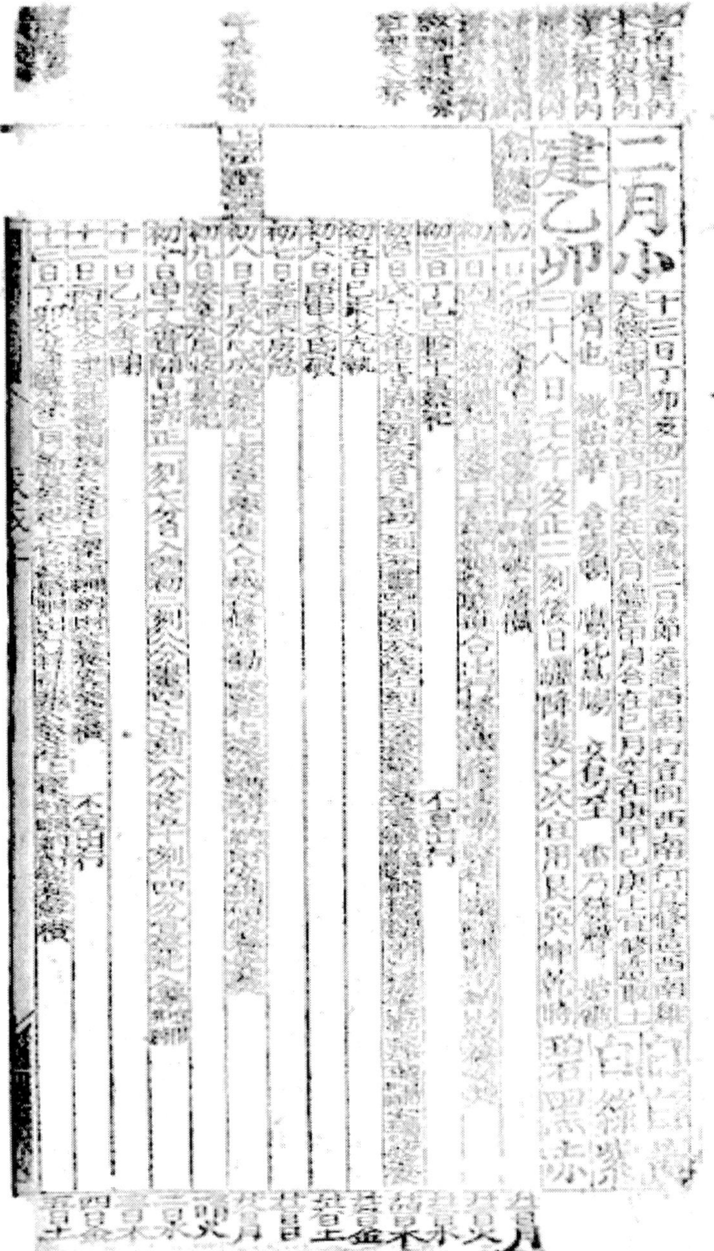

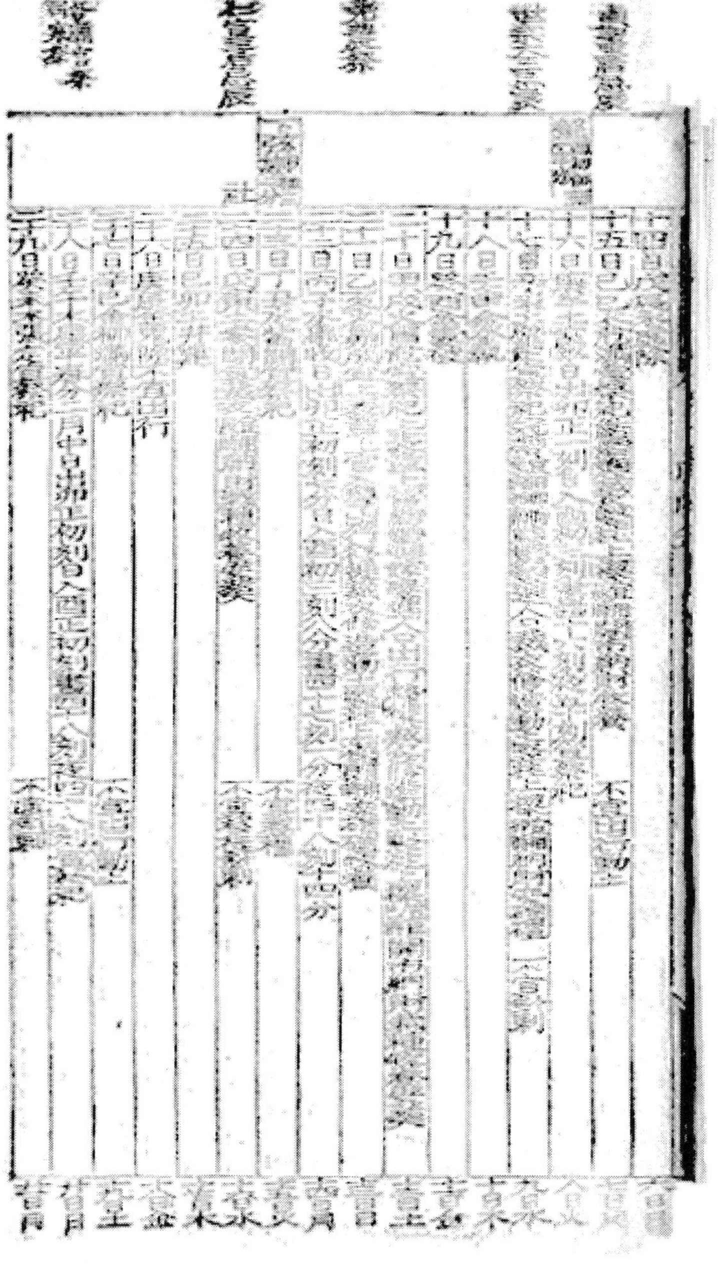

三月大
建丙辰

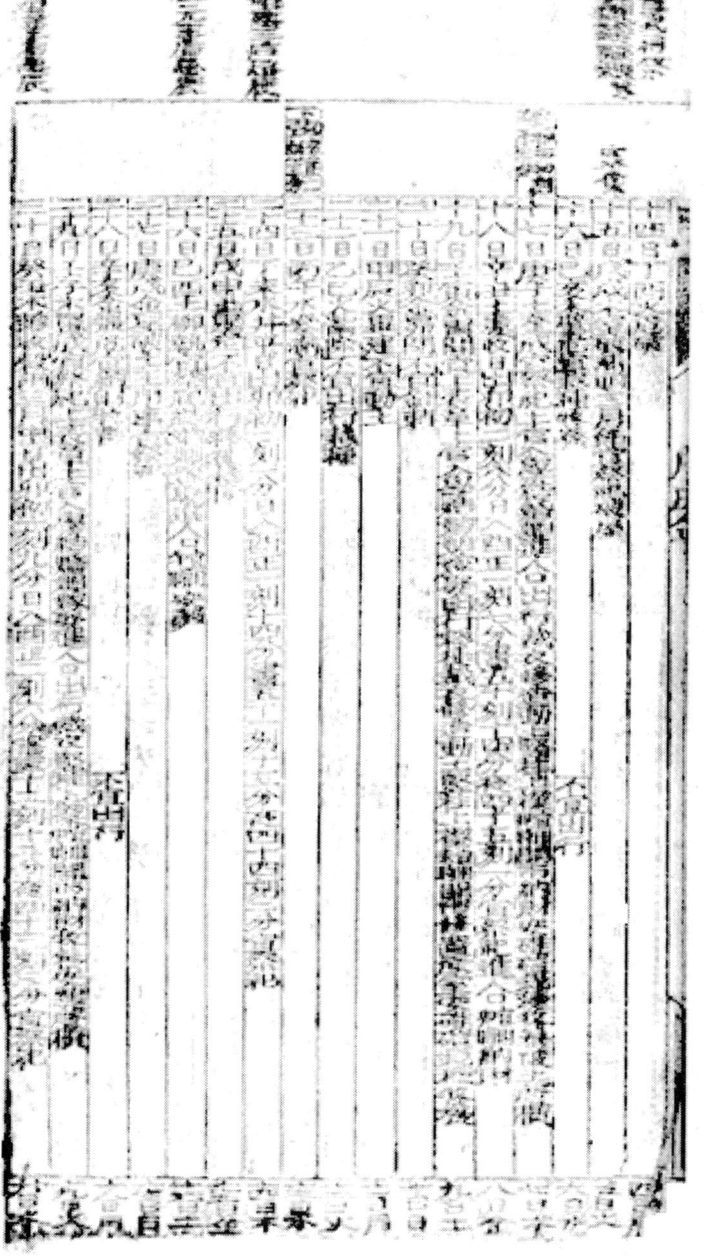

二十五日戊辰亥初初刻立夏四月節以前依三月用以後依四月用

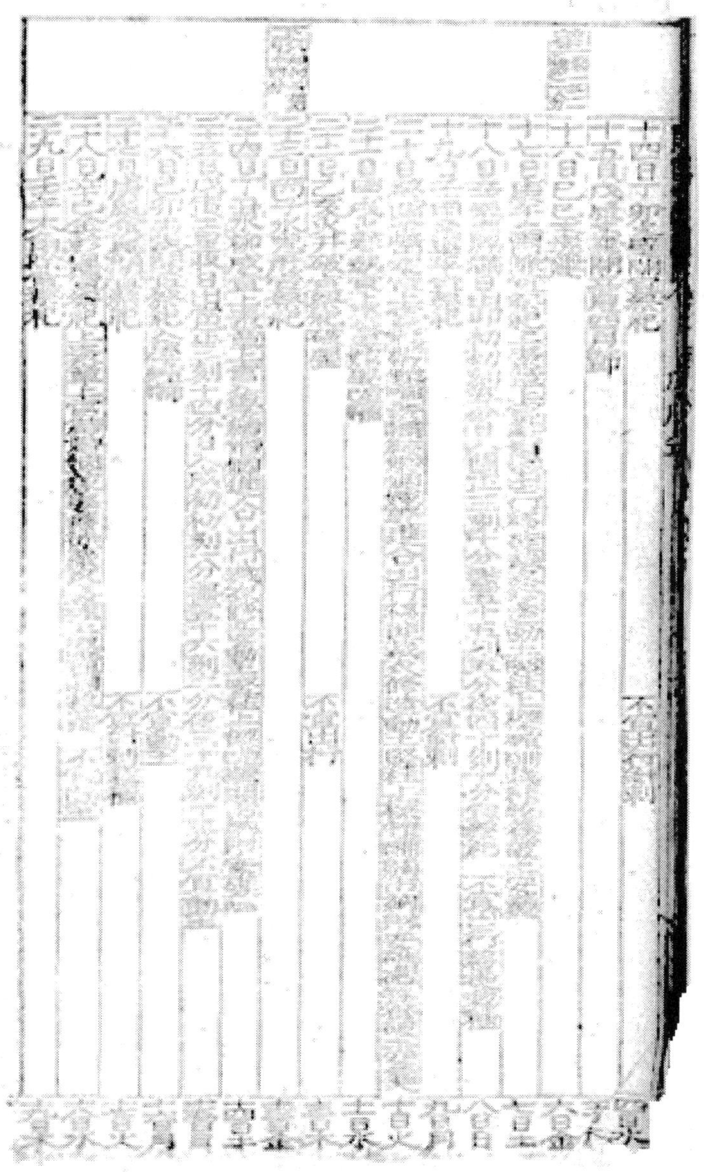

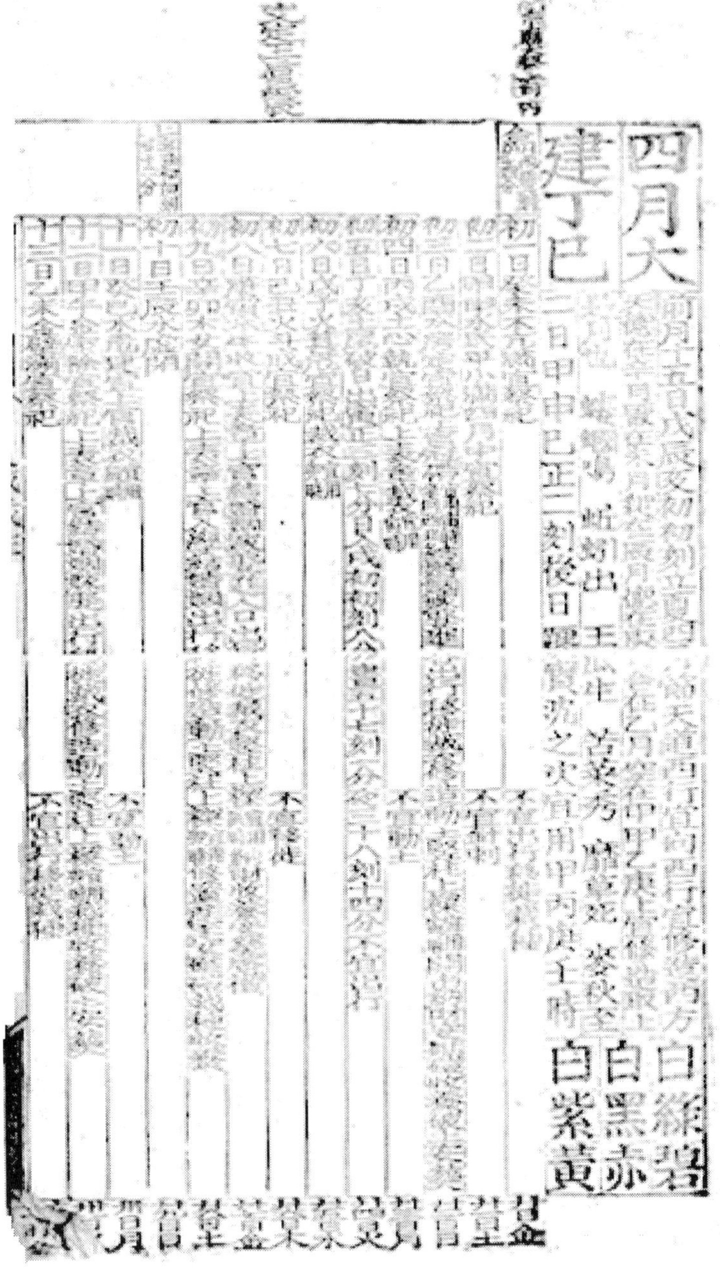

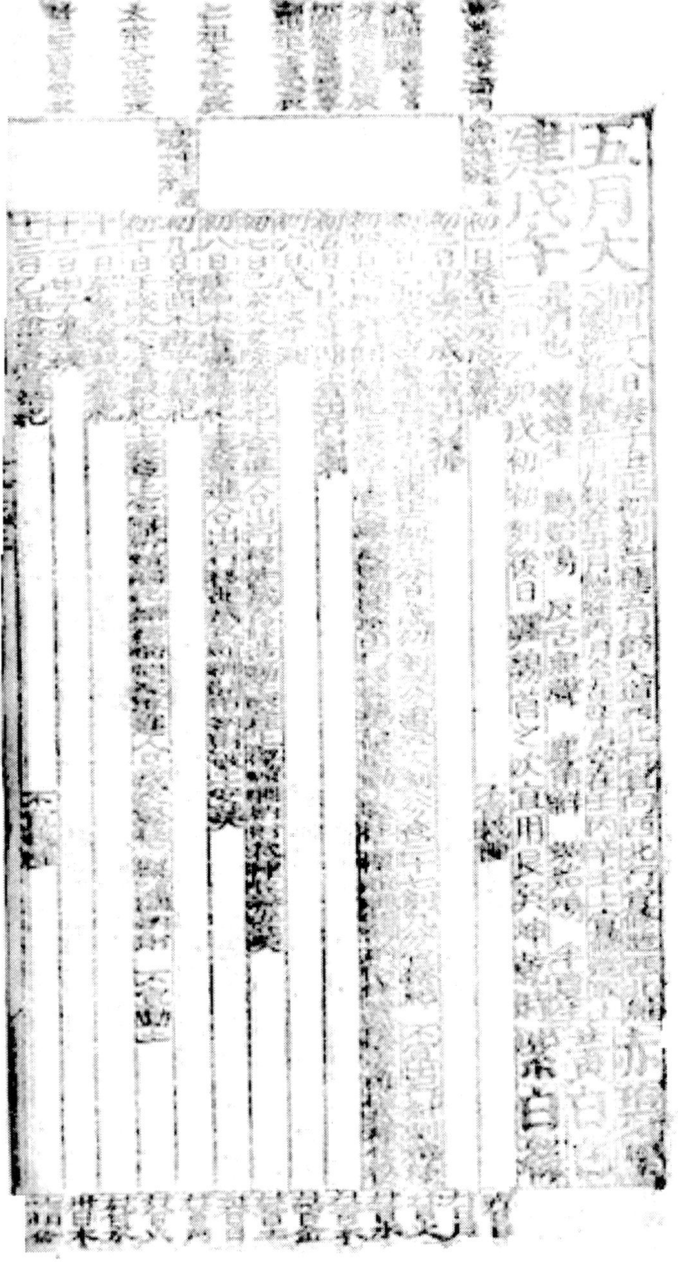

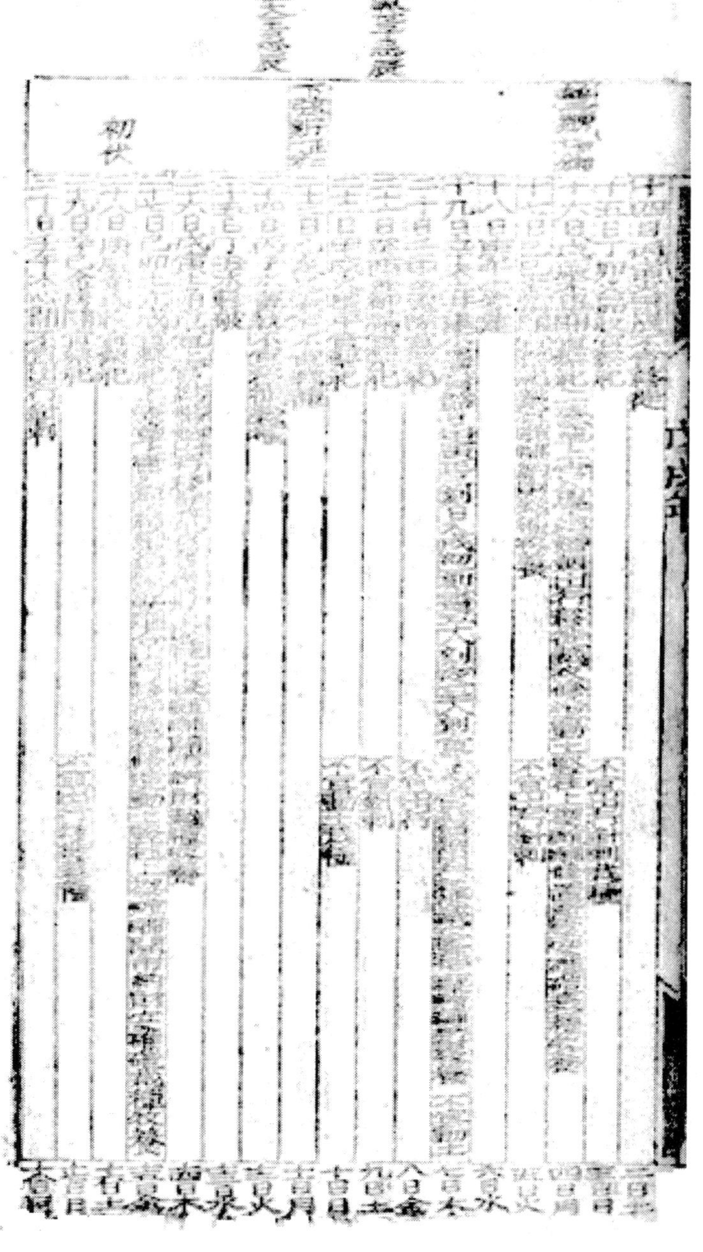

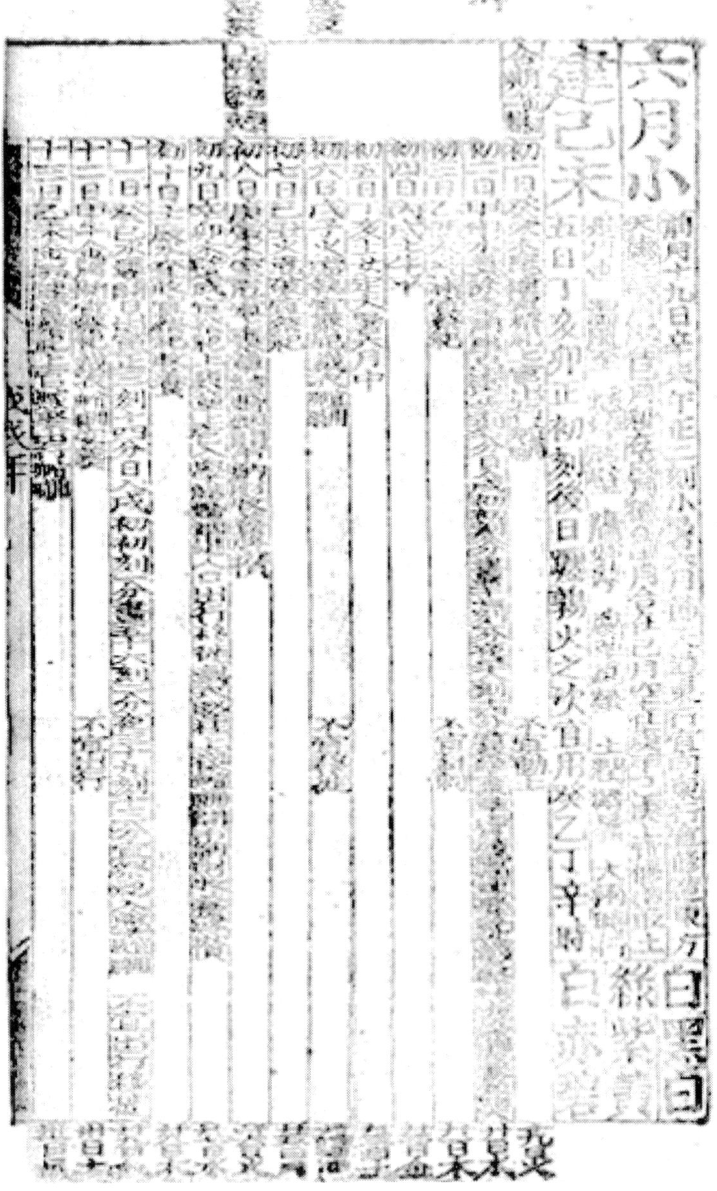

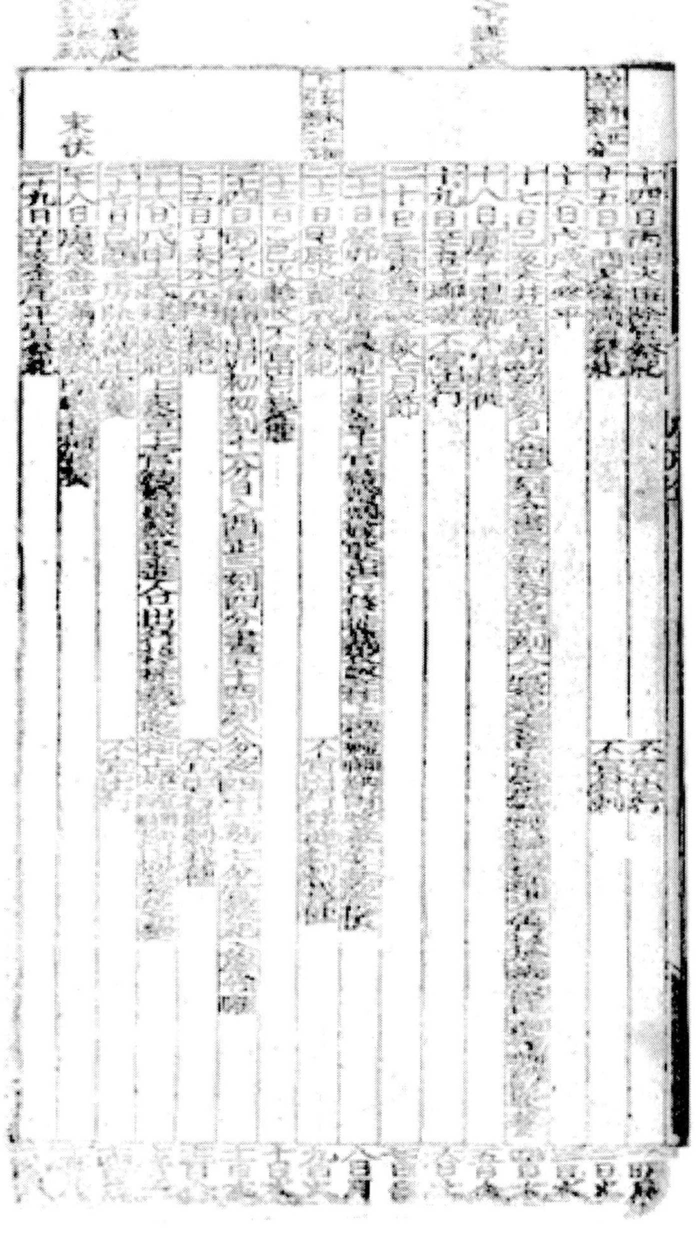

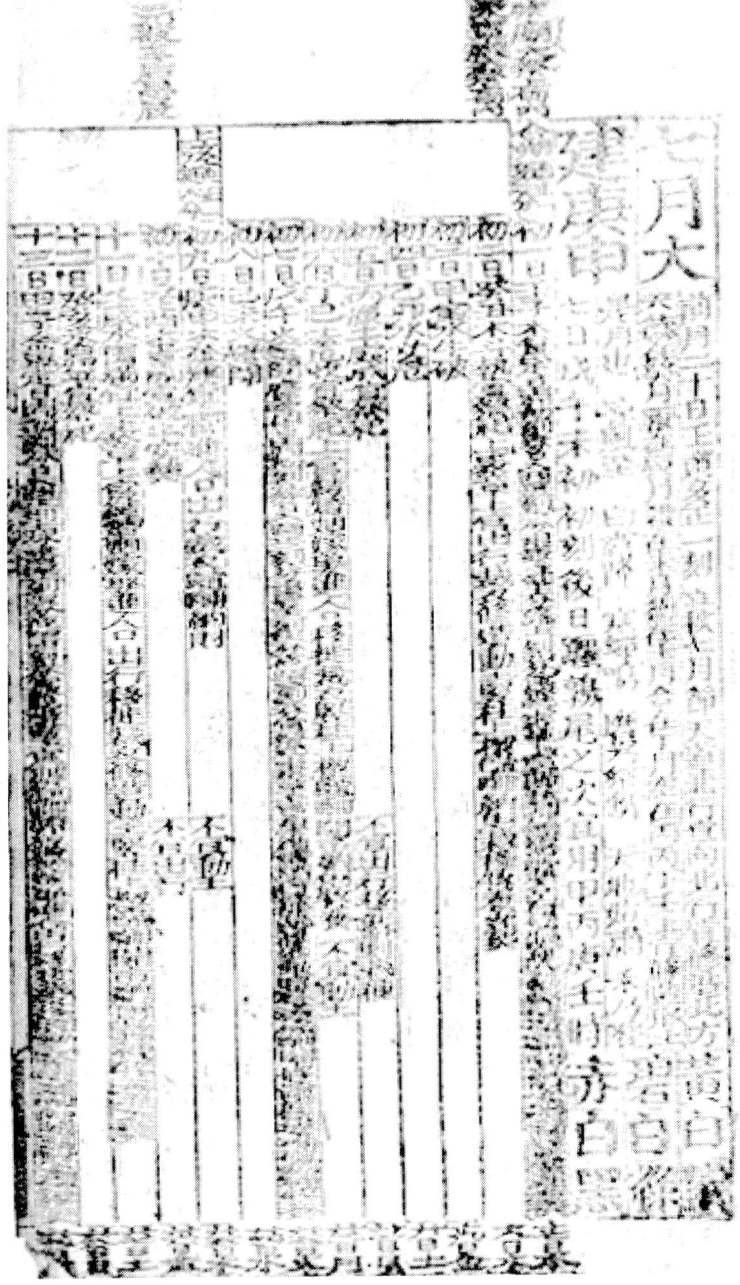

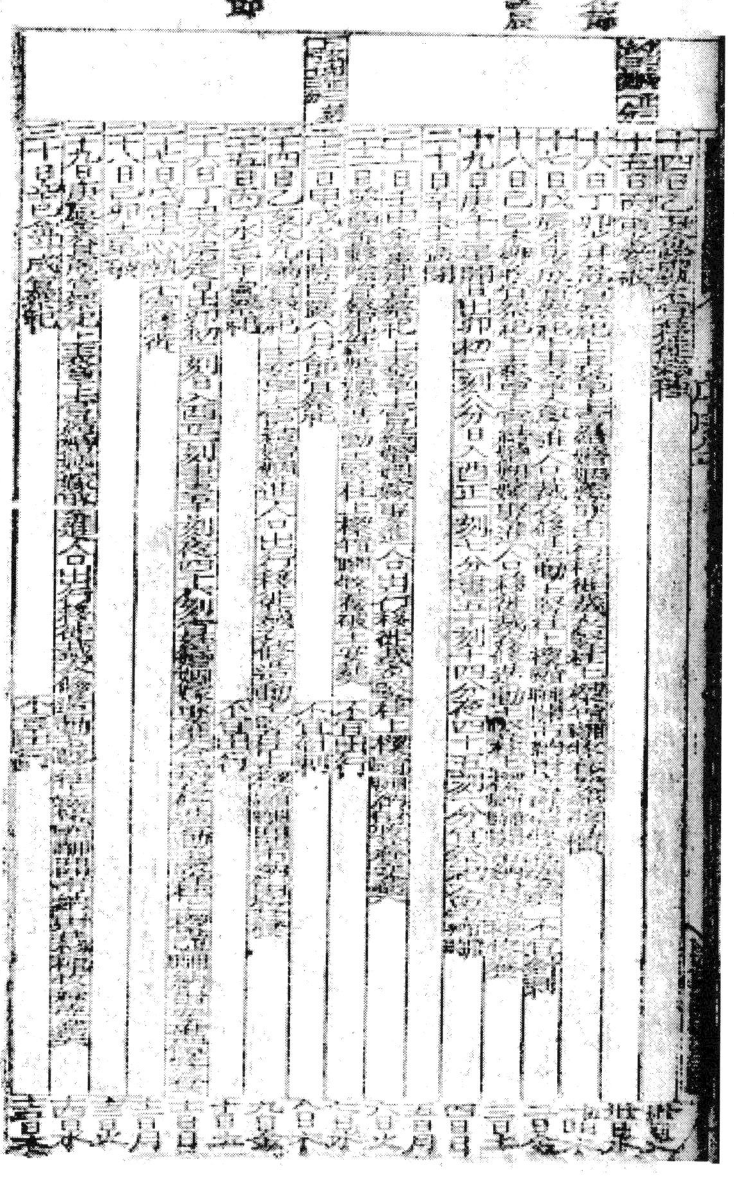

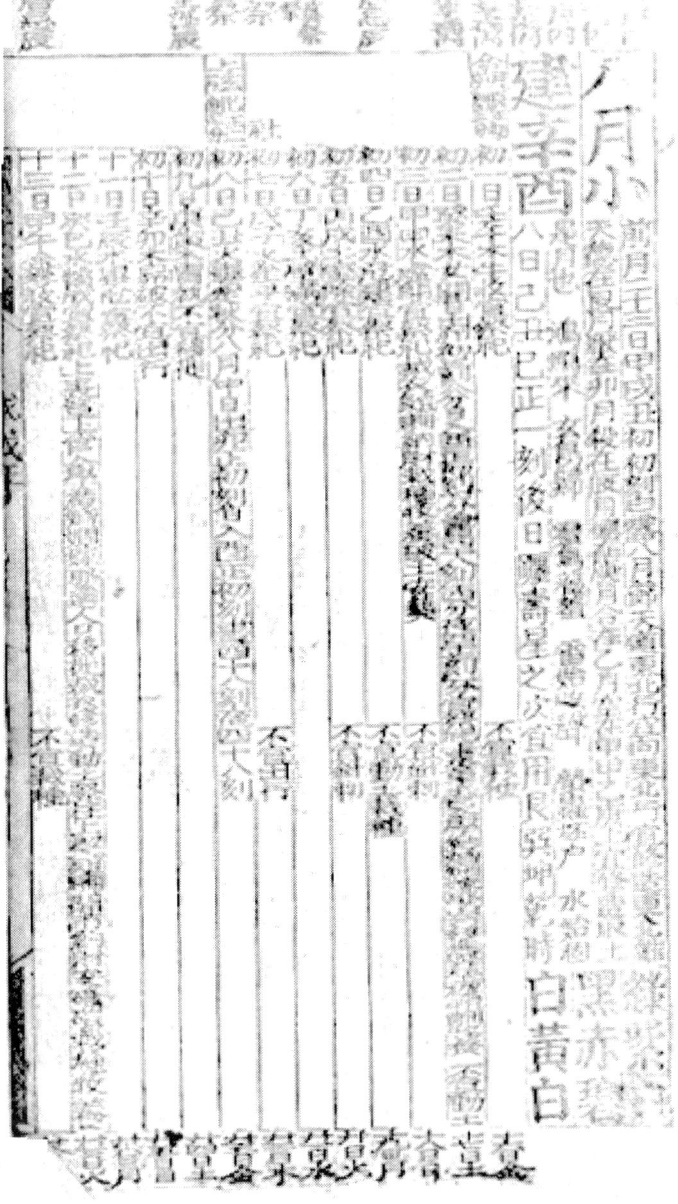

十四日乙未金[illegible]開 [illegible]

十五日丙申火[illegible]閉宜祀

十六日丁酉火[illegible]建宜祀

十七日戊戌木[illegible]除宜祀

十八日己亥木[illegible]滿宜祀 [illegible]

十九日庚子土[illegible]平宜祀

二十日辛丑土[illegible]定 [illegible]

二十一日壬寅金[illegible]執不宜[illegible]

二十二日癸卯金[illegible]破

二十三日甲辰火[illegible]危 [illegible]

二十四日乙巳火[illegible]成宜祀

二十五日丙午水心收宜祀 [illegible]

二十六日丁未水尾開日出卯正一刻八分 日入酉初二刻七分 [illegible]

二十七日戊申土箕閉宜祀 [illegible]

二十八日己酉土斗建不宜[illegible]

二十九日庚戌金[illegible]除宜祀

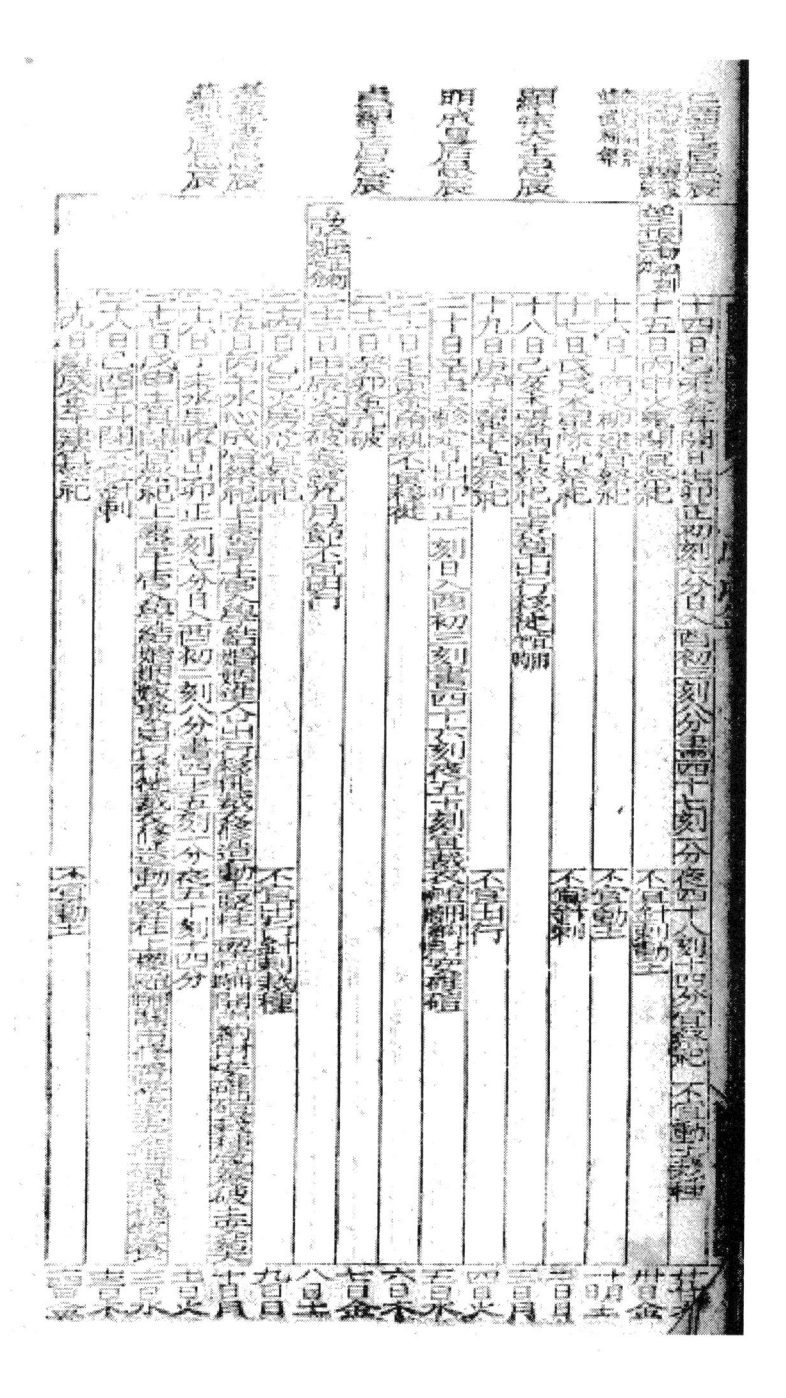

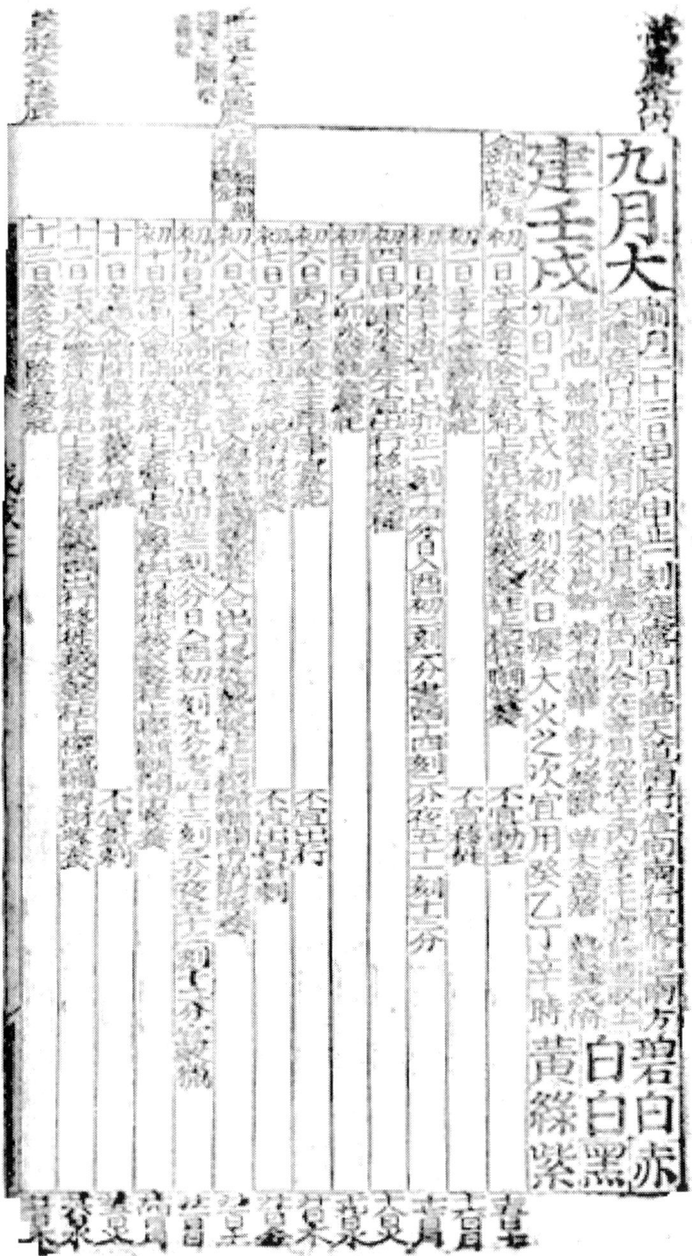
九月大

建壬戌

九日己未戌初初刻後日躔大火之次宜用癸乙丁辛時

碧白赤
白白黑
黃綠紫

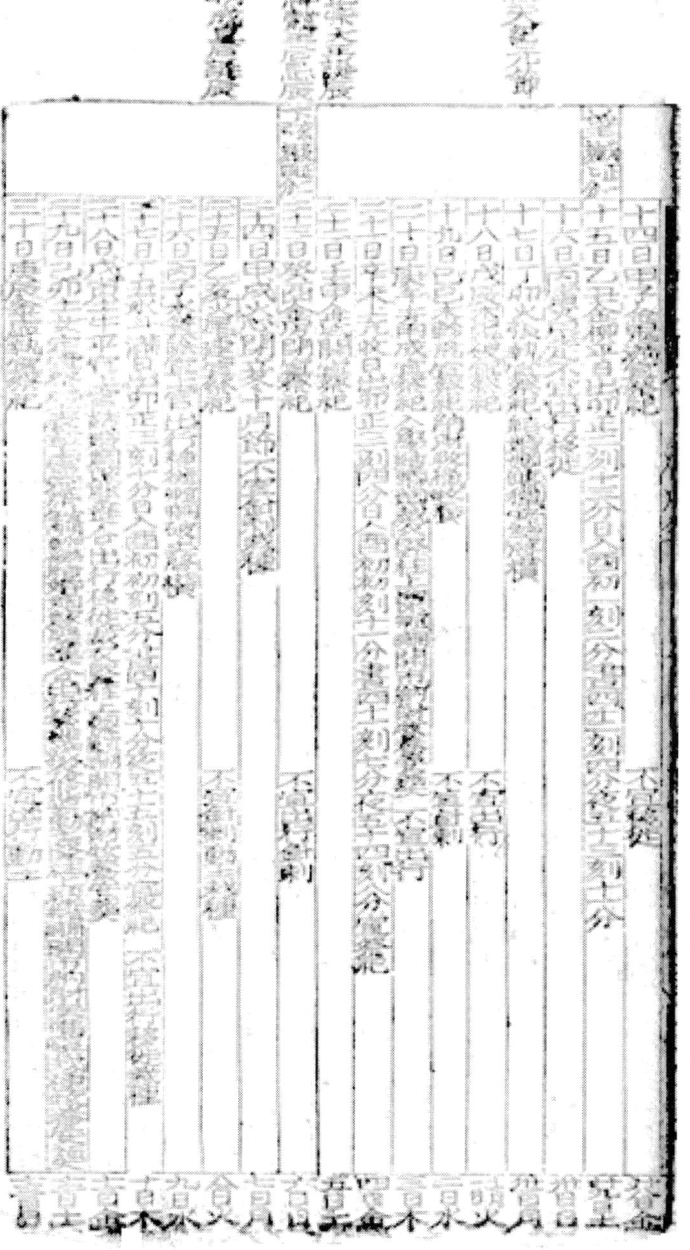

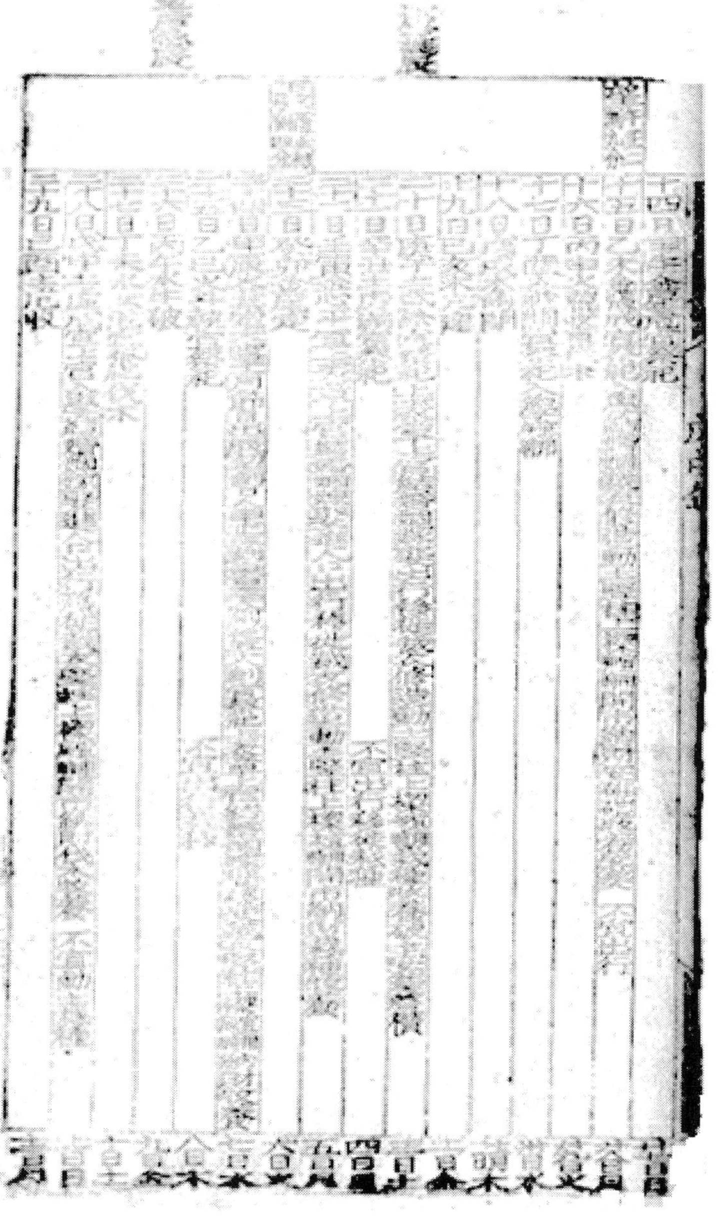

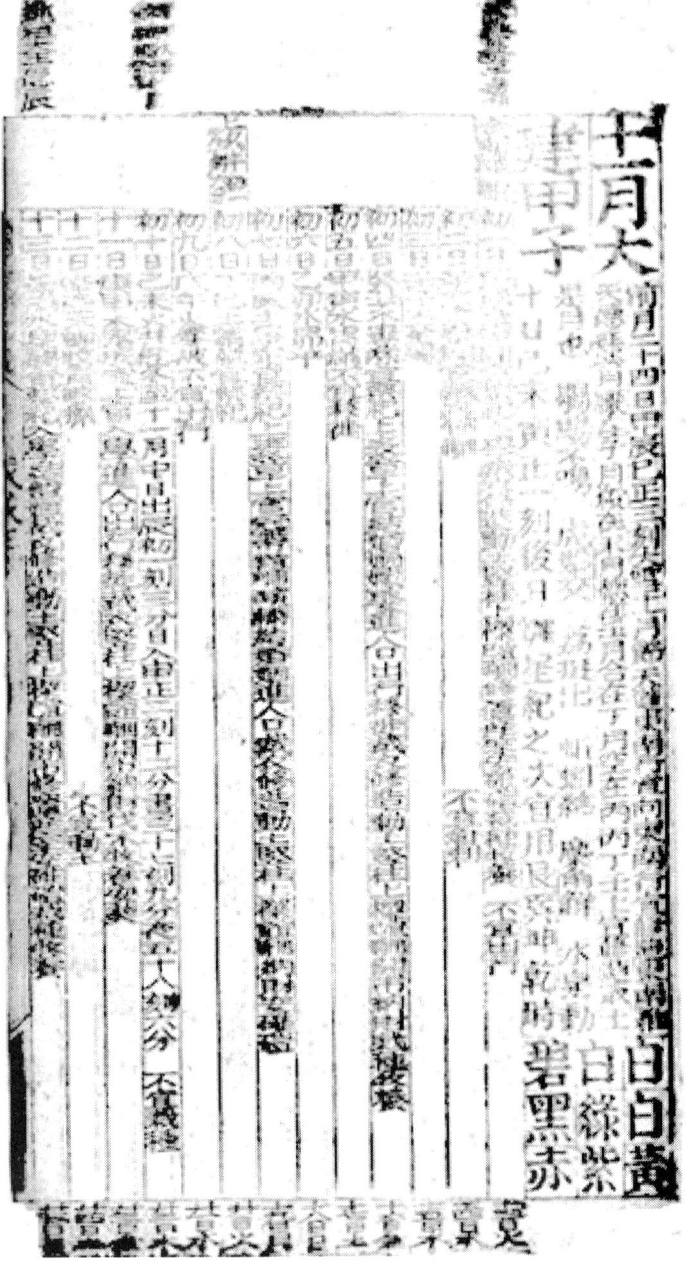

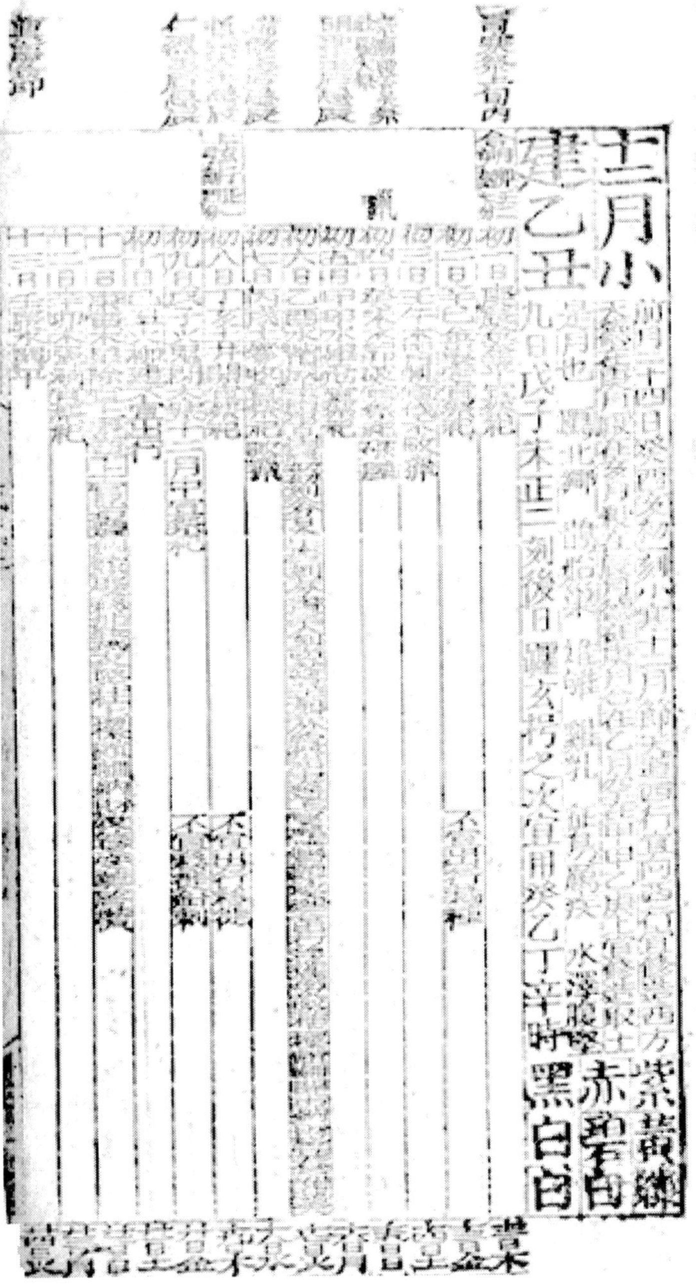

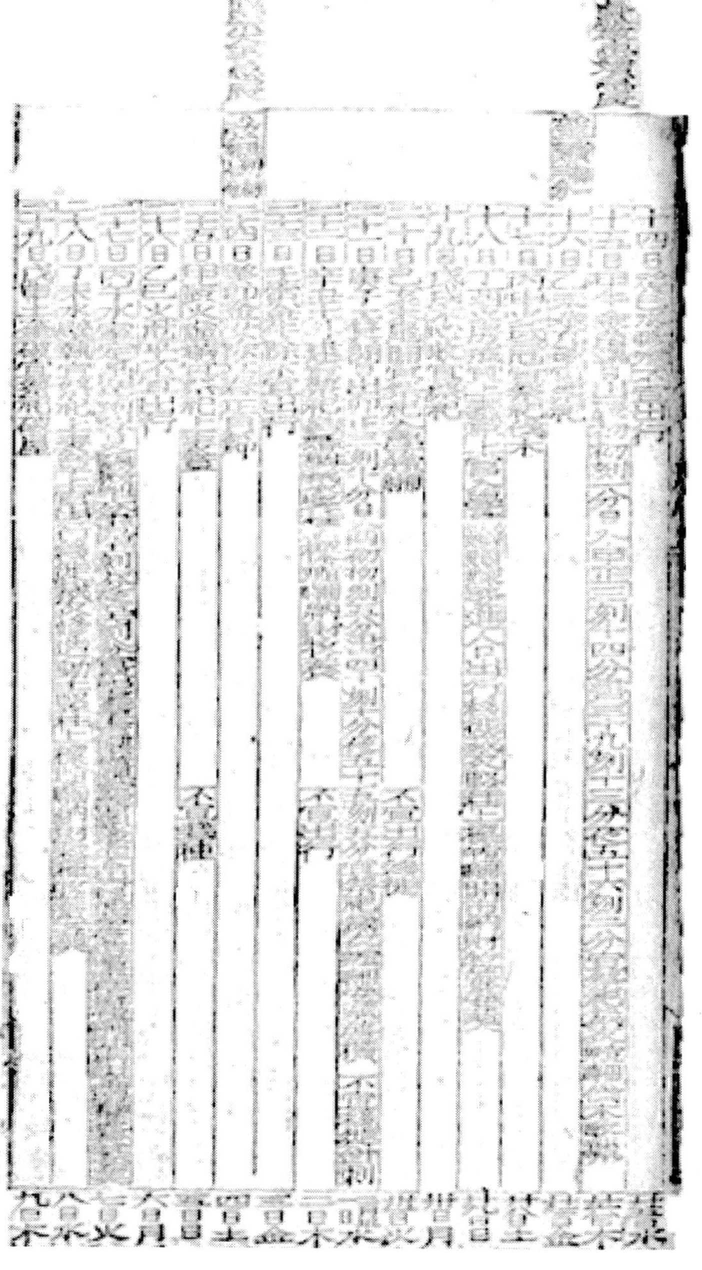

天恩上吉日甲子乙丑丙寅丁卯戊辰己卯庚辰辛巳壬午癸未己酉庚戌辛亥壬子癸丑

天赦上吉日春戊寅夏甲午秋戊申冬甲子男忌吉日春冬丁卯秋夏己未冬癸酉辛酉後巳午

天德合正月在壬三月在丁四月在丙六月在己七月在戊九月在辛十月在庚十二月在乙

大殺已下神殺出遊日　甲子日東遊　己巳日還位　丙子日南遊　辛巳日還位　戊子日遊中宮

癸巳日還位　庚子日西遊　乙巳日還位　壬子日北遊　丁巳日還位

日遊神所在之方不宜安產掃舍宇設牀帳　癸巳甲午乙未丙申丁酉日在房內北

戊戌己亥日在房內中　庚子辛丑壬寅日在房內南　癸卯日在房內西

甲辰乙巳丙午丁未日在房內東　戊申日在房內中　己酉日出外遊四十四日

逐日人神所在不宜針灸　一日在足大指　二日在外踝　三日在股內　四日在腰　五日在口　六日在手　七日在內踝

八日在腕　九日在尻　十日在腰背　十一日在鼻柱　十二日在髮際　十三日在牙齒　十四日在胃脘　十五日在遍身

十六日在胸　十七日在氣衝　十八日在股內　十九日在足　二十日在內踝　二十一日在手小指　二十二日在外踝　二十三日在肝及足

二十四日在手陽明　二十五日在足陽明　二十六日在胸　二十七日在膝　二十八日在陰　二十九日在膝脛　三十日在足趺

太白逐日遊方不宜嫁娶移徙往來抵向　一日十一日二十一日正東　二日十二日二十二日東南

三日十三日二十三日正南　四日十四日二十四日西南　五日十五日二十五日正西　六日十六日二十六日西北

七日十七日二十七日正北　八日十八日二十八日東北　九日十九日二十九日中方　十日二十日三十日在天

長短星日不宜裁衣納財　正月七日長星　二十一日短星　二月四日長星　十九日短星　三月一日長星

十六日短星　四月九日長星　二十五日短星　五月十五日長星　十九日短星　六月十日長星　二十日短星

七月八日長星　二十二日短星　八月二日五日長星　十八日十九日短星　九月三日四日長星　十六日十七日短星

[illegible]

修宅 [illegible]

今年小墓 宜正月十月 不宜九月

今年大墓 宜正月四月 不宜九月

[illegible]

周堂圖

凡選擇嫁娶日大月從夫順數小月從婦逆數擇第字吉者婦人用之如遇翁姑 [illegible] 而無翁姑亦可用

2 大韓光武三年明時曆(1899)

大韓光武三年明時曆
己亥

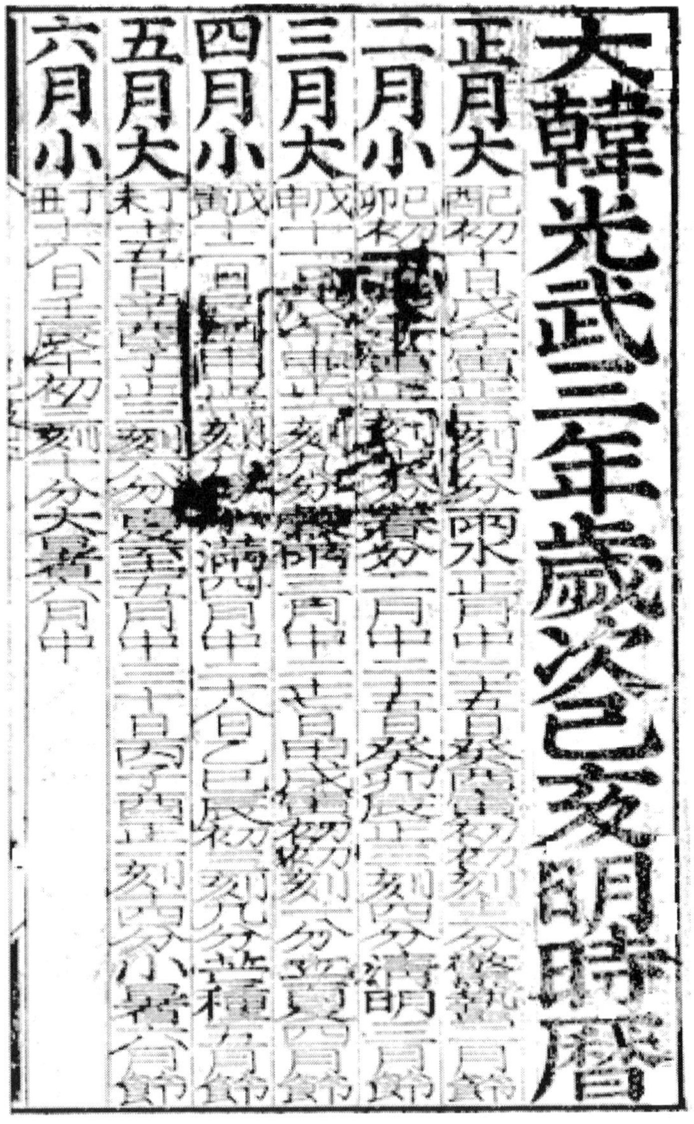

大韓光武三年歲次己亥明時曆

正月大

二月小

三月大

四月小

五月大

六月小

七月大
八月大
九月小
十月大
十一月小
十二月大
凡三百五十五日

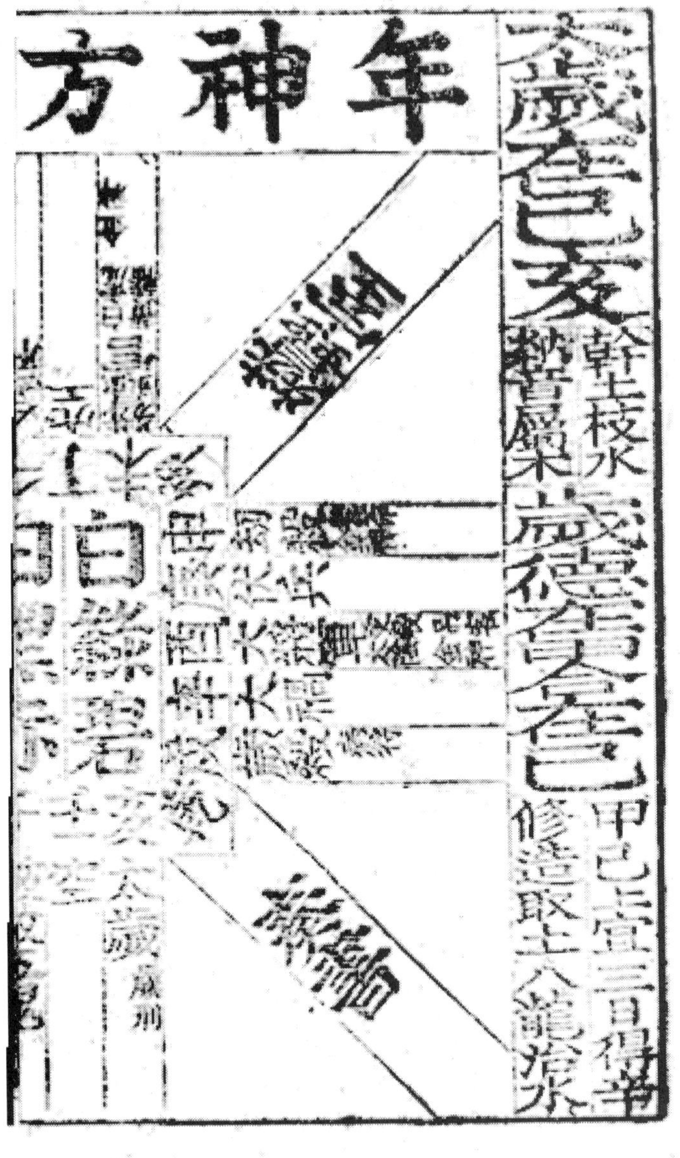
年神方
歲次己亥

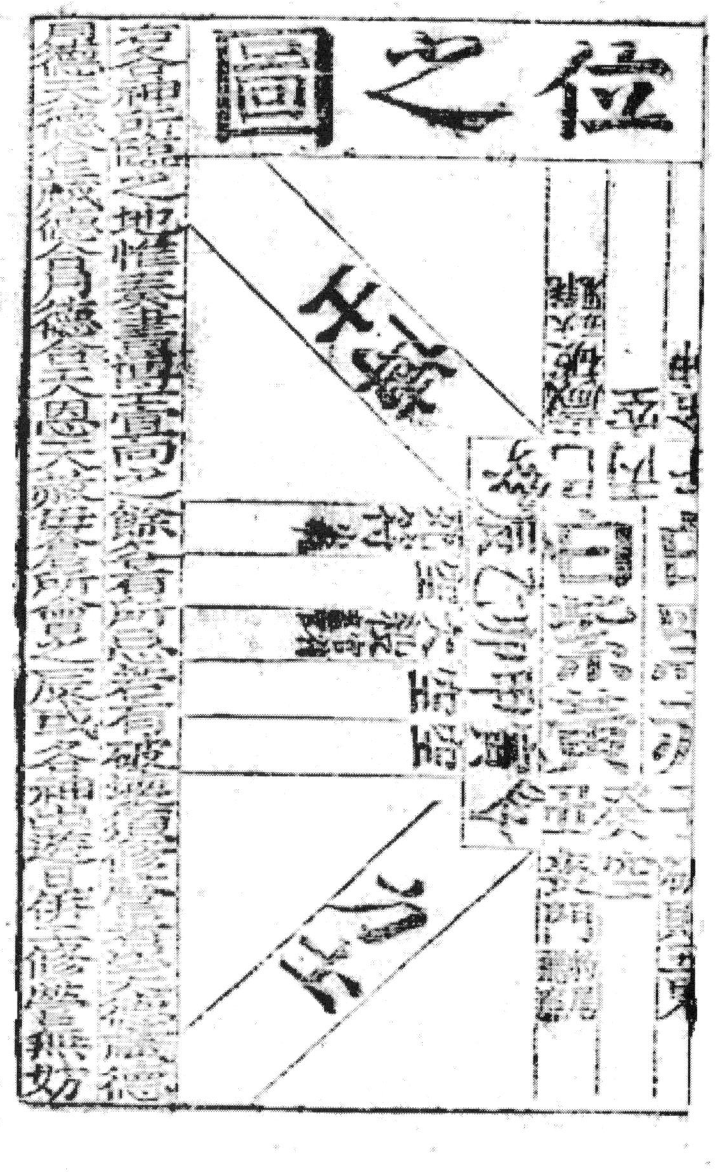
位之圖
午
癸

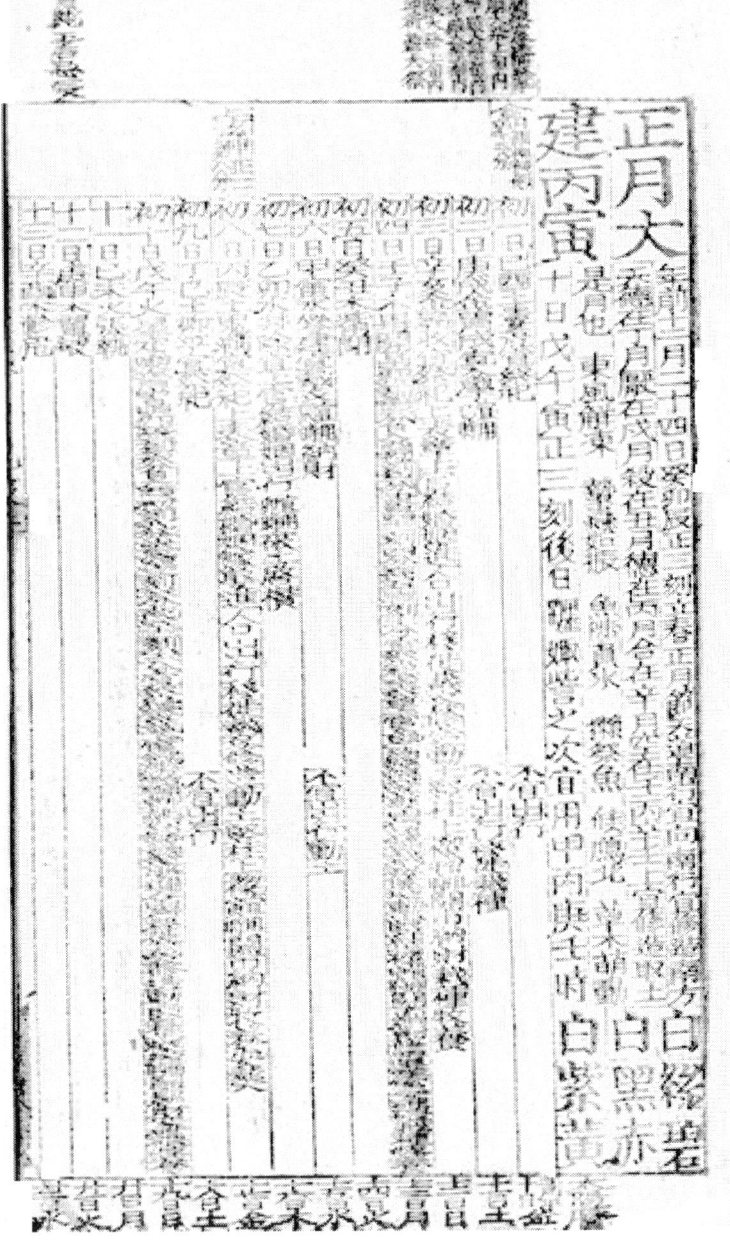

正月大

建丙寅

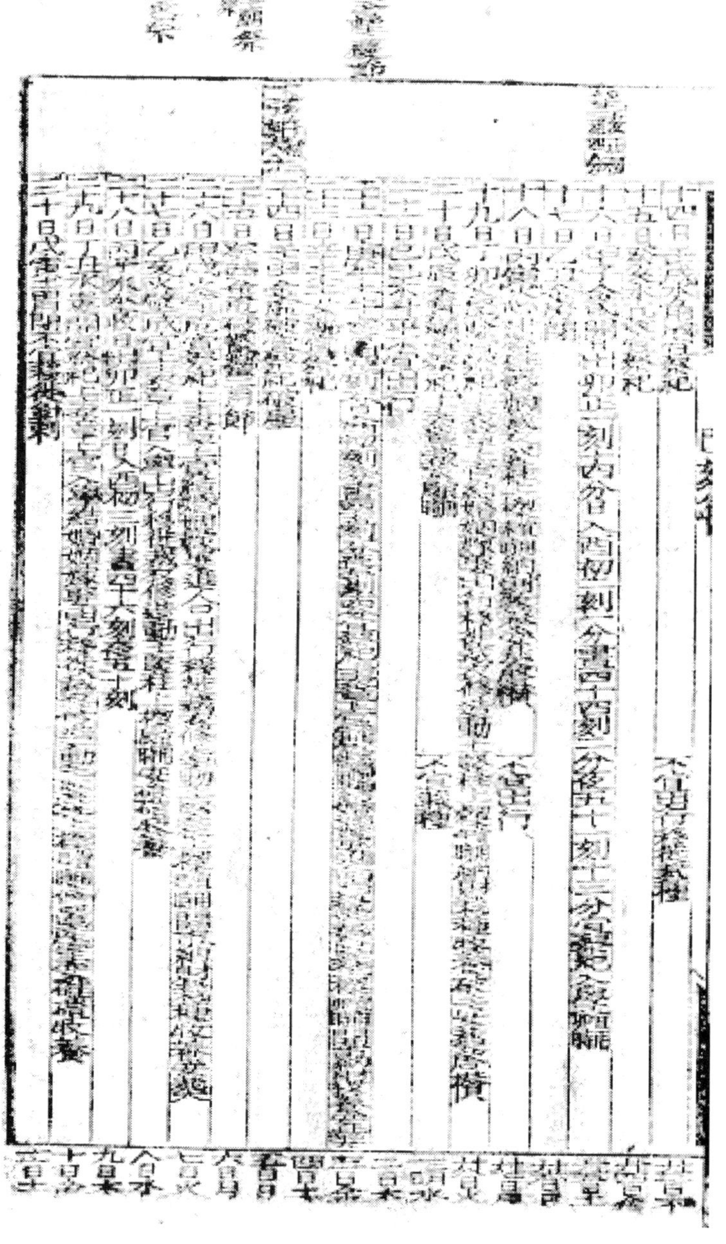

 2. 大韓光武三年明時曆(1899)

二月小 建丁卯

十日戊子寅正一刻後日躔降婁之次宜用艮巽坤乾時

赤碧黑
黃白白
紫白綠

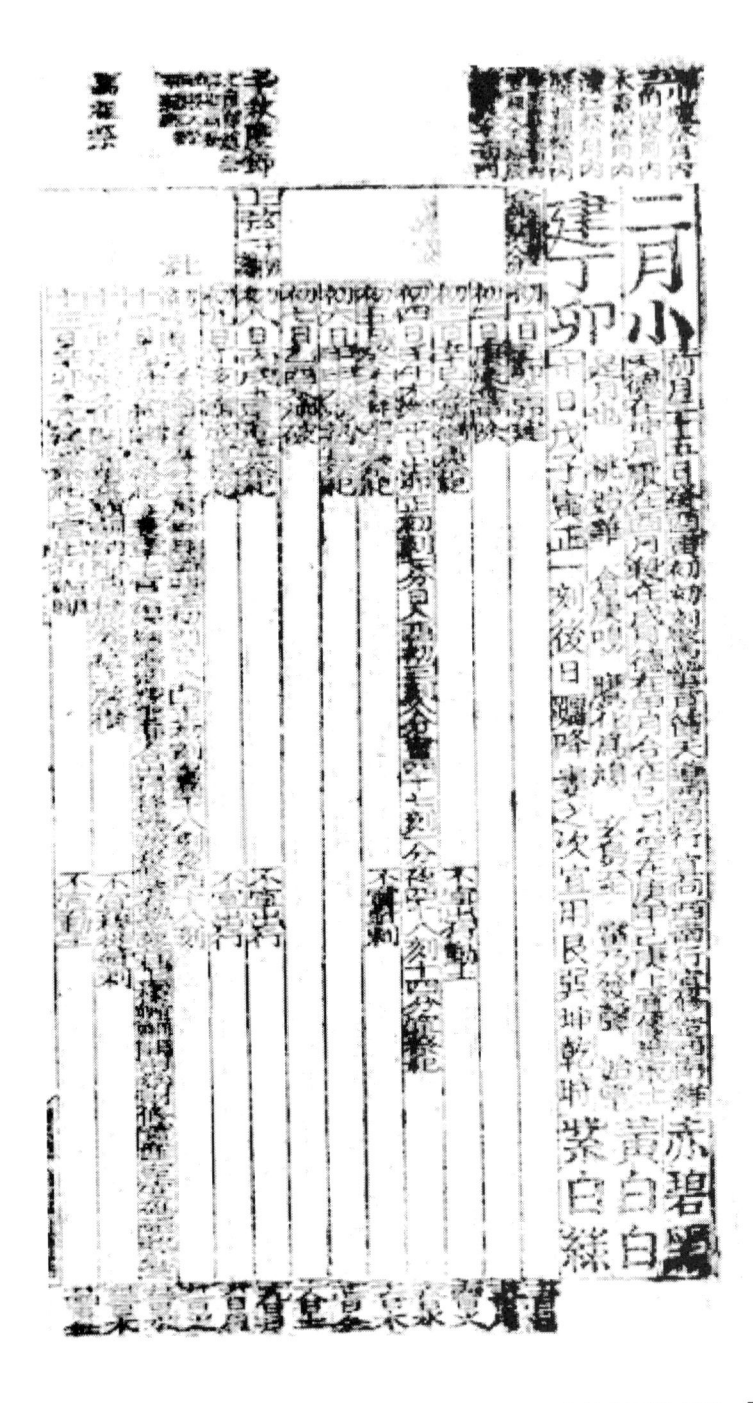

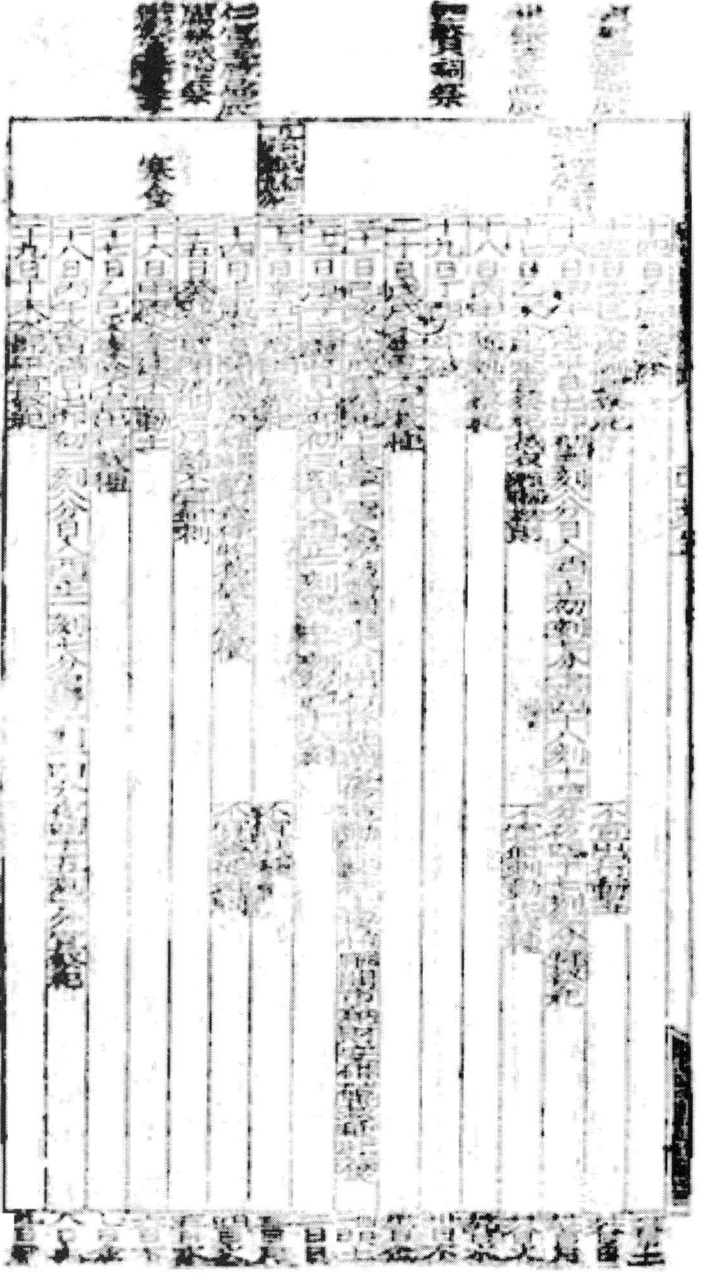

三月大 建戊辰

前月二十七日癸卯辰正三刻清明三月節 天道北行宜向北行宜修造北方

十一日戊午申正一刻後日躔大梁之次宜用癸乙丁辛時

白黑白
綠紫黃
白赤碧

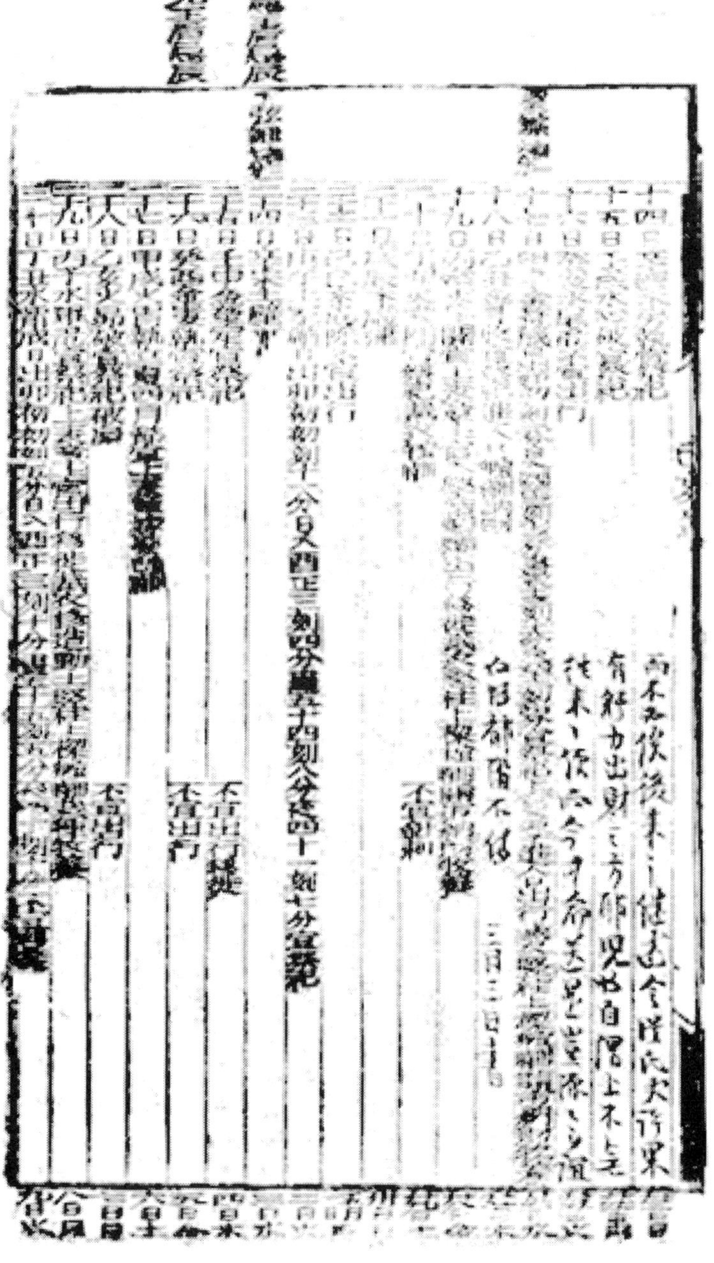

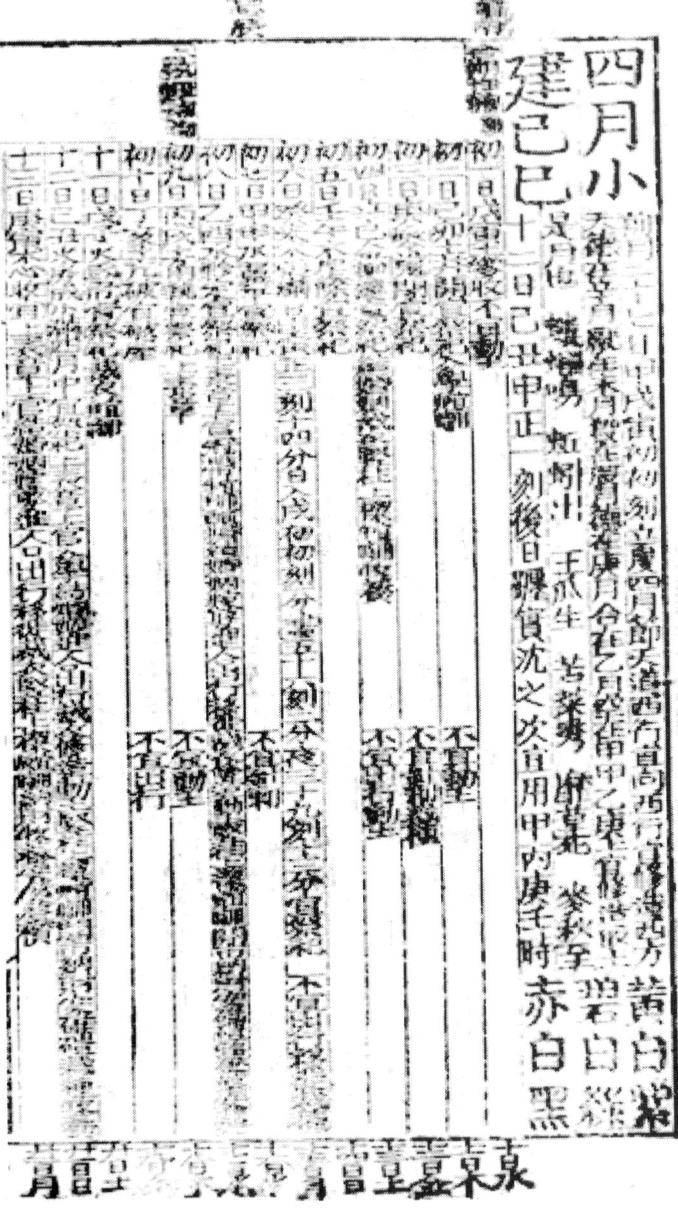
四月小
建己巳

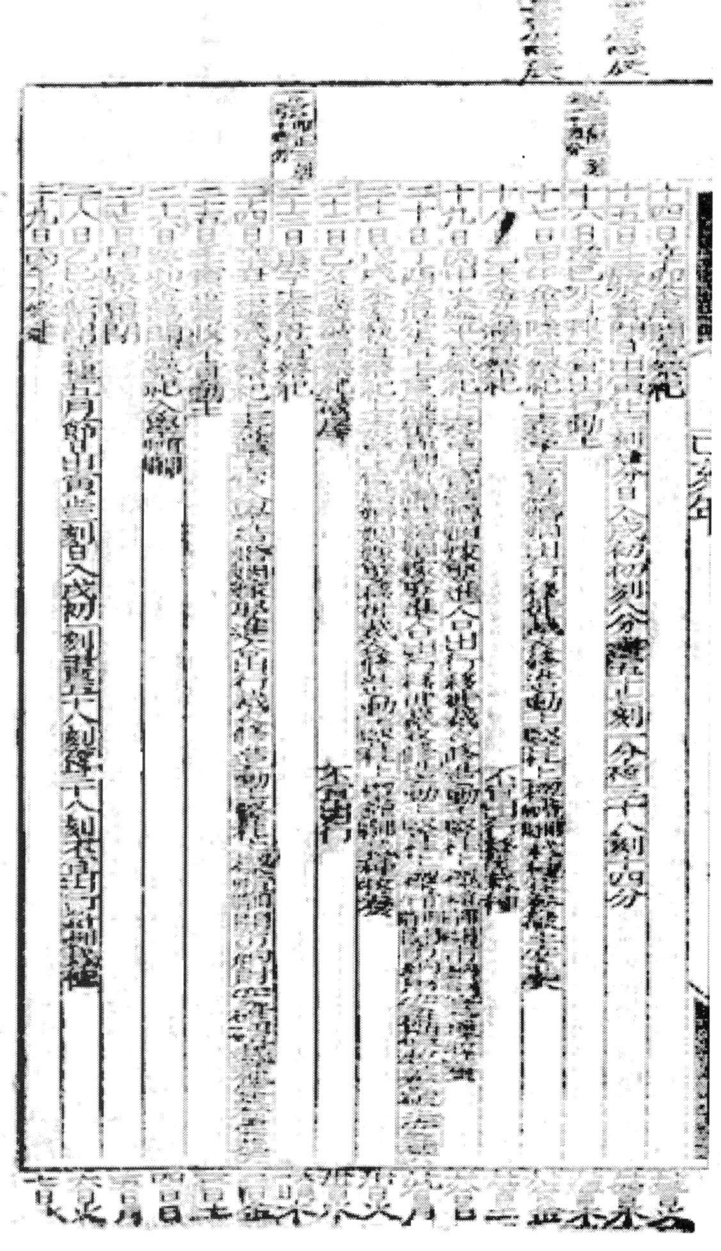

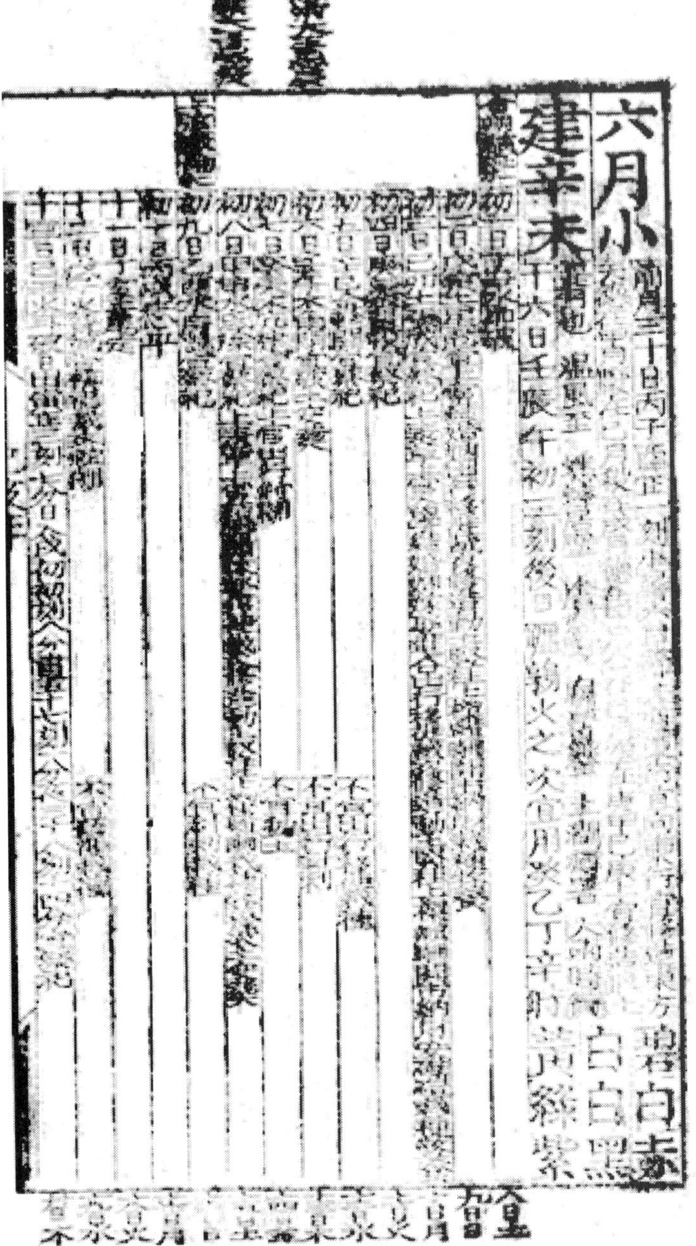

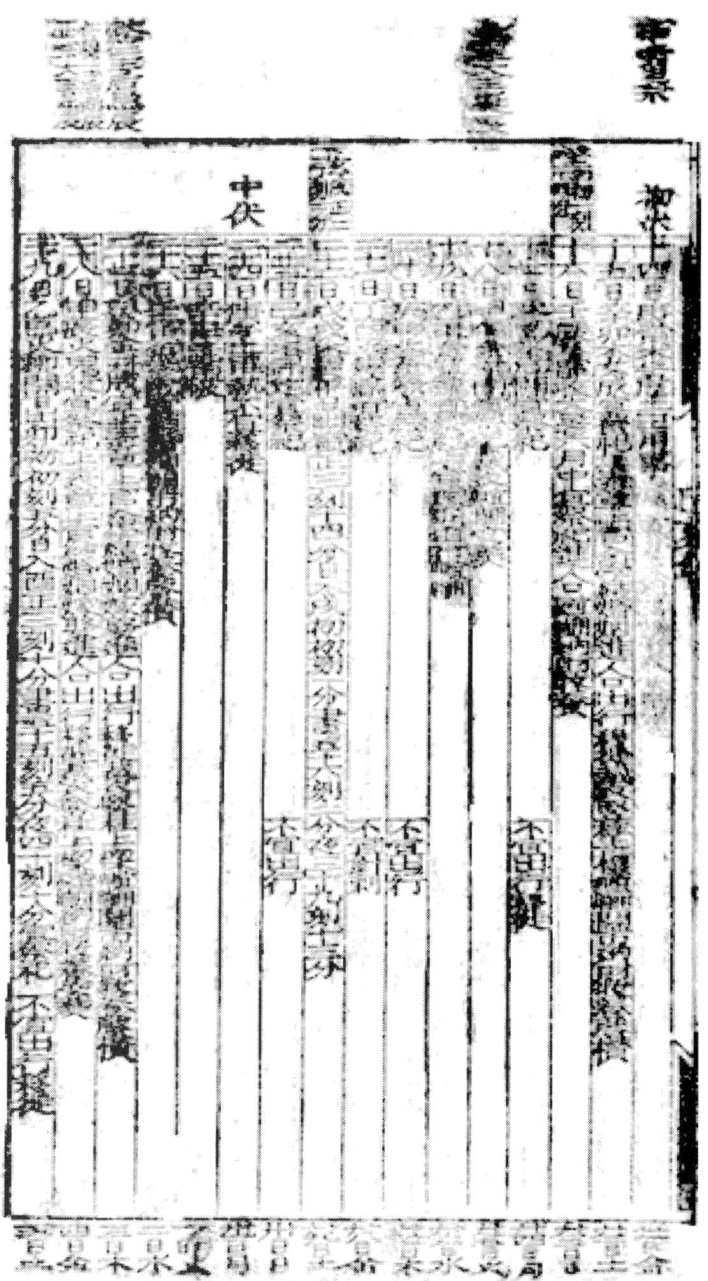

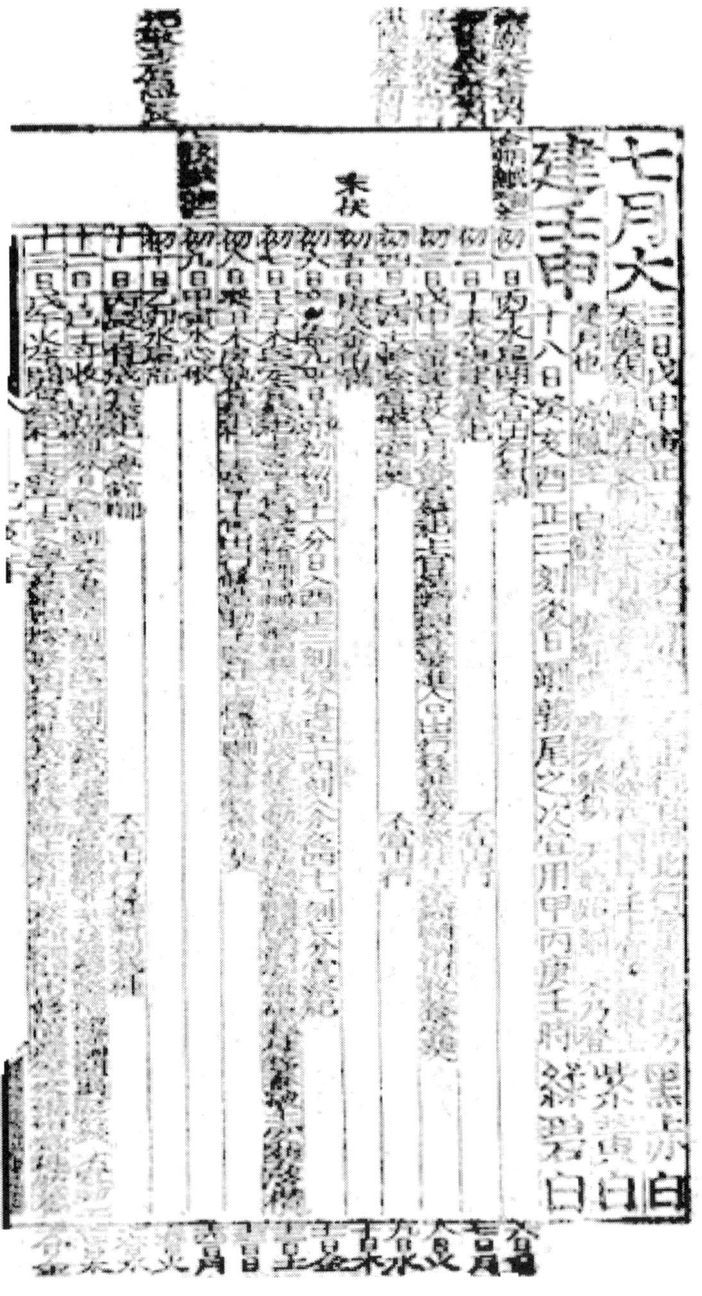

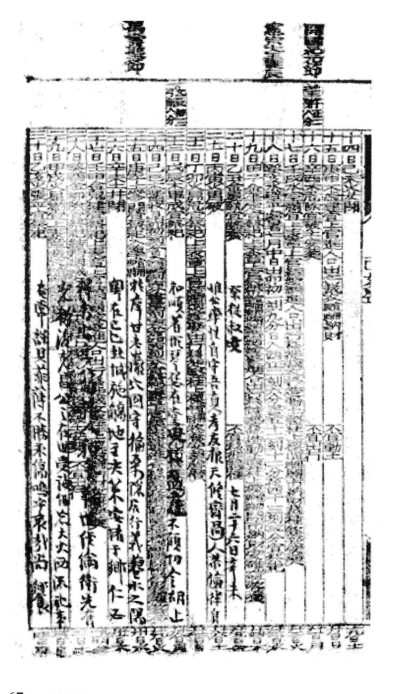

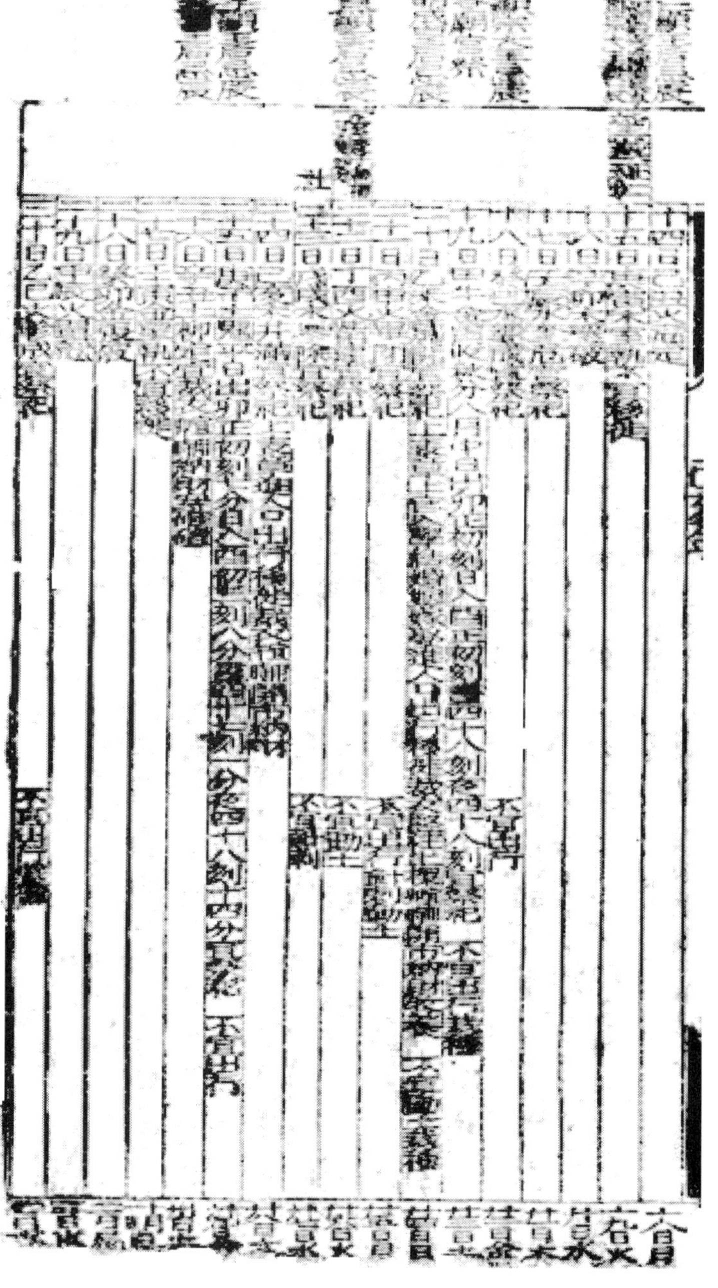

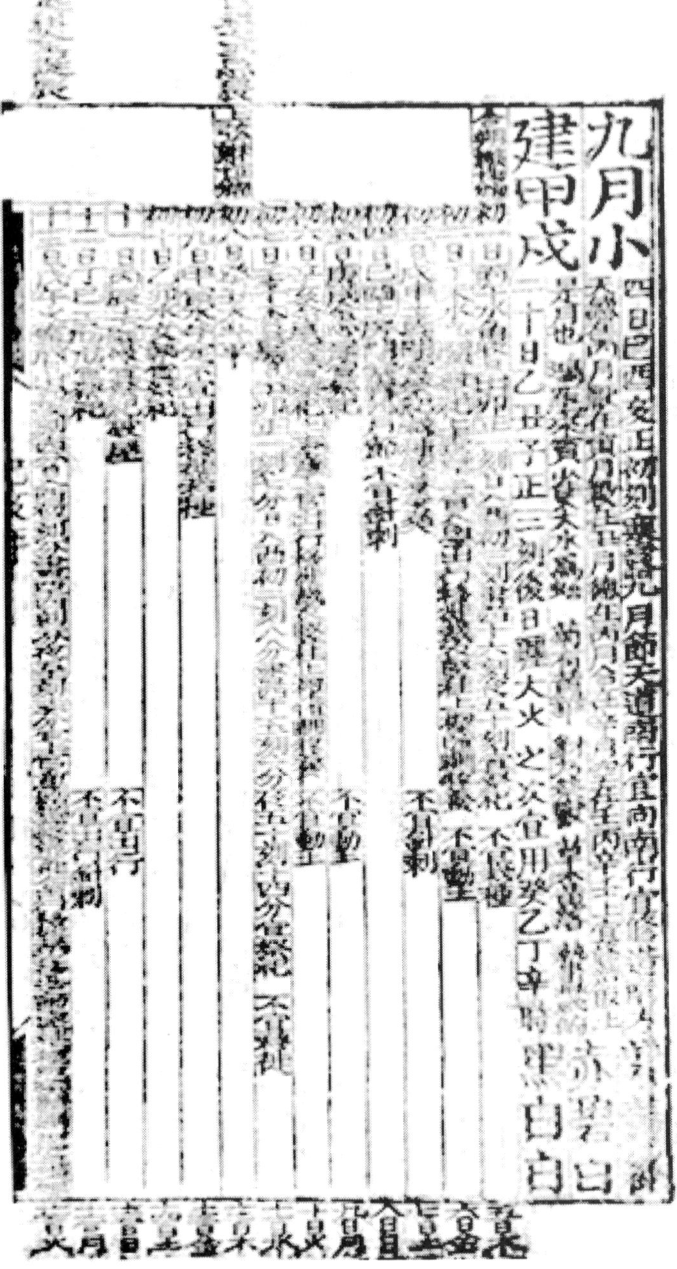

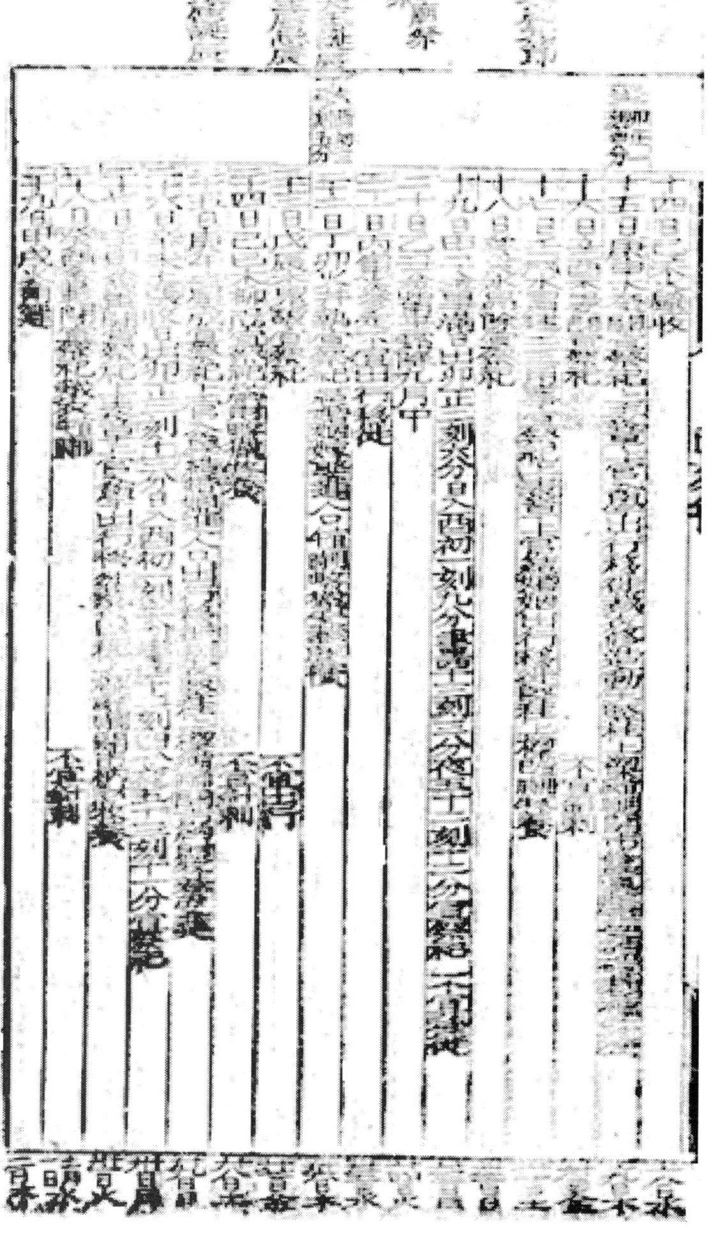

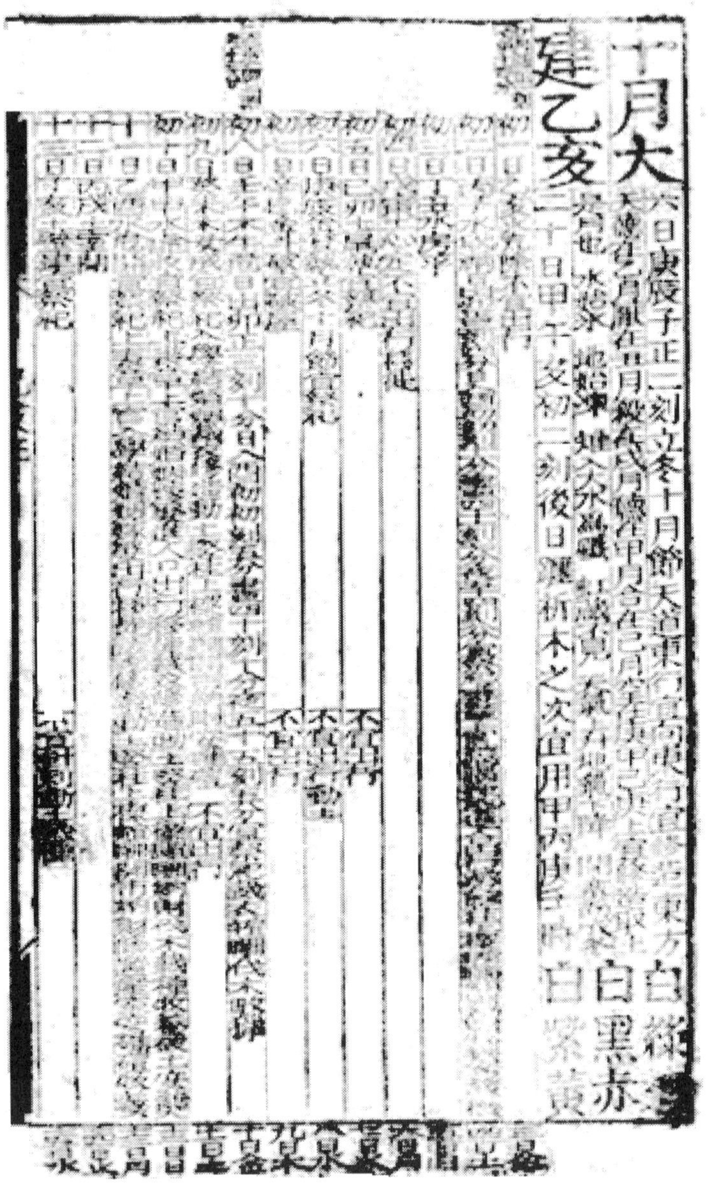

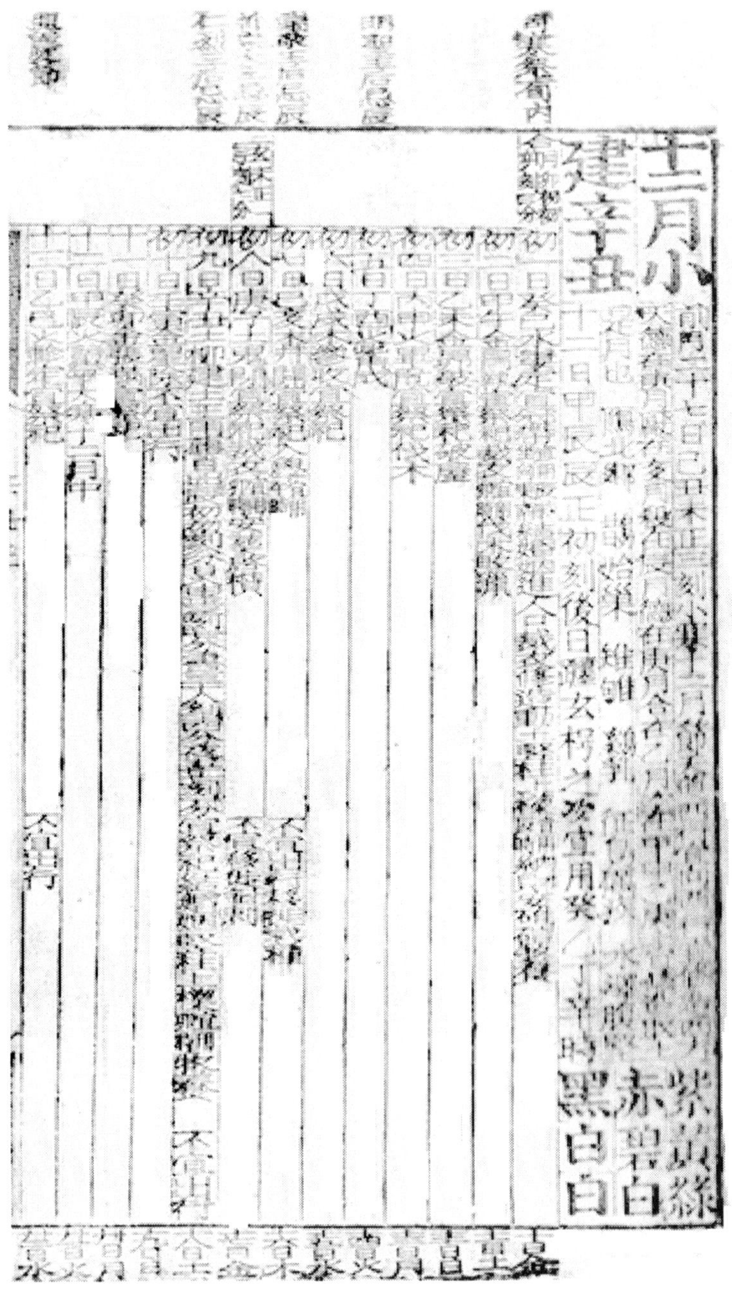

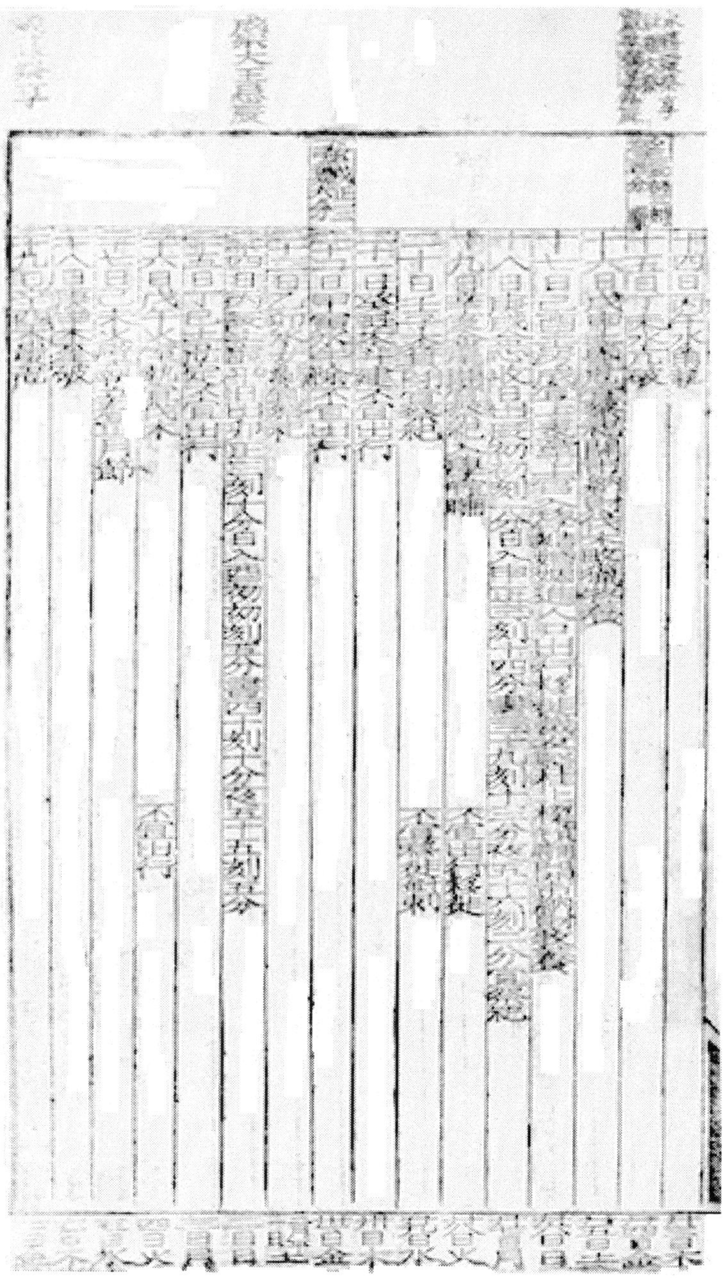

天恩上吉日 甲子 乙丑 丙寅 丁卯 戊辰 己卯 庚辰 辛巳 壬午 癸未 己酉 庚戌 辛亥 壬子 癸丑

天赦上吉日 春戊寅 夏甲午 秋戊申 冬甲子 母倉上吉日 春亥子 夏寅卯 秋辰戌丑未 冬申酉 土王後巳午

天德合 正月在壬 三月在丁 四月在丙 六月在己 七月在戊 九月在辛 十月在庚 十二月在乙

太歲下神殺日 甲子日東遊 己巳日還宮 丙子日南遊 辛巳日還宮 戊子日遊中宮

癸巳日還位 庚子日西遊 乙巳日還宮 壬子日北遊 丁巳日還宮

日遊神所在之方不宜 癸巳 甲午 乙未 丙申 丁酉日在房內北

戊戌 己亥日在房內中 辛丑 壬寅日在房內南 癸卯日在房內西

甲辰 乙巳 丙午 丁未日在房內東 戊申日在房內中 己酉日出外遊四十四日

每日人神所在 一日在足大指 二日在外踝 三日在股內 四日在腰 五日在口 六日在手 七日在內踝

八日在腕 九日在尻 十日在腰背 十一日在鼻柱 十二日在髮際 十三日在牙齒 十四日在胃脘 十五日在遍身

十六日在胸 十七日在氣衝 十八日在股內 十九日在足 二十日在內踝 二十一日在手小指 二十二日在外踝 二十三日在肝及足

二十四日在手陽明 二十五日在足陽明 二十六日在胸 二十七日在膝 二十八日在陰 二十九日在膝脛 三十日在足趺

太白遊方 人倉忌征伐 一日 十一日 二十一日 正東 二日 十二日 二十二日 東南

三日 十三日 二十三日 正南 四日 十四日 二十四日 西南 五日 十五日 二十五日 正西 六日 十六日 二十六日 西北

七日 十七日 二十七日 正北 八日 十八日 二十八日 東北 九日 十九日 二十九日 中方 十日 二十日 三十日 在天

長短星日 人倉忌交易 交納財 正月 七日長星 二十一日短星 二月 四日長星 十九日短星 三月 一日長星 十六日短星

四月 九日長星 二十五日短星 五月 十五日長星 二十五日短星 六月 十日長星 二十日短星

七月 八日長星 二十二日短星 八月 二日 五日長星 十八日 十九日短星 九月 三日 四日長星 十六日 十七日短星

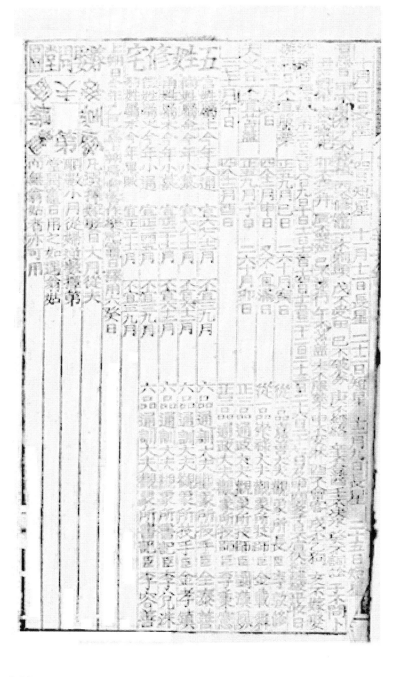

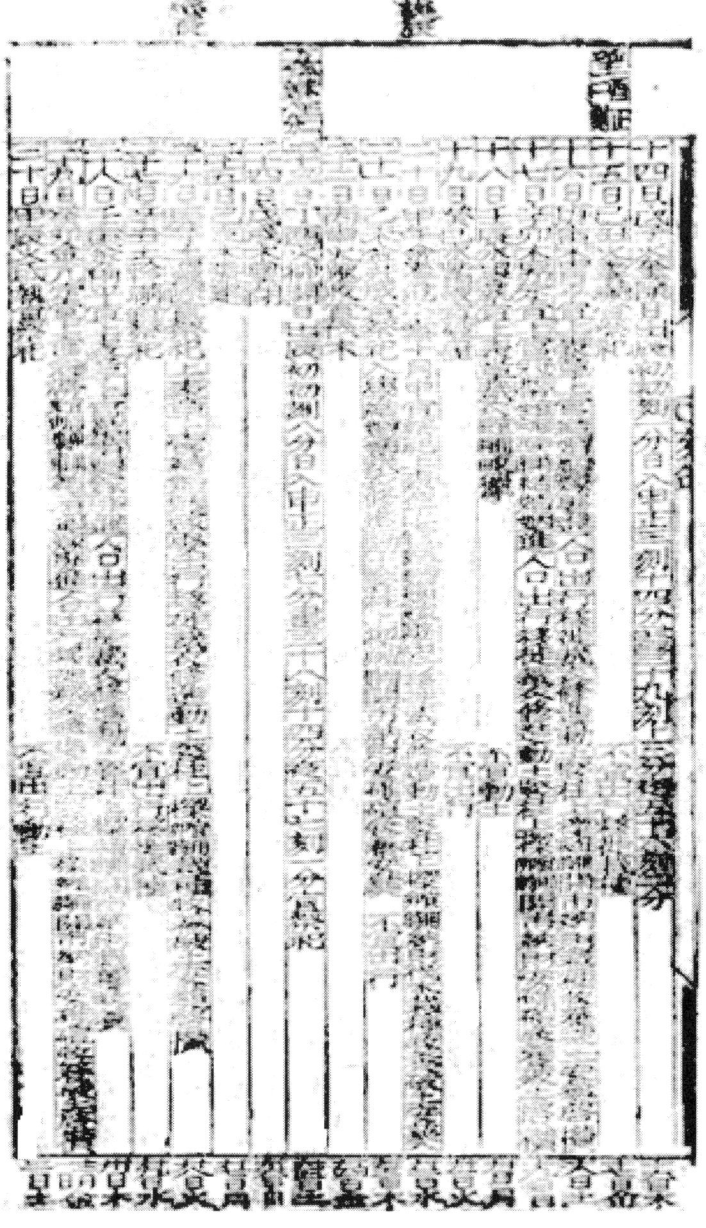

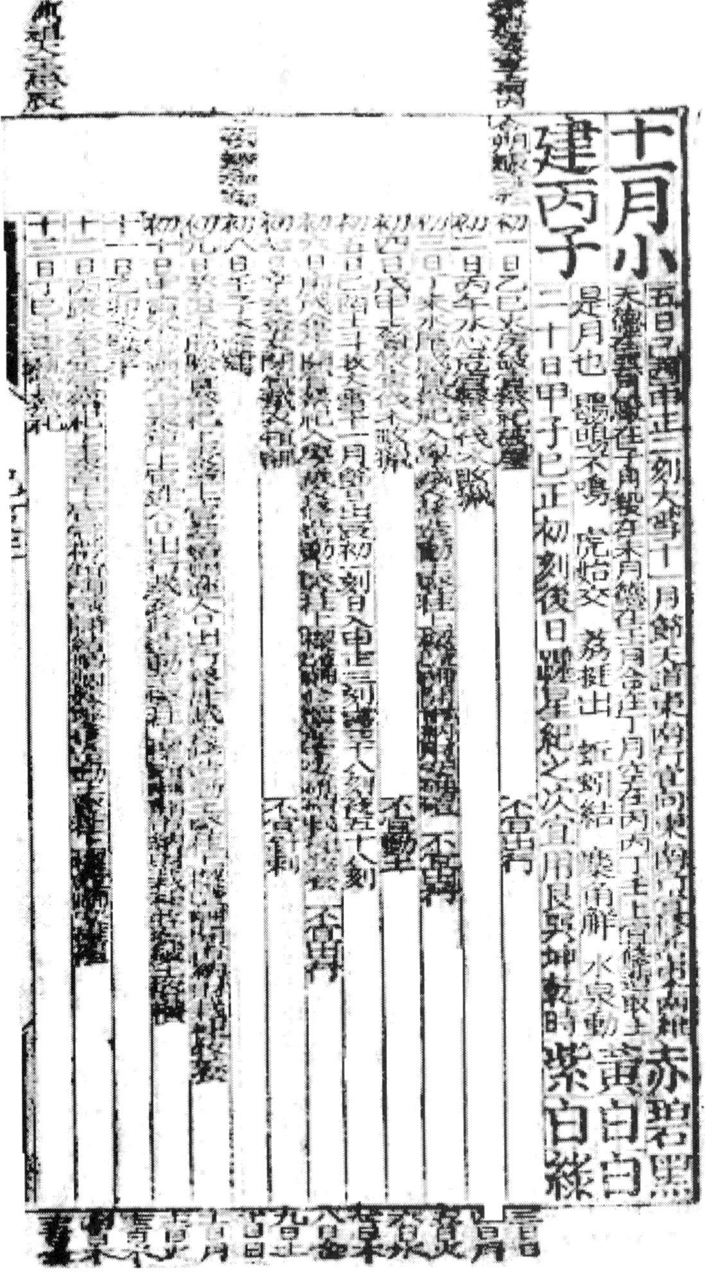

十一月小 建丙子

是月也 鶡鴠不鳴 虎始交 荔挺出 蚯蚓結 麋角解 水泉動

二十日甲子巳正初刻後日躔星紀之次宜用艮巽坤乾時

赤碧黑

黃白白

紫白綠

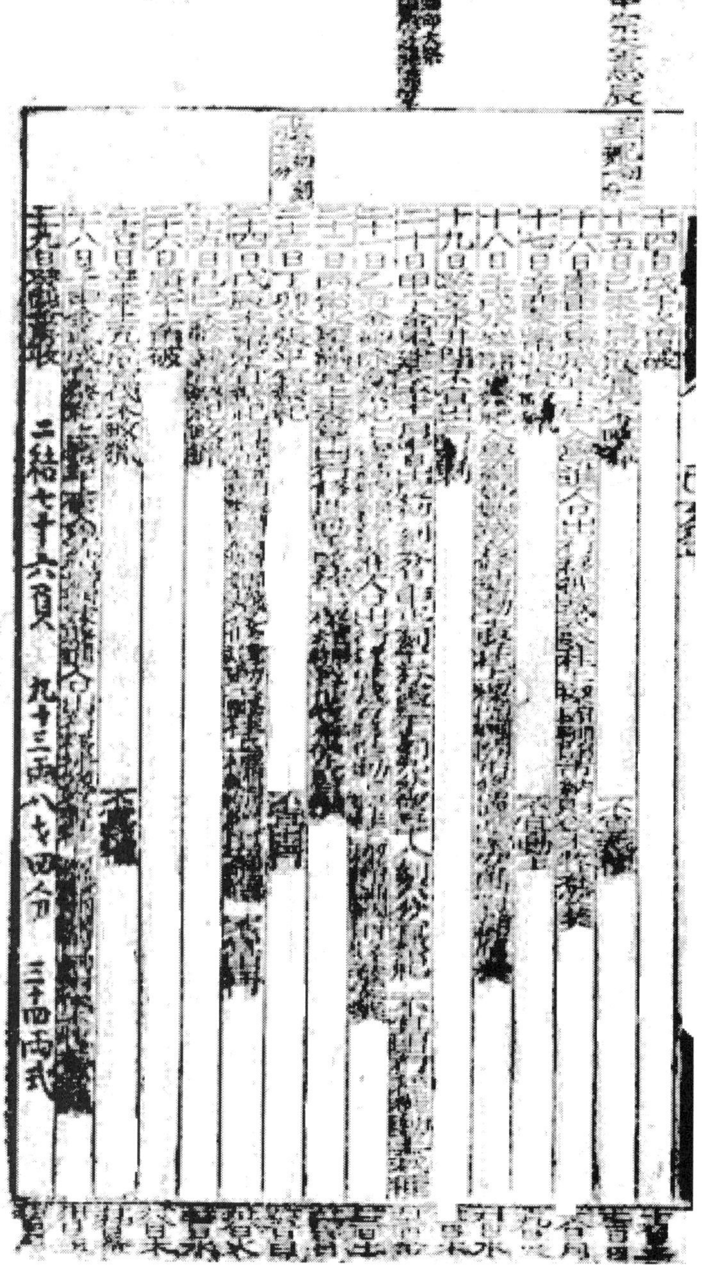

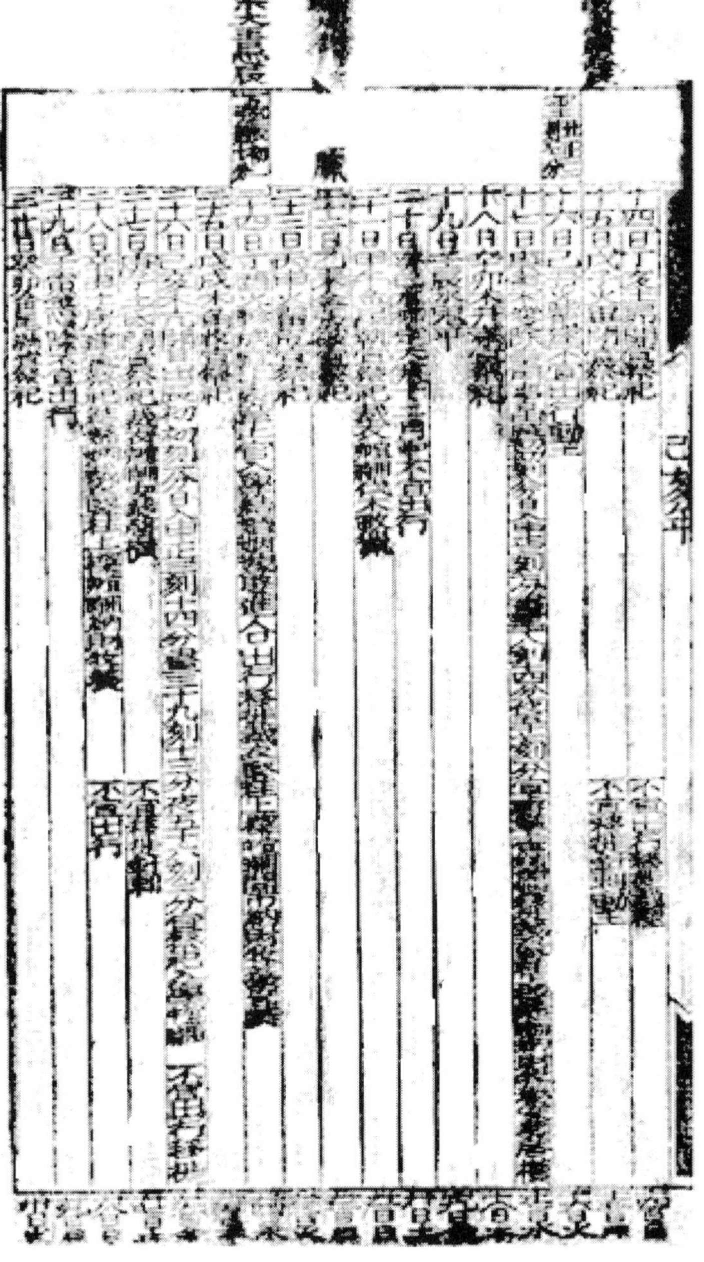

3 大韓光武四年明時曆(1900)

 3. 大韓光武四年明時曆(1900)

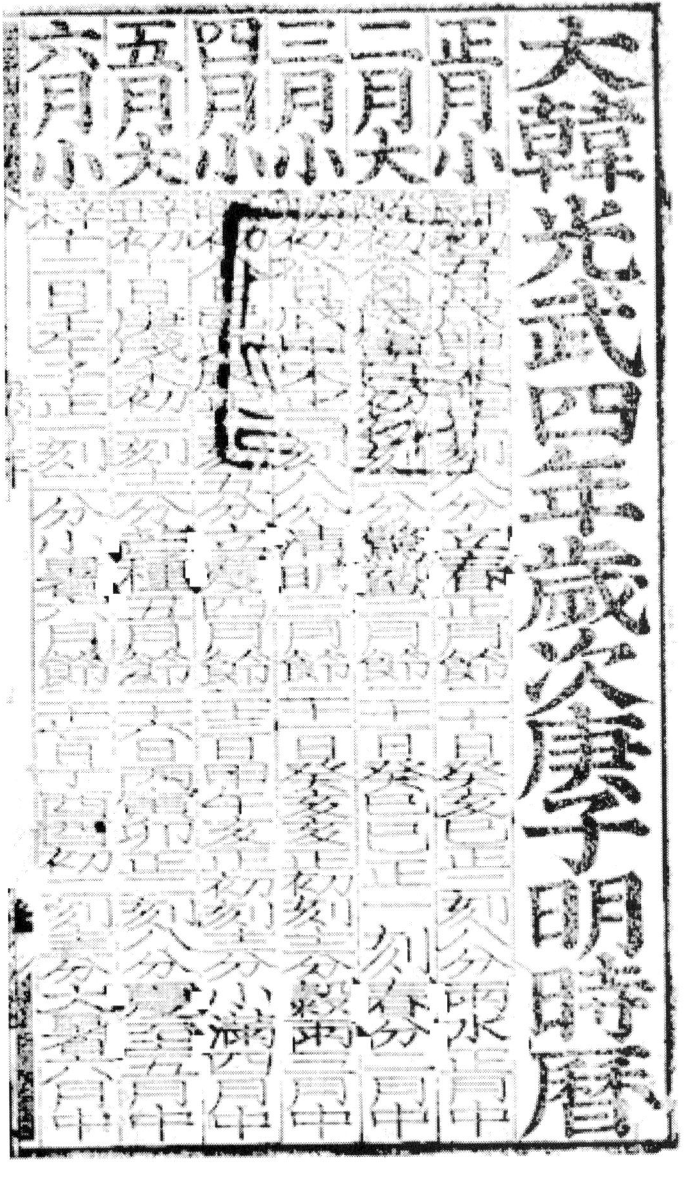

大韓光武四年歲次庚子明時曆

正月小

二月大

三月小

四月小

五月大

六月小

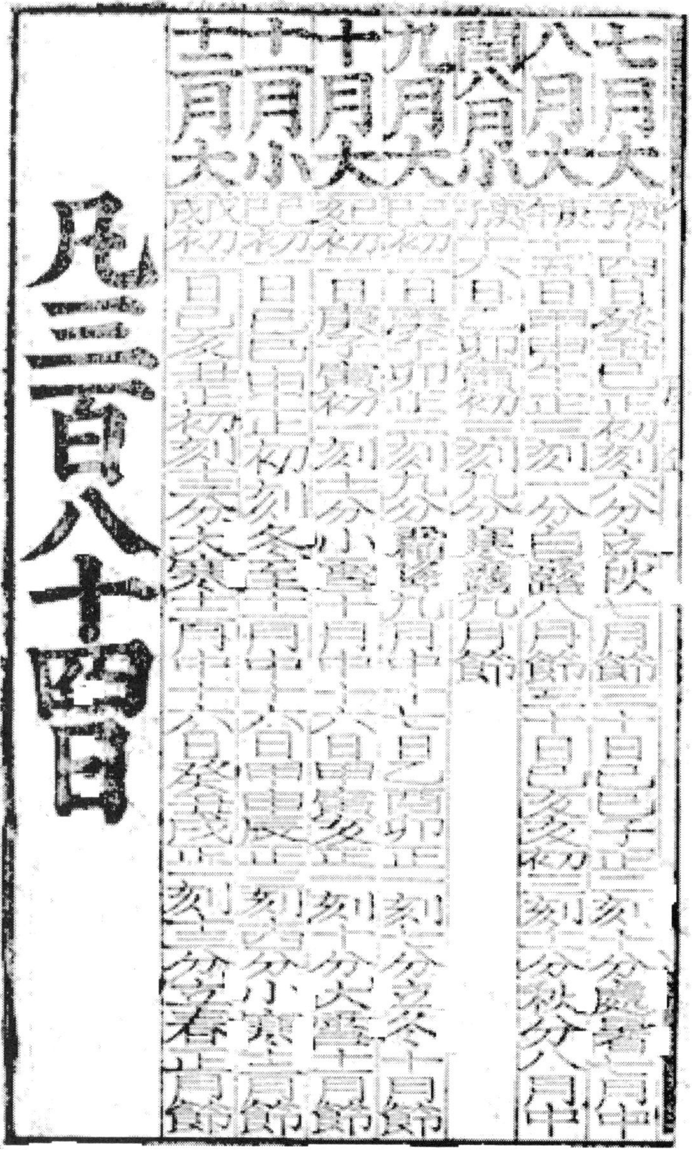

凡三百八十四日

年神方

大歲丁亥

修造取土

一龍治水

卯 未 丁

甲 庚 酉 辛 戊

赤 碧 黑

大將軍

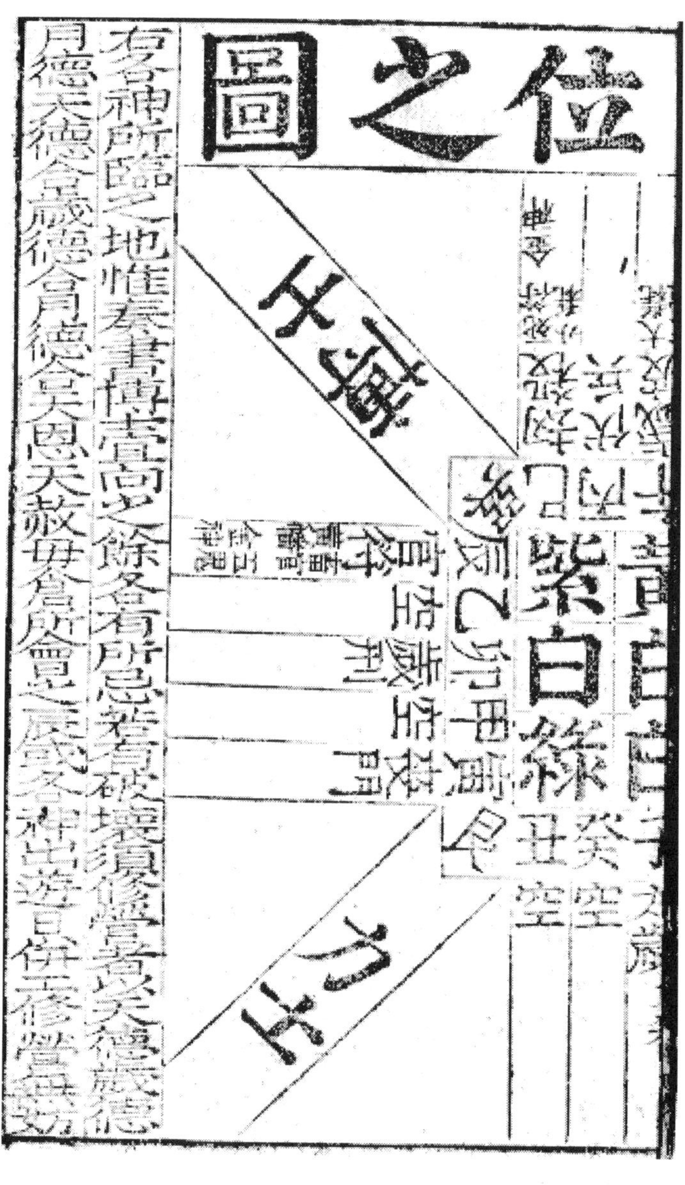

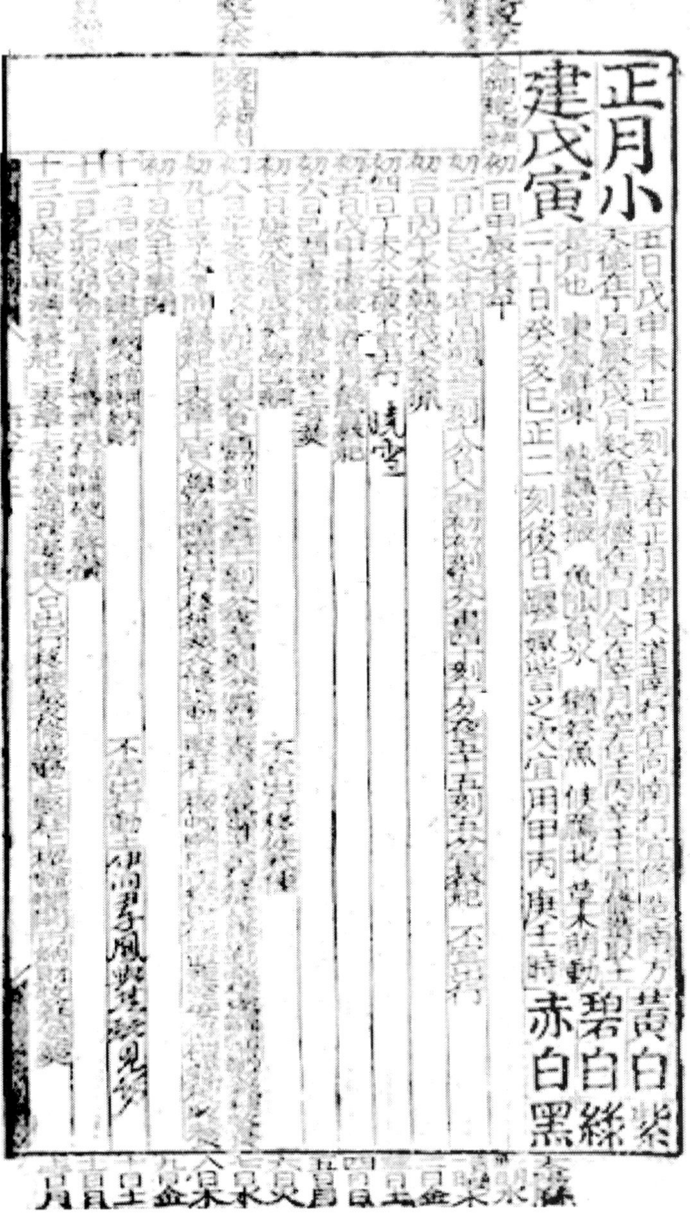

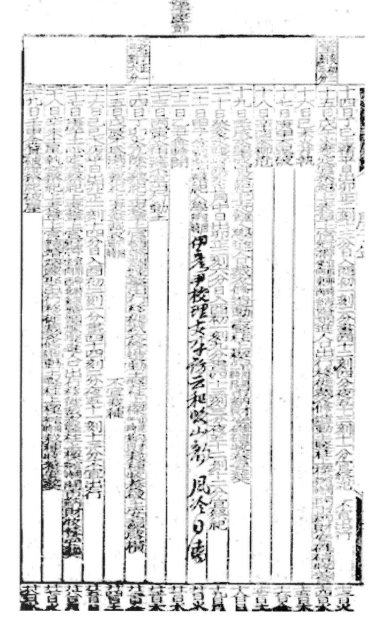

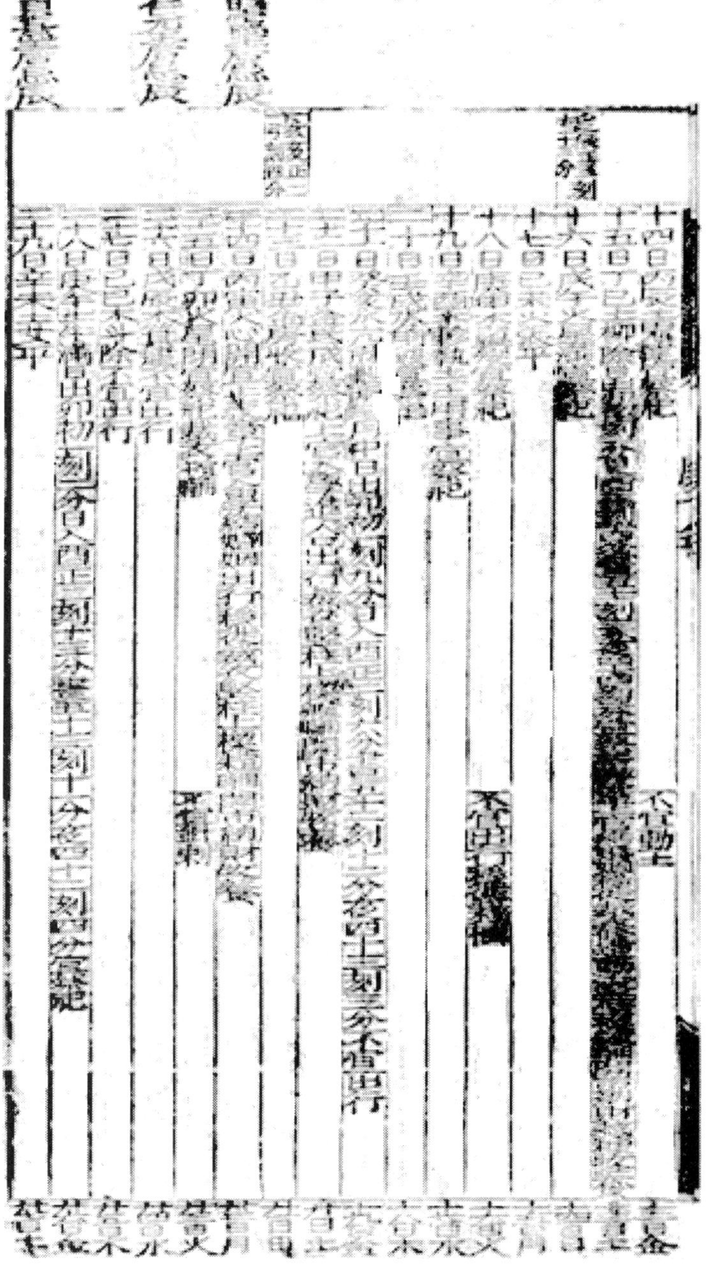

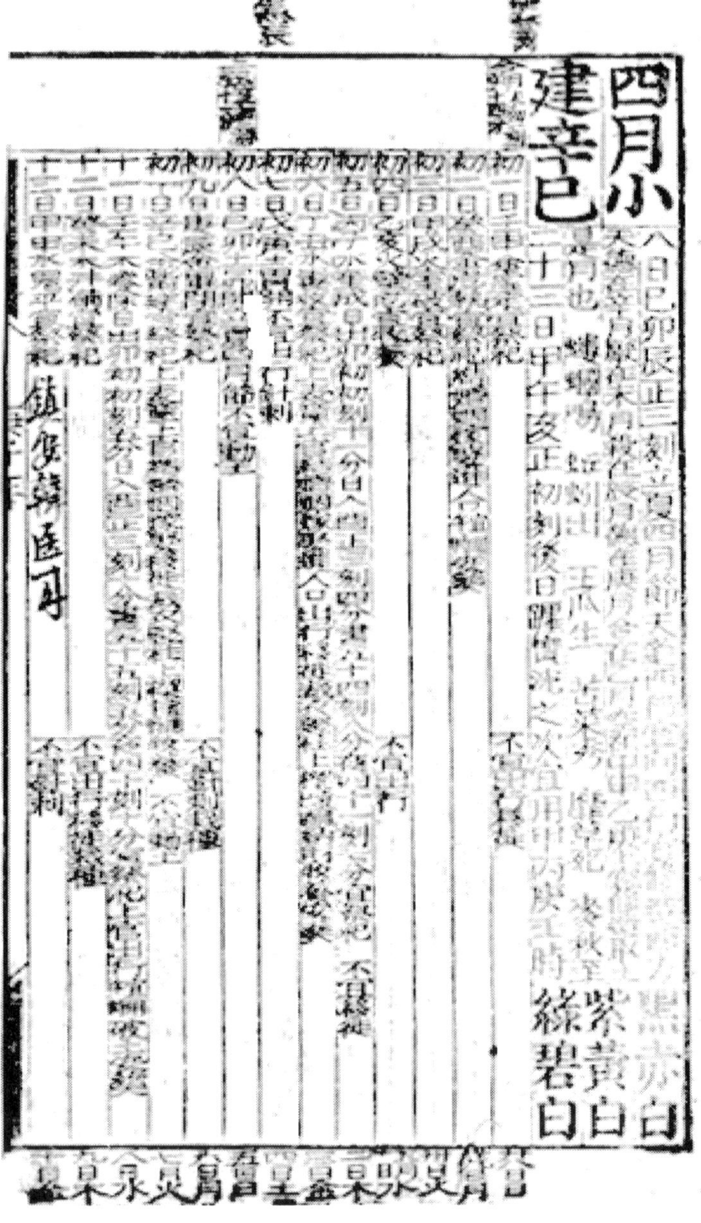

四月小
建辛巳

黑赤白
紫黃白
綠碧白

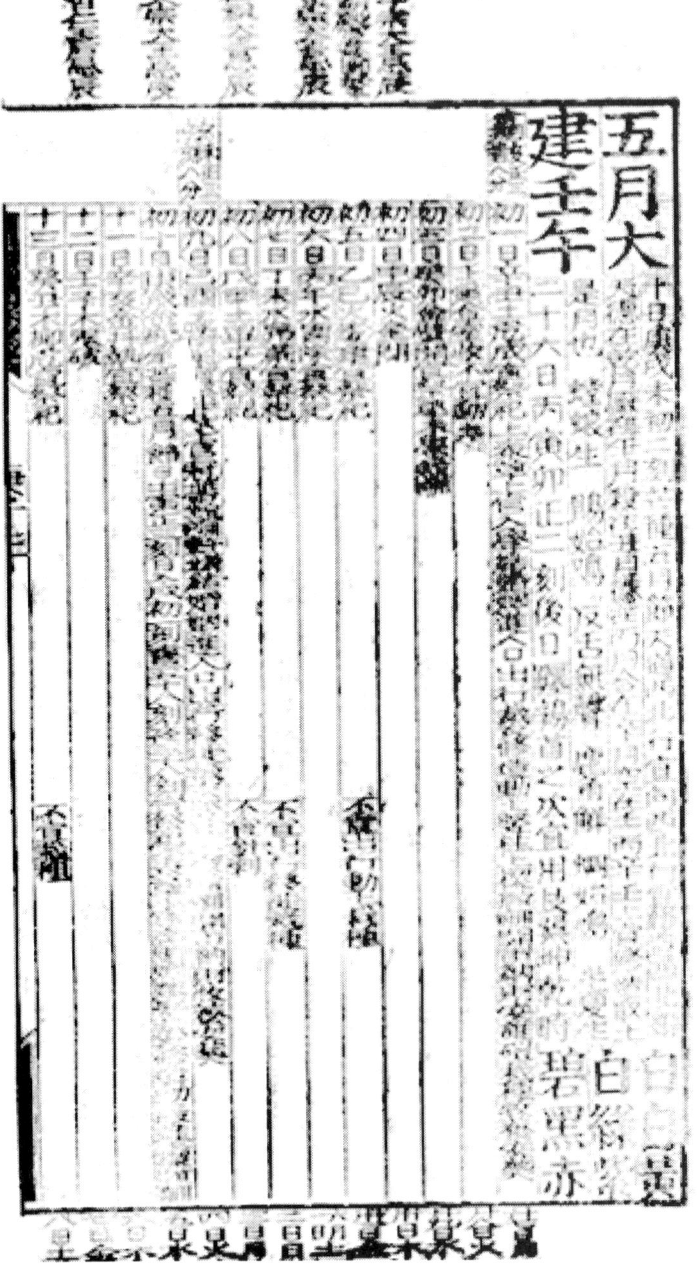
五月大
建壬午
白
碧

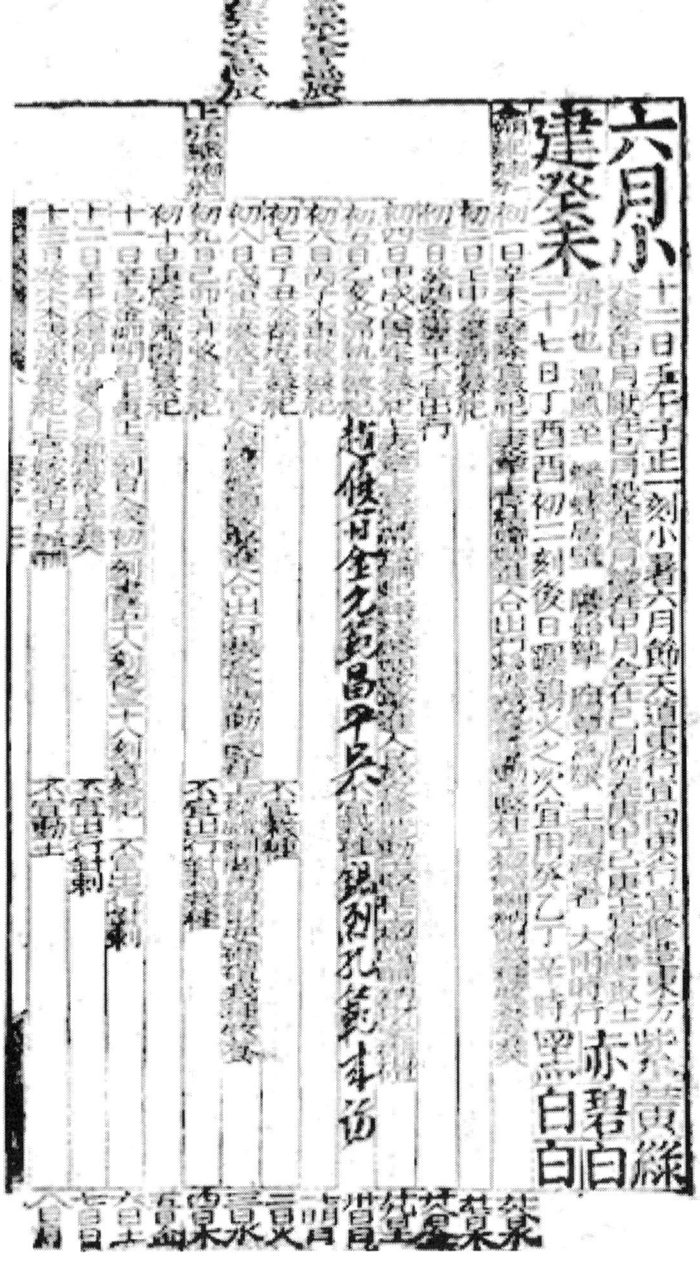

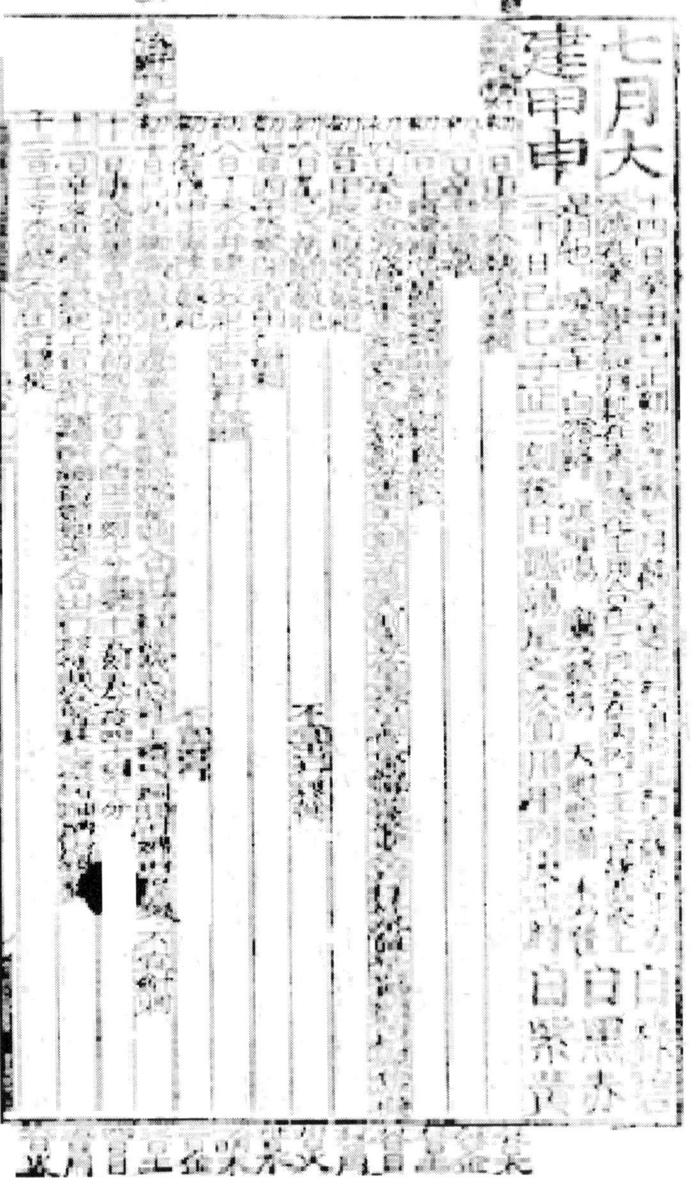
七月大
建甲申

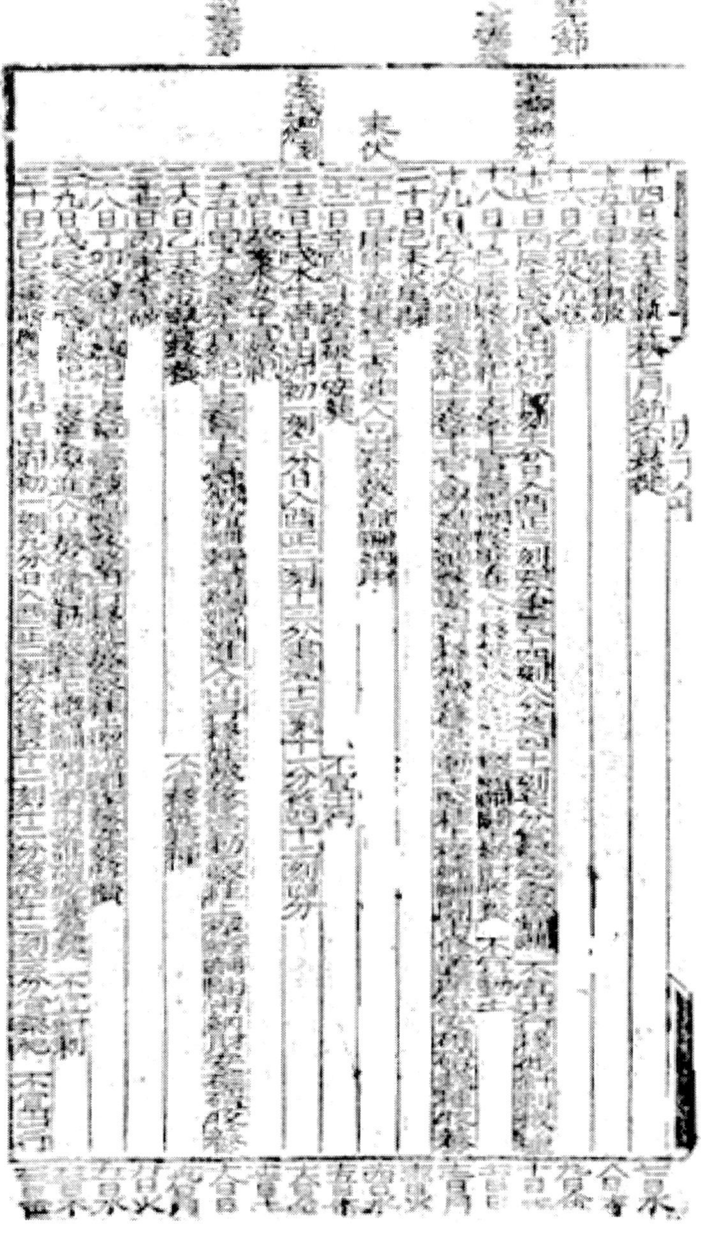

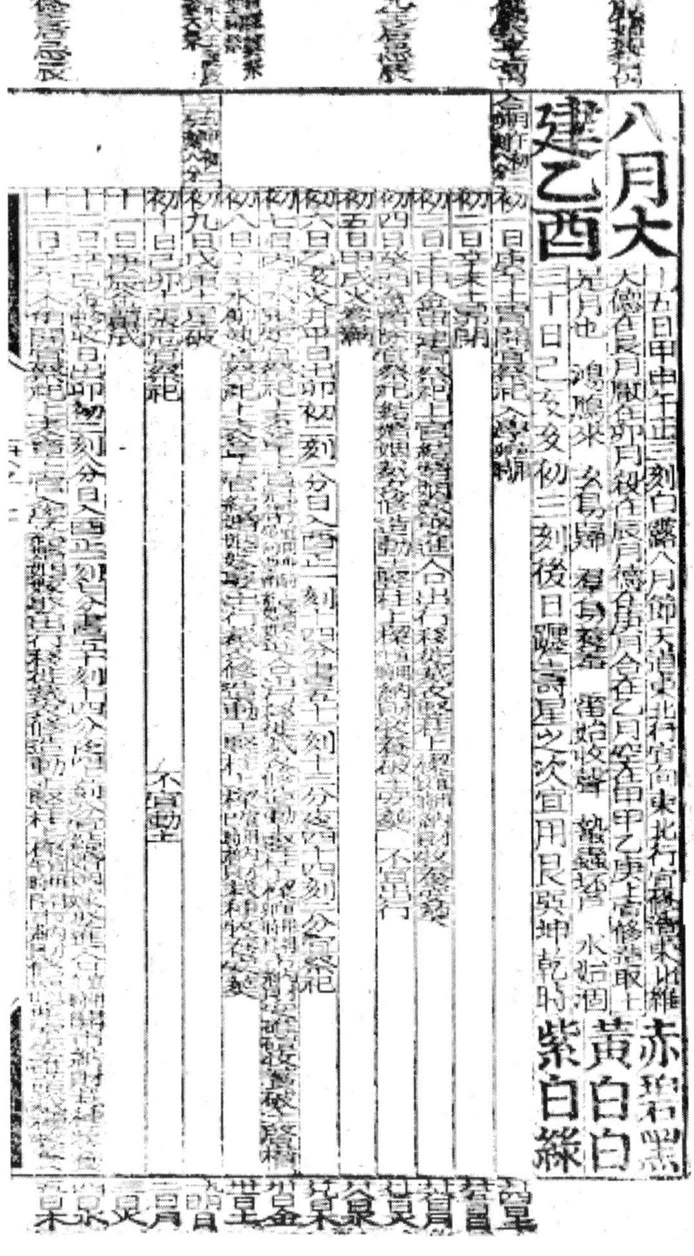

八月大

建乙酉

是月也 鴻鴈來 玄鳥歸 羣鳥養羞 雷始收聲 蟄蟲坏戶 水始涸

三十日乙亥亥初二刻後日躔壽星之次宜用艮巽坤乾時

赤碧黑

黃白白

紫白綠

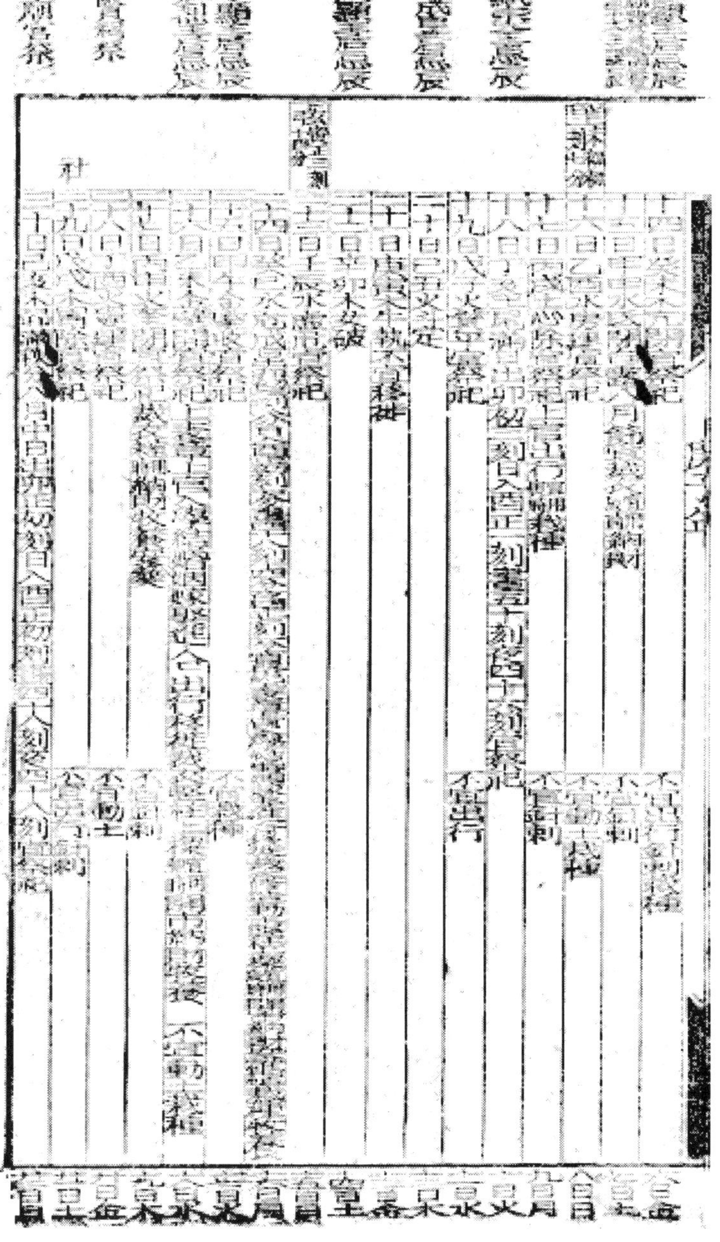

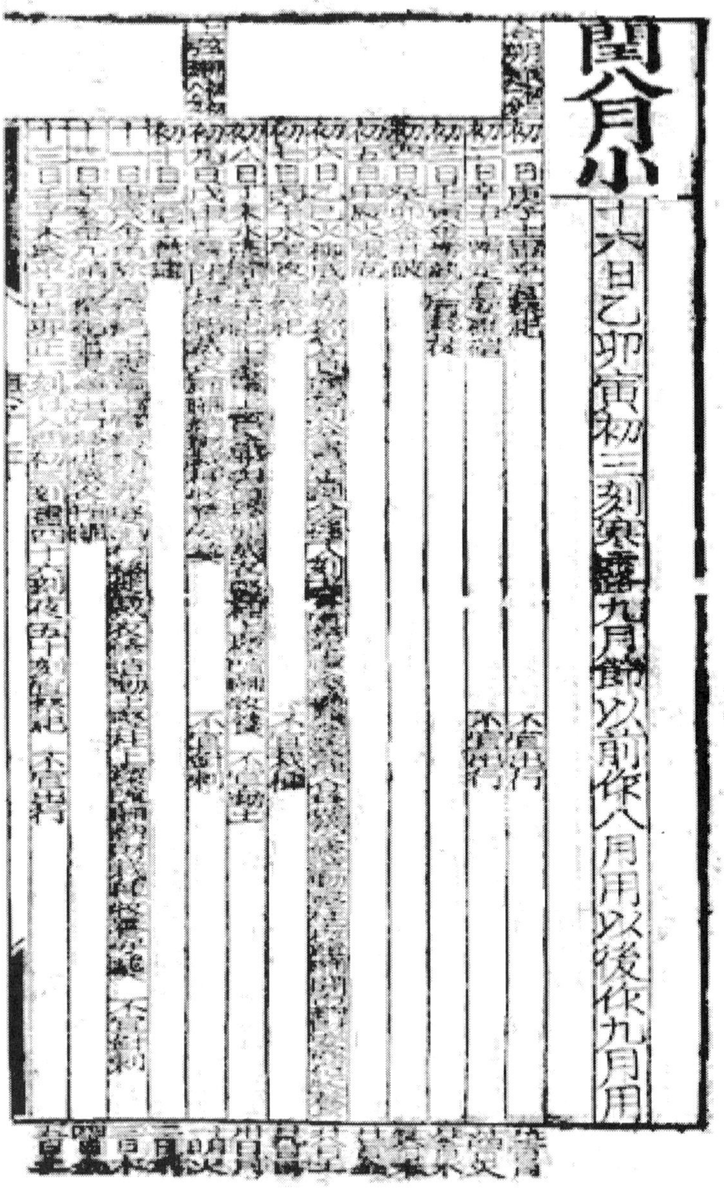
閏八月小
十六日乙卯寅初三刻寒露九月節以前係八月用以後係九月用

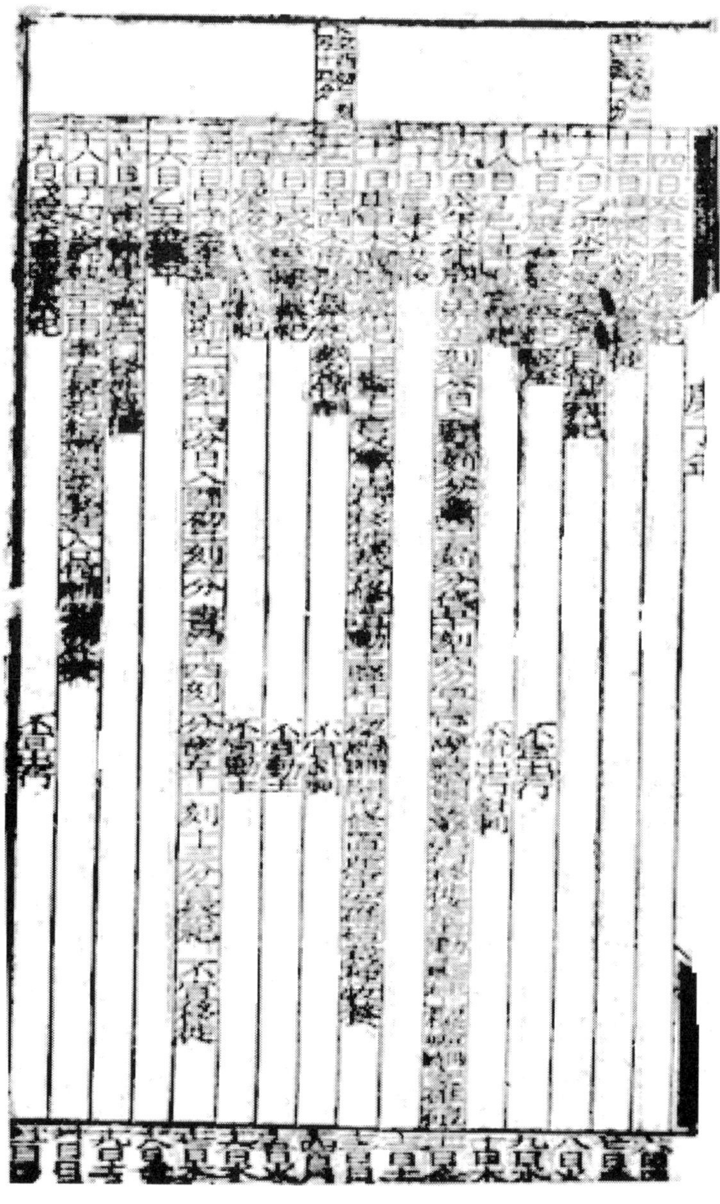

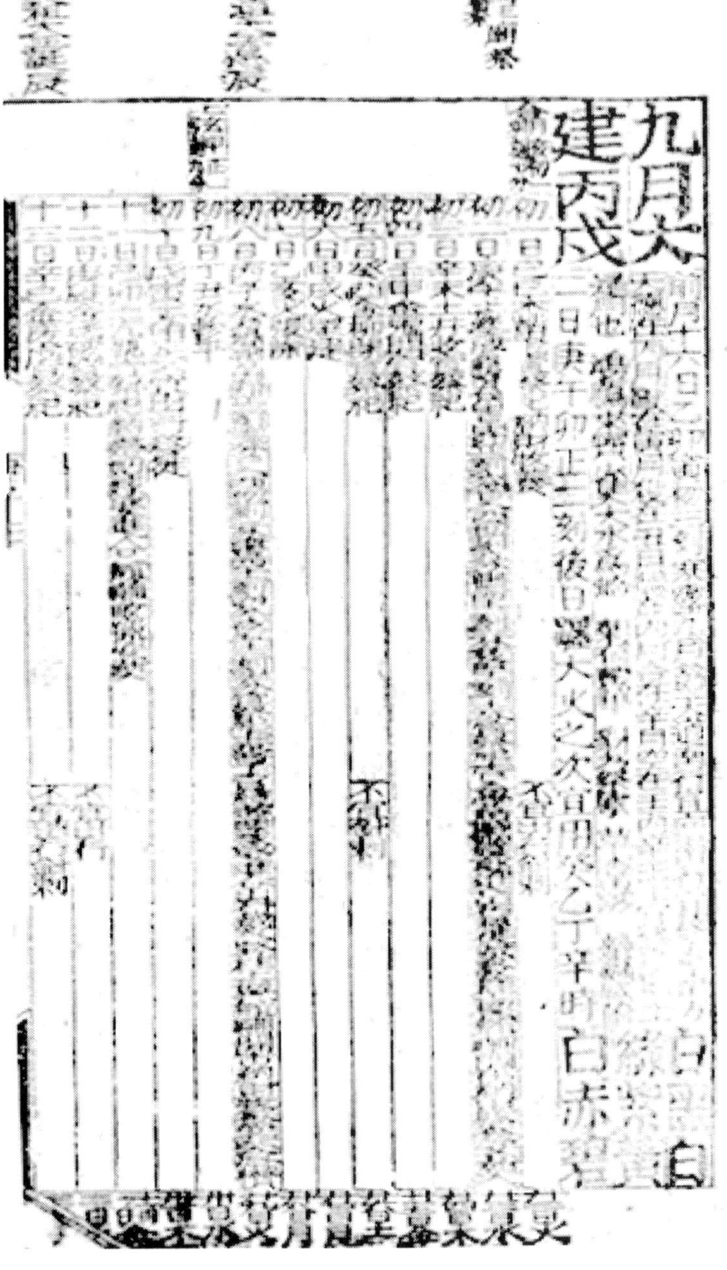

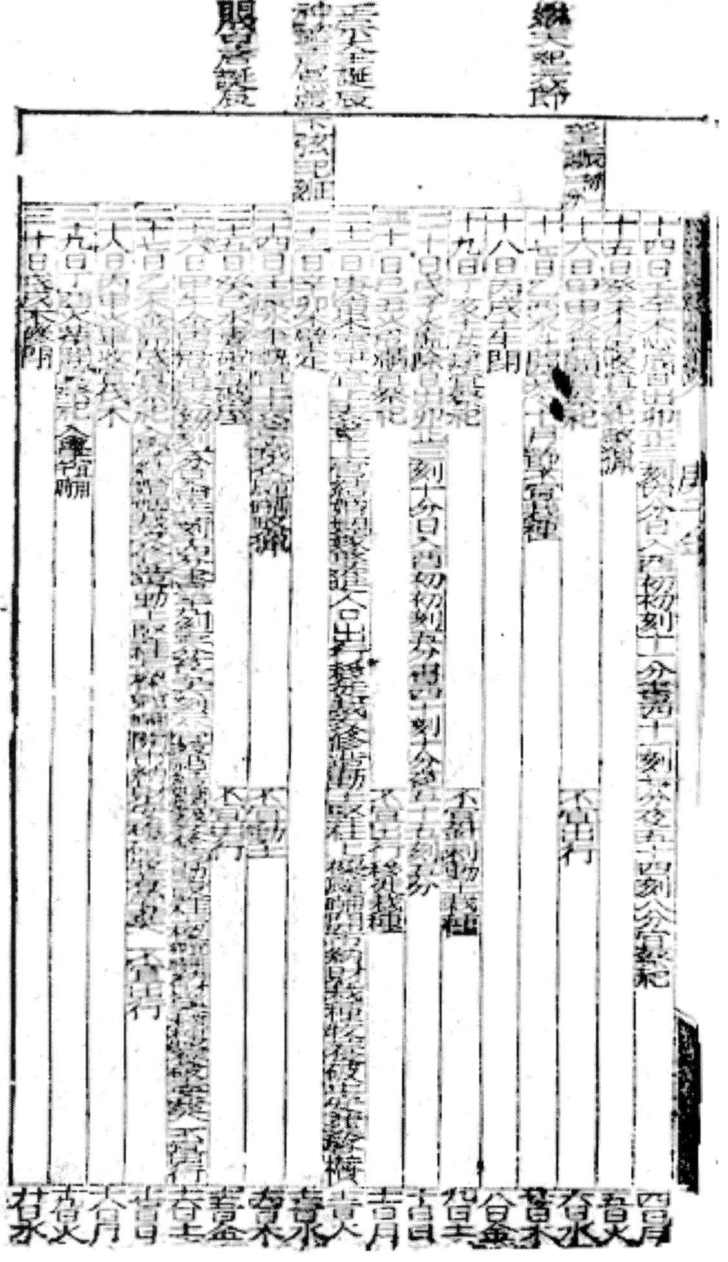

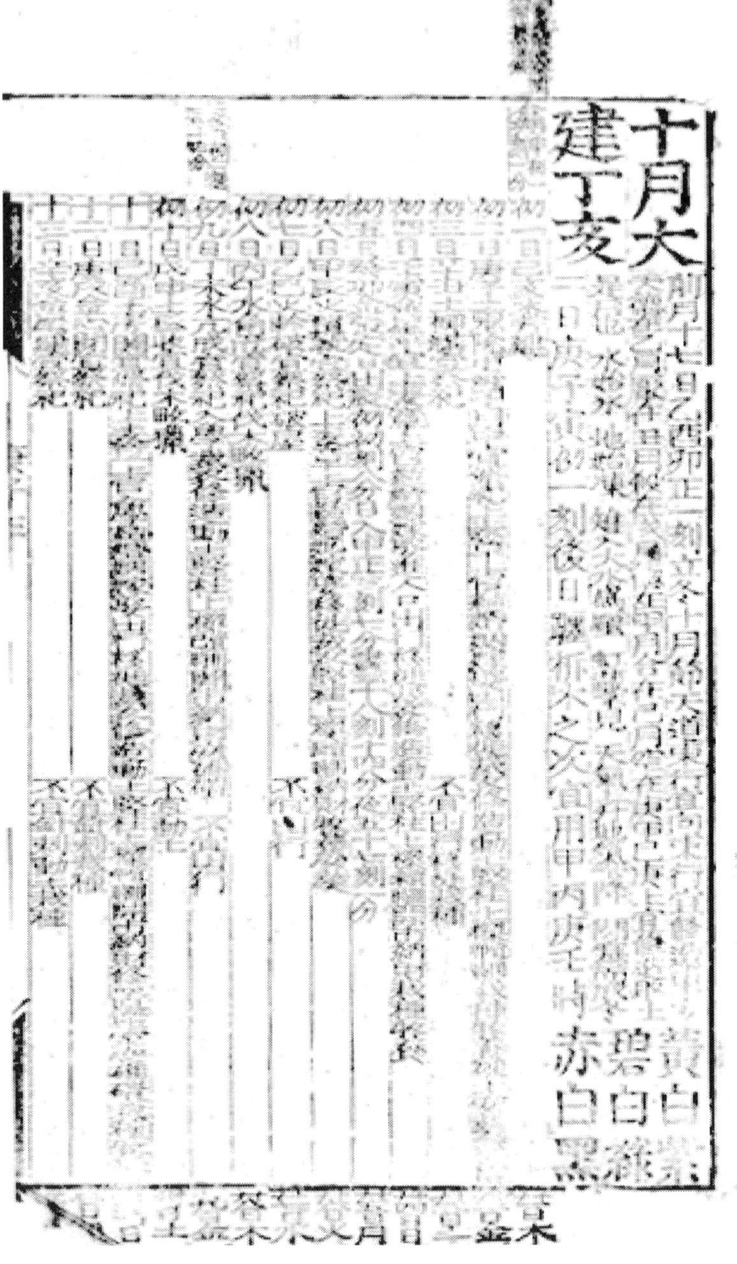

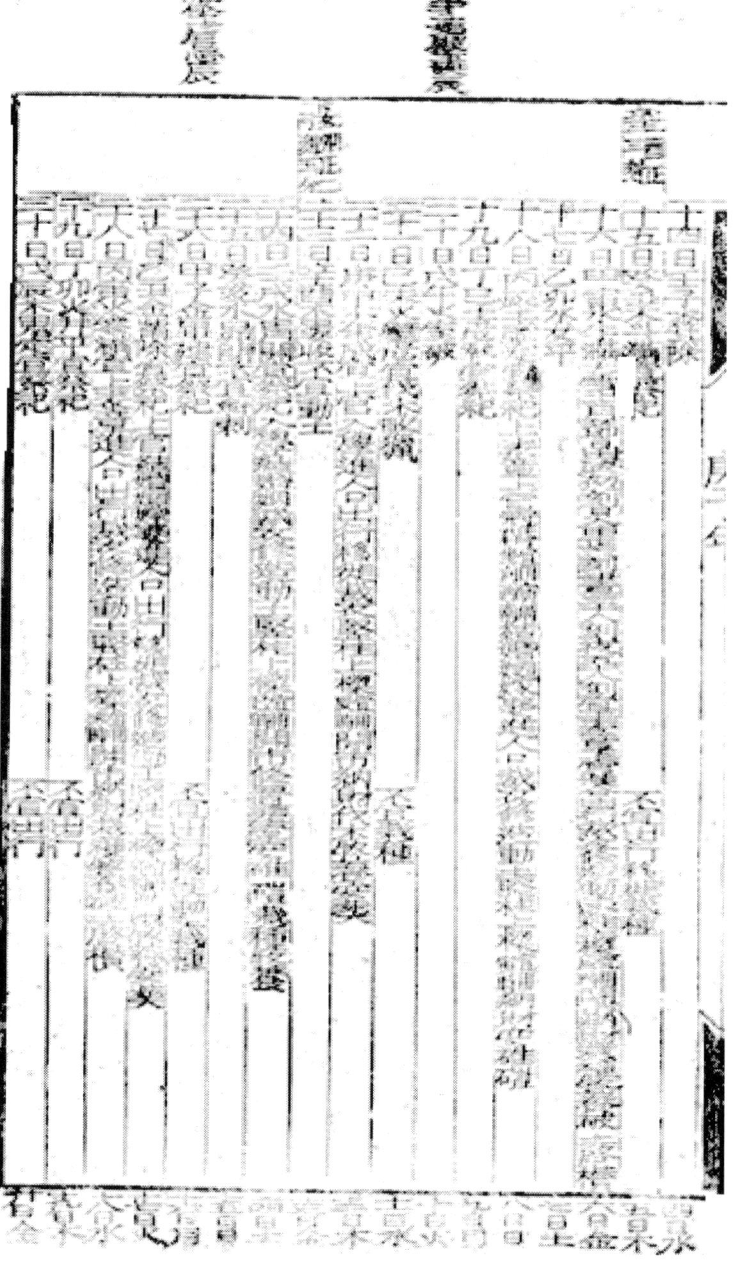

十一月小 建戊子

綠紫白
黑赤碧
白黃白

初一日
初二日
初三日
初四日
初五日
初六日
初七日
初八日
初九日
初十日
十一日
十二日
十三日

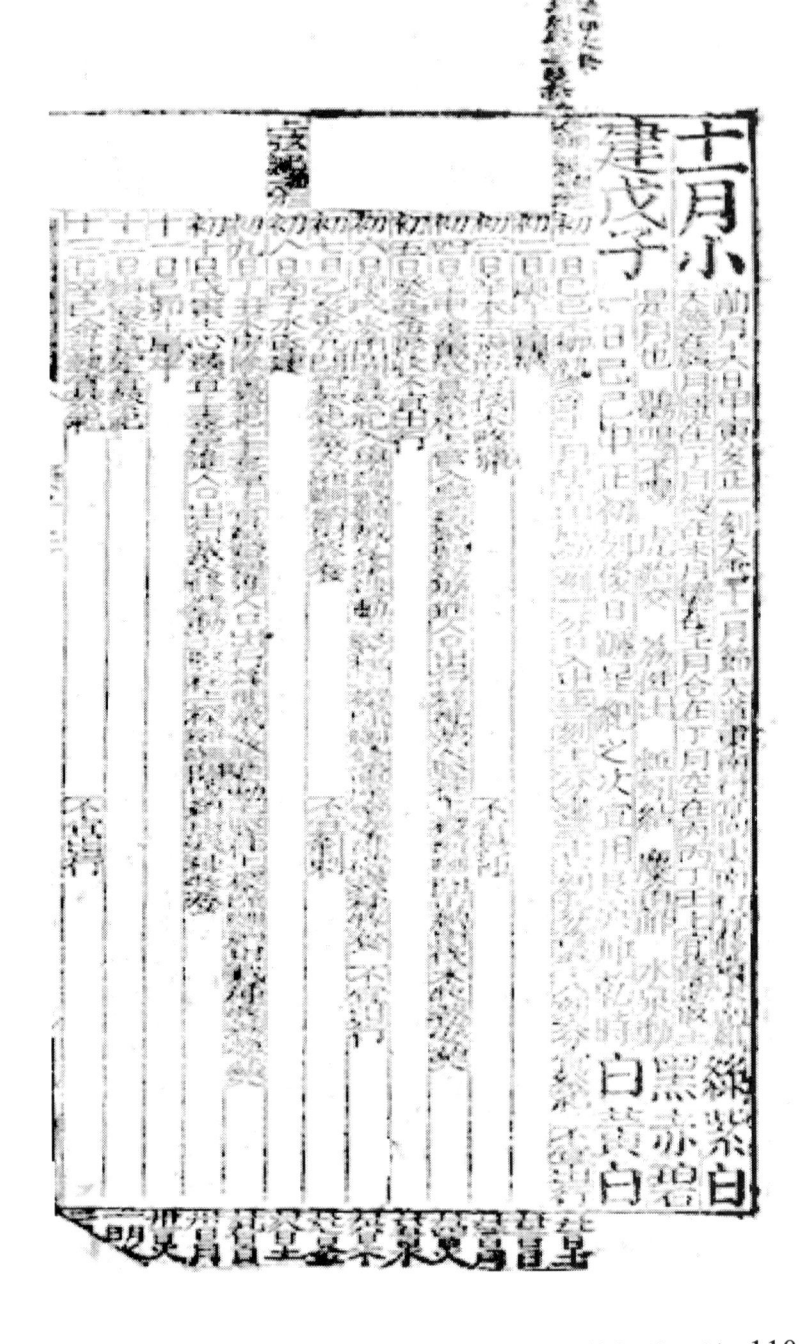

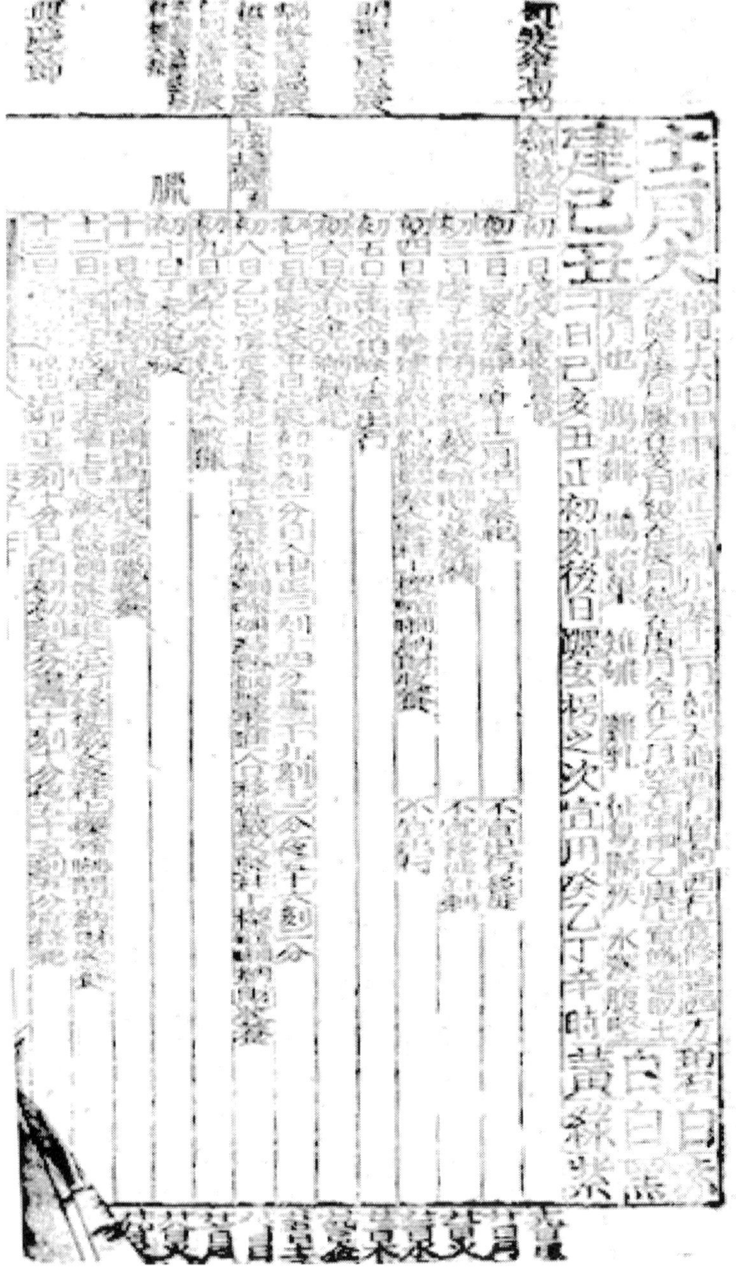

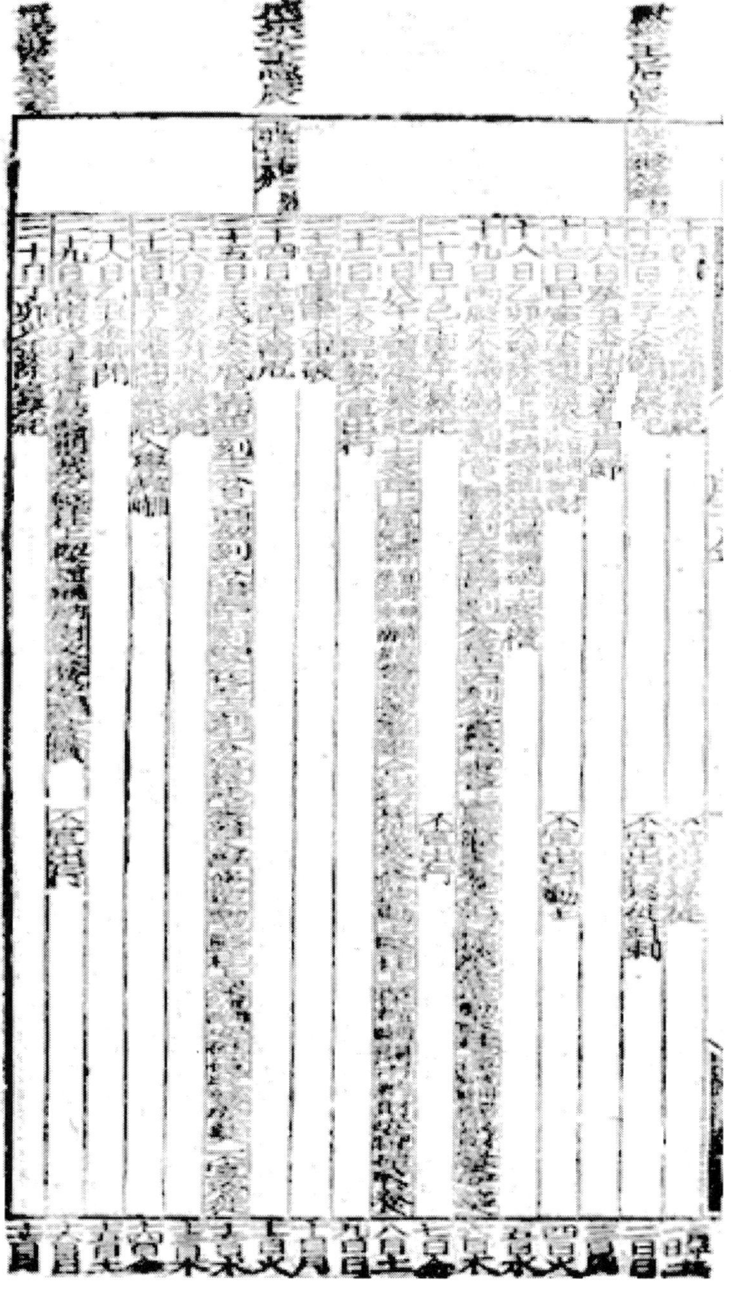

天恩上吉日 甲子乙丑丙寅丁卯戊辰己卯庚辰辛巳壬午癸未[illegible]

天赦上吉日 春戊寅 夏甲午 秋戊申 冬甲子 母倉上吉日 春亥子 夏寅卯 秋辰戌丑未 冬申酉

天德合 正月在壬 三月在丁 四月在丙 六月在己 七月在戊 九月在辛 十月在庚 十二月在乙

太歲已下神殺出遊日 甲子日東遊 己巳日還位 丙子日南遊 辛巳日還位 戊子日遊中宮

癸巳日還位 庚子日西遊 乙巳日還位 壬子日北遊 丁巳日還位

日遊神所在之方不宜安產室掃舍宇設牀帳 每遇癸巳甲午乙未丙申丁酉日在房內北

戊戌己亥日在房內中 庚子辛丑壬寅日在房內南 癸卯日在房內西

甲辰乙巳丙午丁未日在房內東 戊申日在房內中 己酉日出外遊四十四日

逐日人神所在不宜針灸 一日在足大指 二日在外踝 三日在股內 四日在腰 五日在口 六日在手 七日在內踝

八日在腕 九日在尻 十日在腰背 十一日在鼻柱 十二日在髮際 十三日在牙齒 十四日在胃脘 十五日在徧身

十六日在胸 十七日在氣衝 十八日在股內 十九日在足 二十日在內踝 二十一日在手小指 二十二日在外踝 二十三日在肝及足

二十四日在手陽明 二十五日在足陽明 二十六日在胸 二十七日在膝 二十八日在陰 二十九日在膝脛 三十日在足趺

大白逐日遊方不宜迎婚嫁娶移徙來去向 一日十一日二十一日正東 二日十二日二十二日東南

三日十三日二十三日正南 四日十四日二十四日西南 五日十五日二十五日正西 六日十六日二十六日西北

七日十七日二十七日正北 八日十八日二十八日東北 九日十九日二十九日中方 十日二十日三十日在天

長短星日不宜市賈交易裁衣納財 正月七日長星 二十一日短星 二月四日長星 十九日短星 三月一日長星

十六日短星 四月九日長星 二十五日短星 五月十五日長星 二十五日短星 六月十日長星 二十日短星

七月八日長星 二十二日短星 八月二日五日長星 十八日十九日短星 九月三日四日長星 十六日十七日

五姓修宅

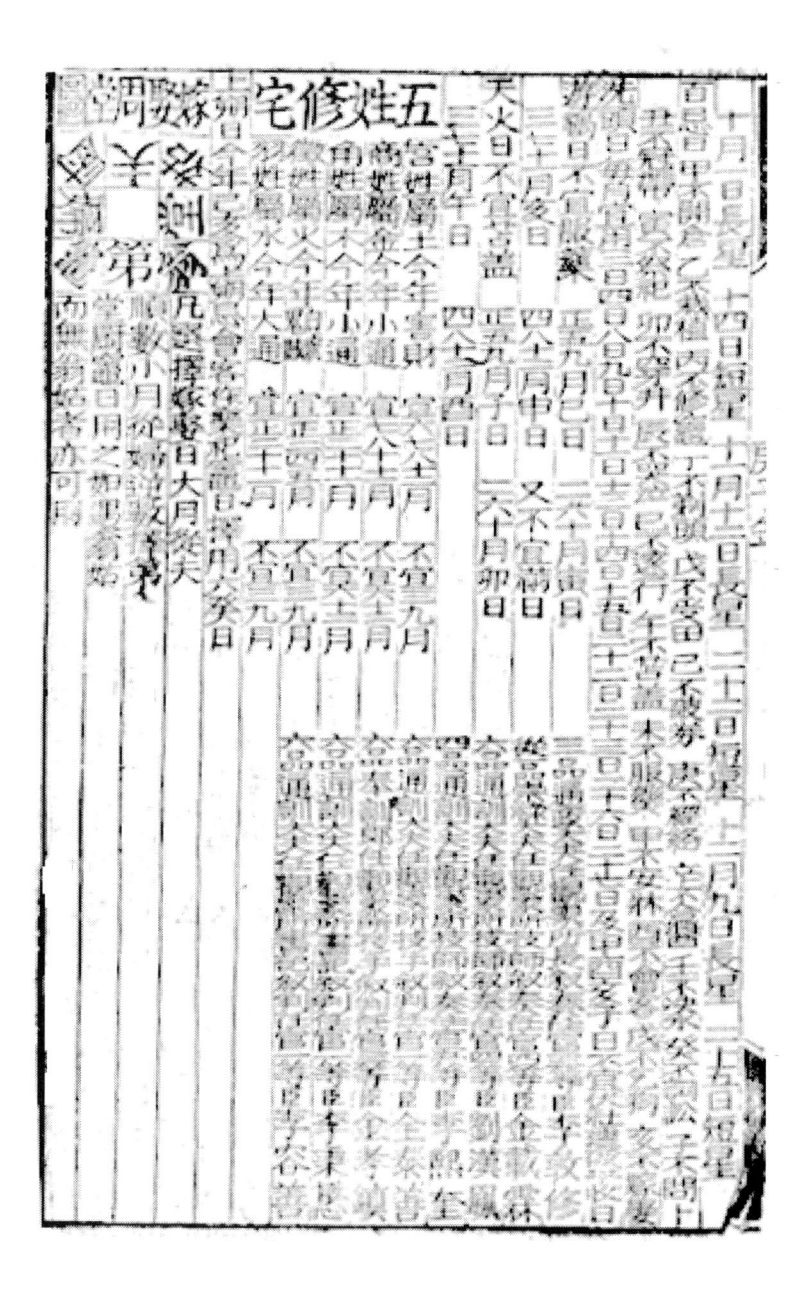

4　大韓光武五年明時曆(1901)

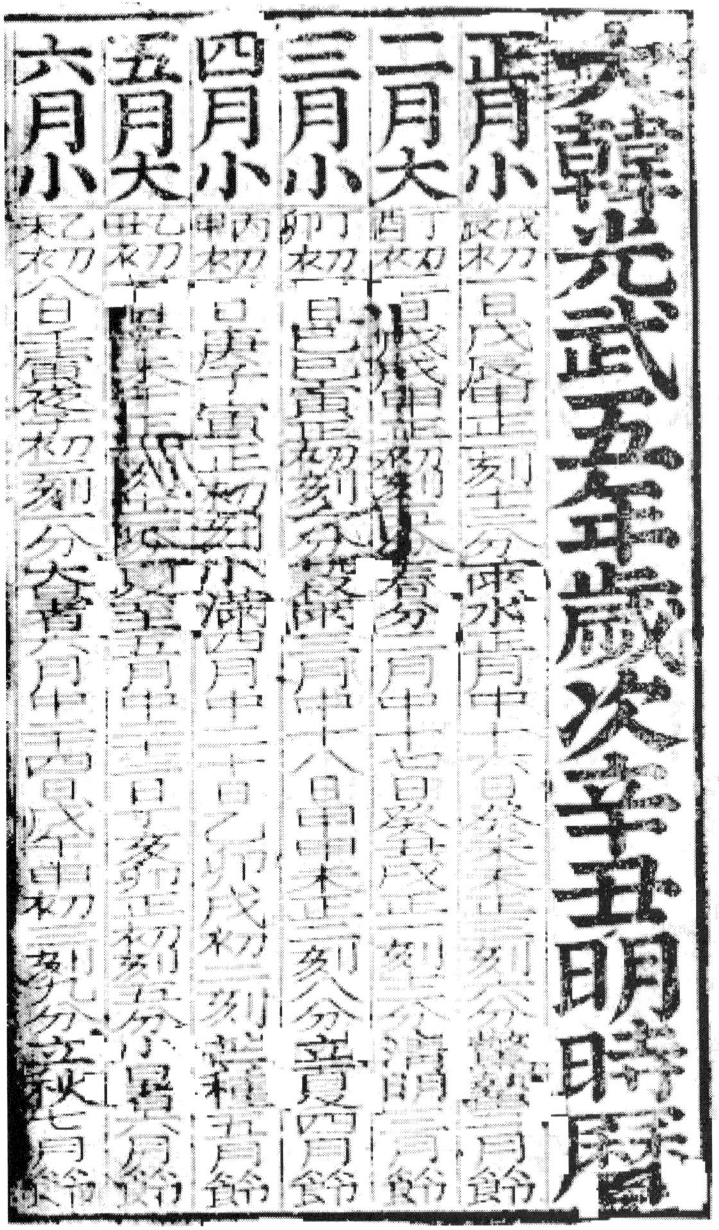
大韓光武五年歲次辛丑明時曆

正月小 戊戌朔

二月大 丁酉朔

三月小 丁卯朔

四月小 丙申朔

五月大 乙丑朔

六月小 乙未朔

七月大 甲子 十一日甲戌卯正一刻十三分處暑七月中 二十六日己丑酉正三刻十二分白露八月節

八月小 甲午 十二日乙巳寅初二刻秋分八月中 二十七日庚申巳初一刻四分寒露九月節

九月大 癸亥 十三日乙亥子正一刻四分霜降九月中 二十八日庚寅亥初一刻六分立冬十月節

十月大 癸巳 十三日乙巳亥初一刻一分小雪十月中 二十八日庚申酉初一刻六分大雪十一月節

十一月大 癸亥 十二日甲戌初二刻八分冬至十一月中 二十七日己丑未正二刻四分小寒十二月節

十二月小 癸巳 十二日甲辰[illegible]初刻一分大寒十二月中 二十七日己未辰正初刻一分立春正月節

凡三百五十四日

年神方

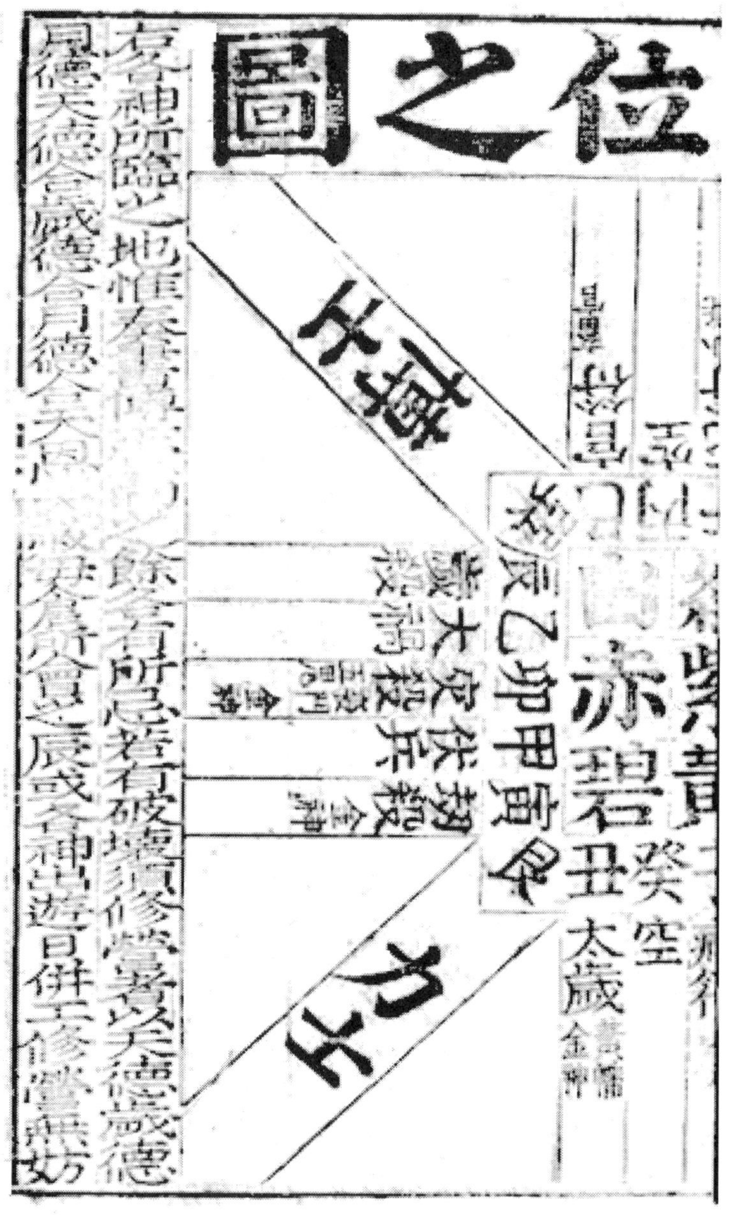

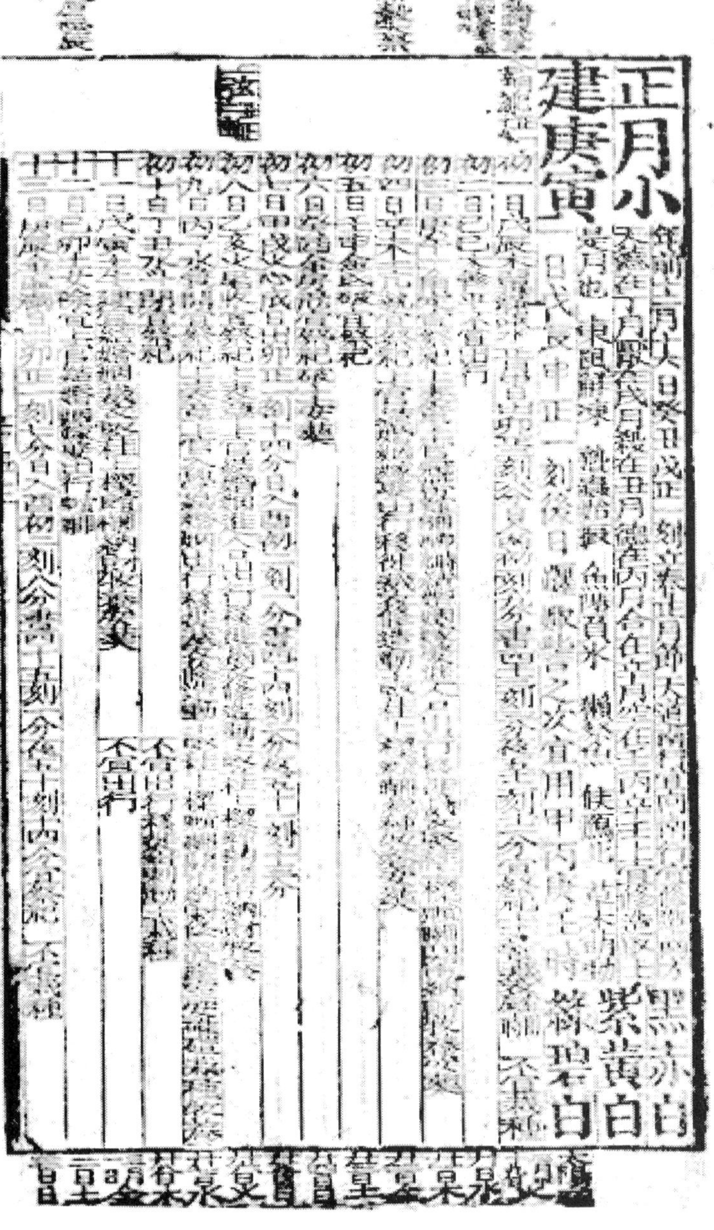

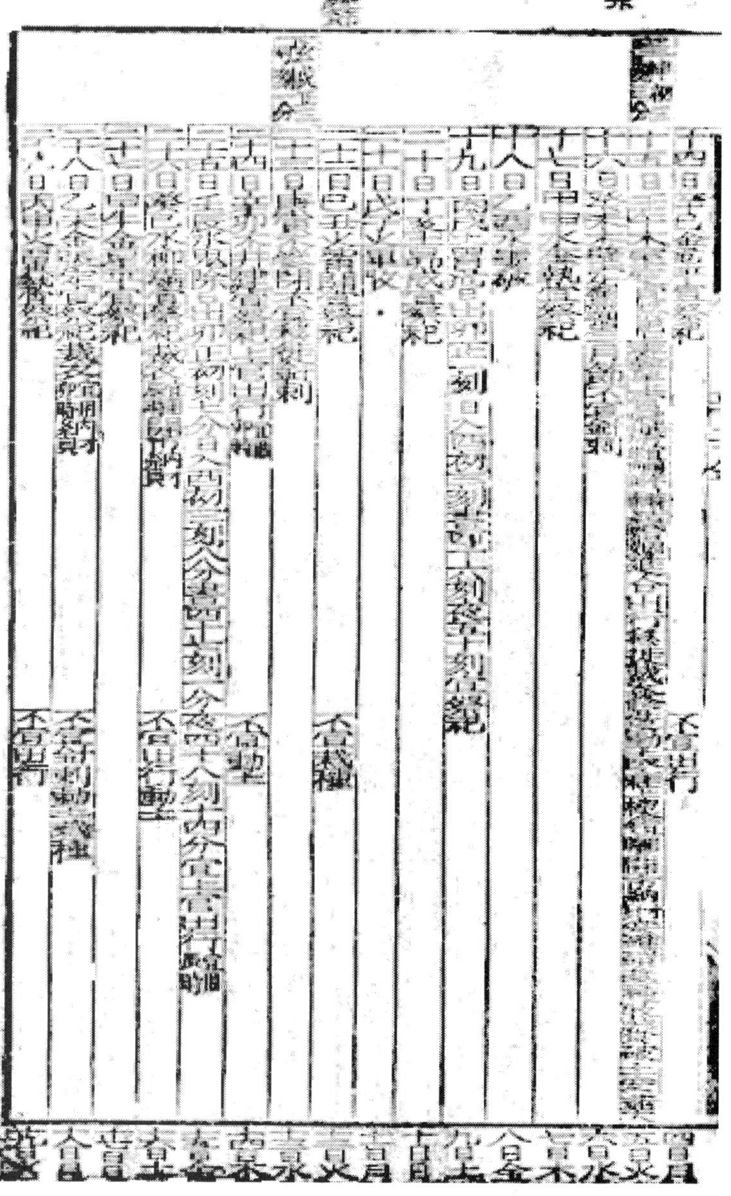

二月大

建辛卯

二日戊戌申正初刻後日躔降婁之次宜用艮巽坤乾時

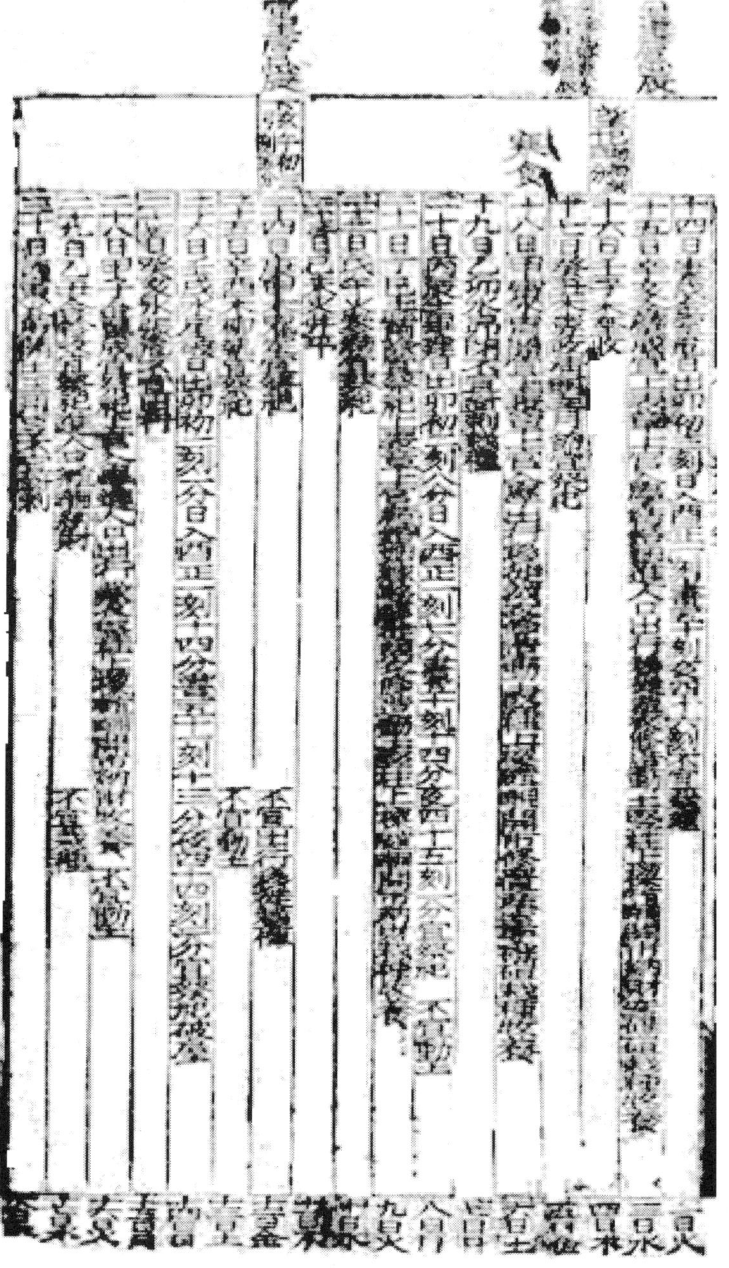

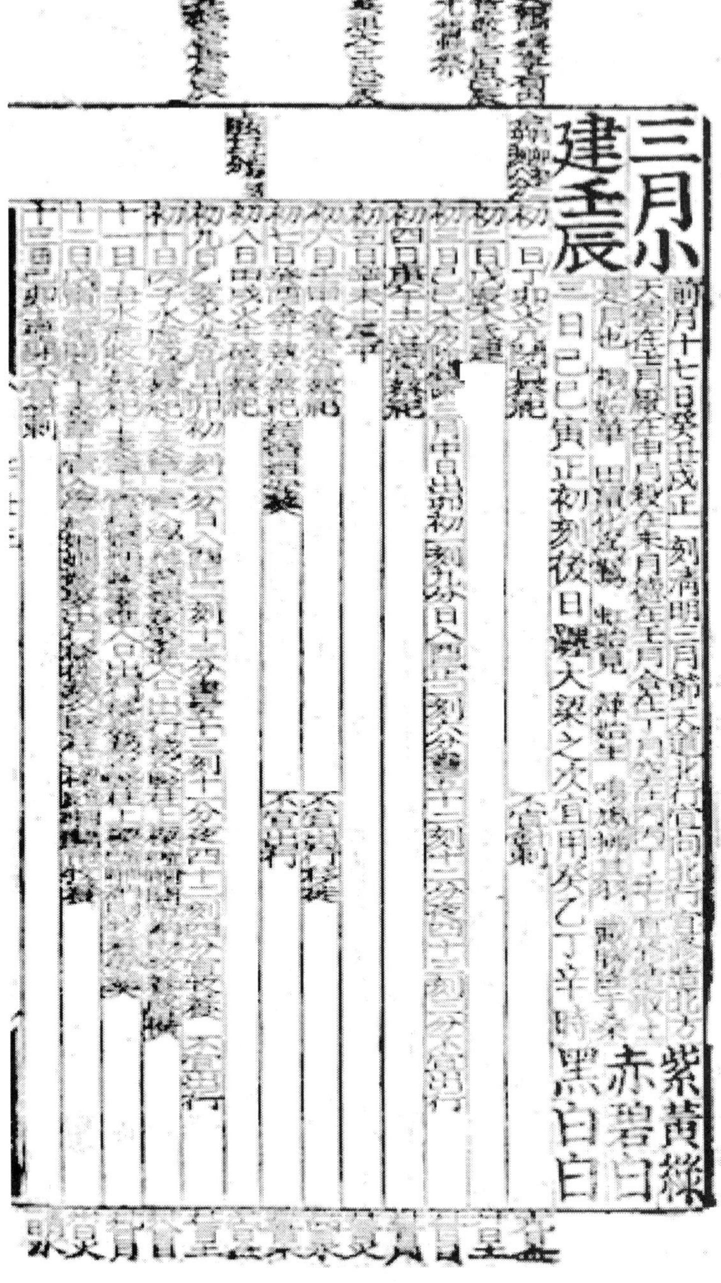

三月小 建壬辰

紫黃綠
赤碧白
黑白白

三日己巳寅正初刻後日躔大梁之次宜用癸乙丁辛時

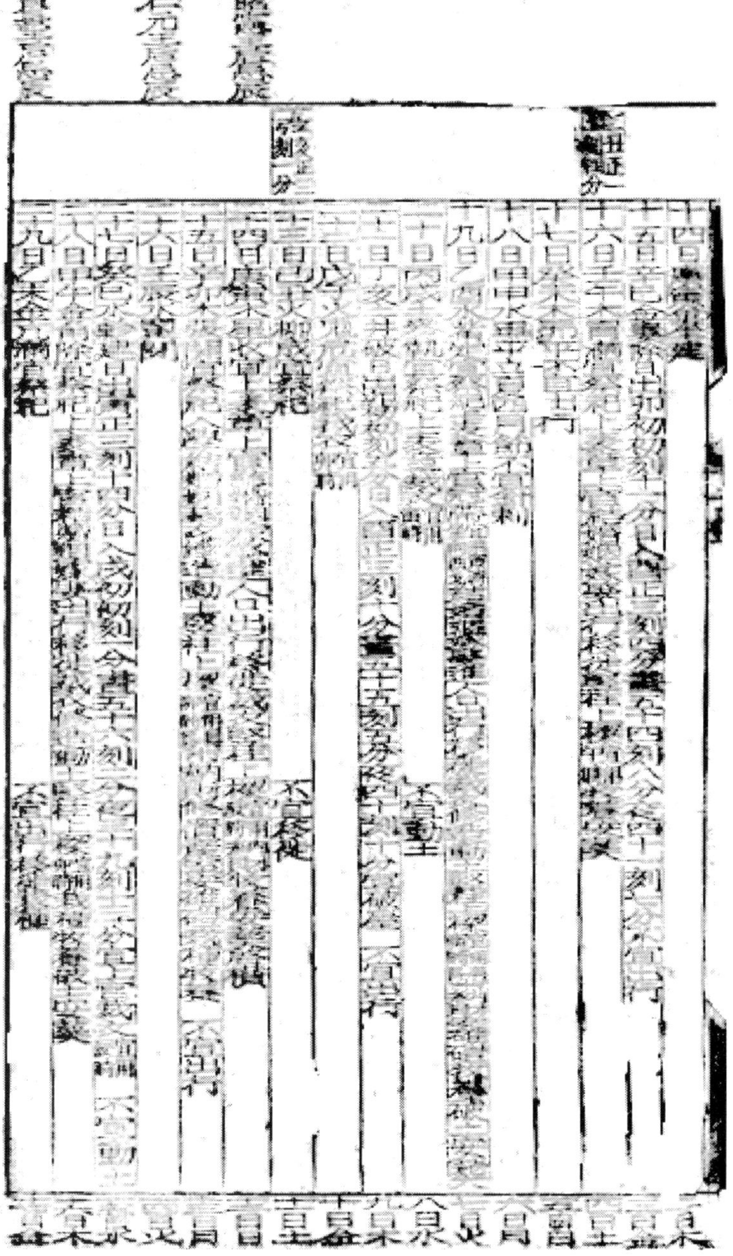

四月小 建癸巳

五日庚子寅正初刻後日躔實沈之次宜用甲丙庚壬時

是月也 螻蟈鳴 蚯蚓出 王瓜生 苦菜秀 靡草死 麥秋至

白綠碧

白黑赤

白紫黃

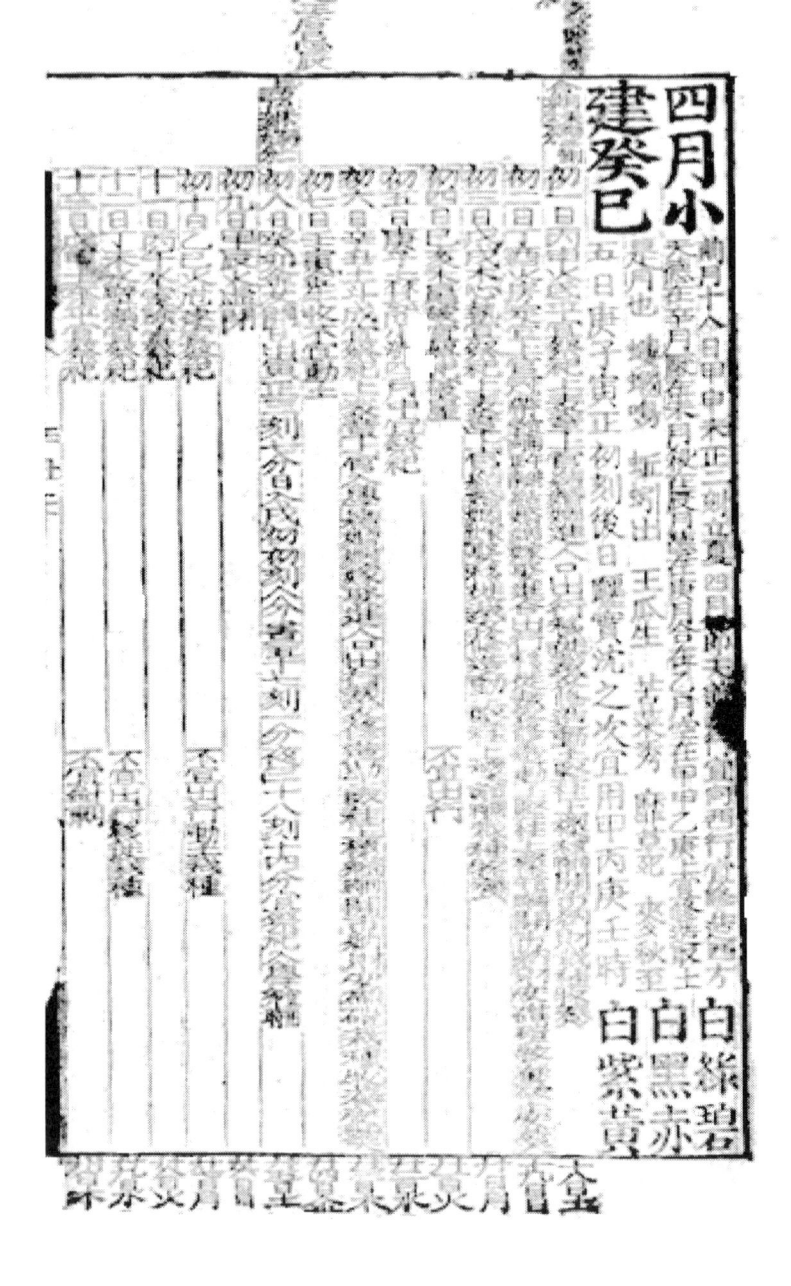

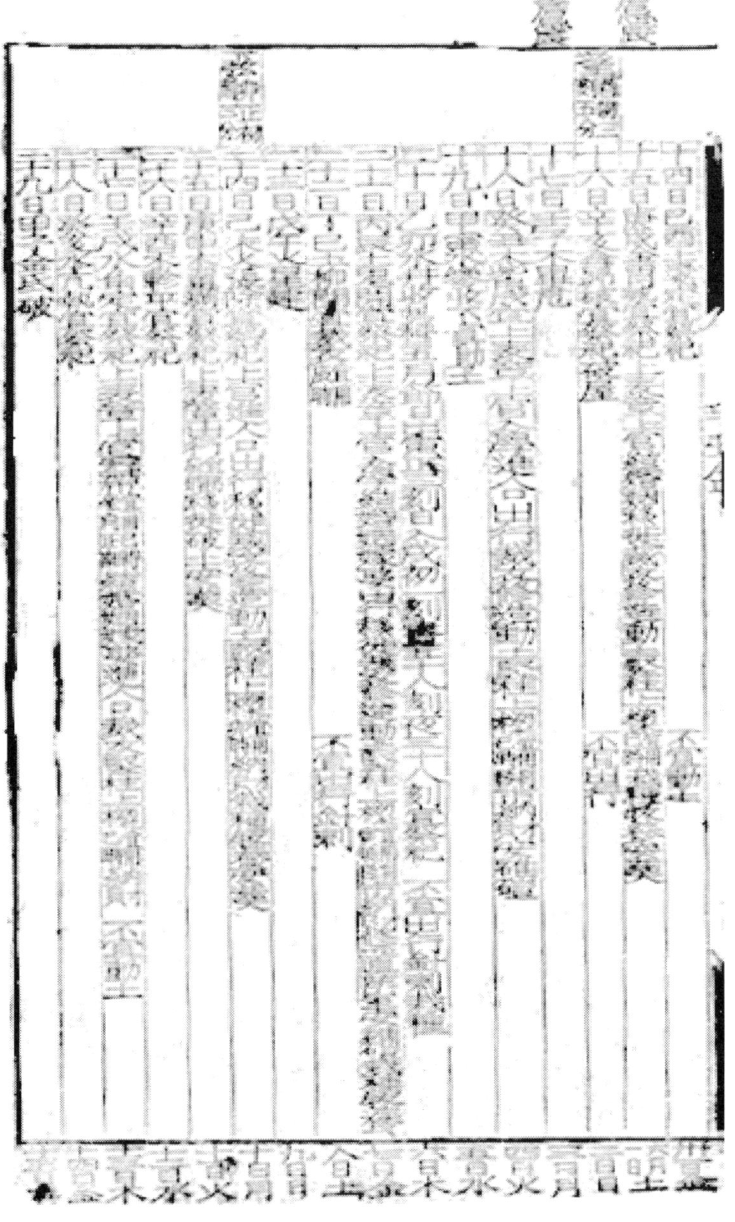

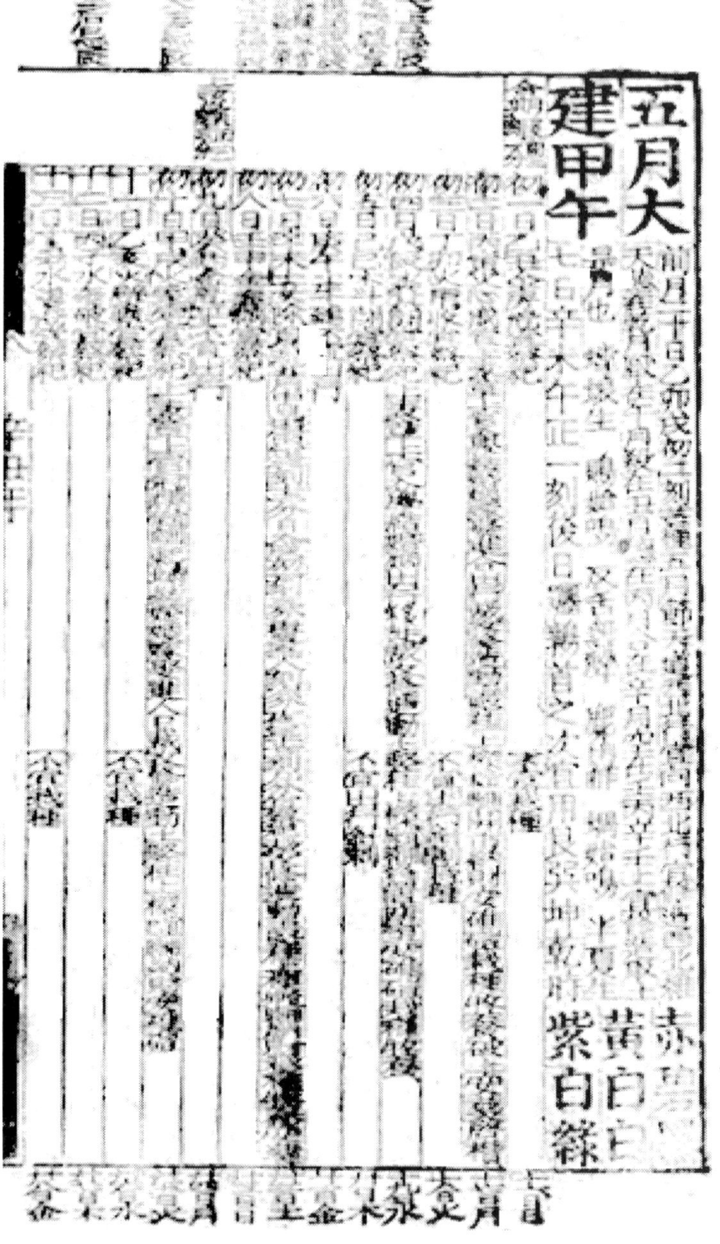
五月大
建甲午

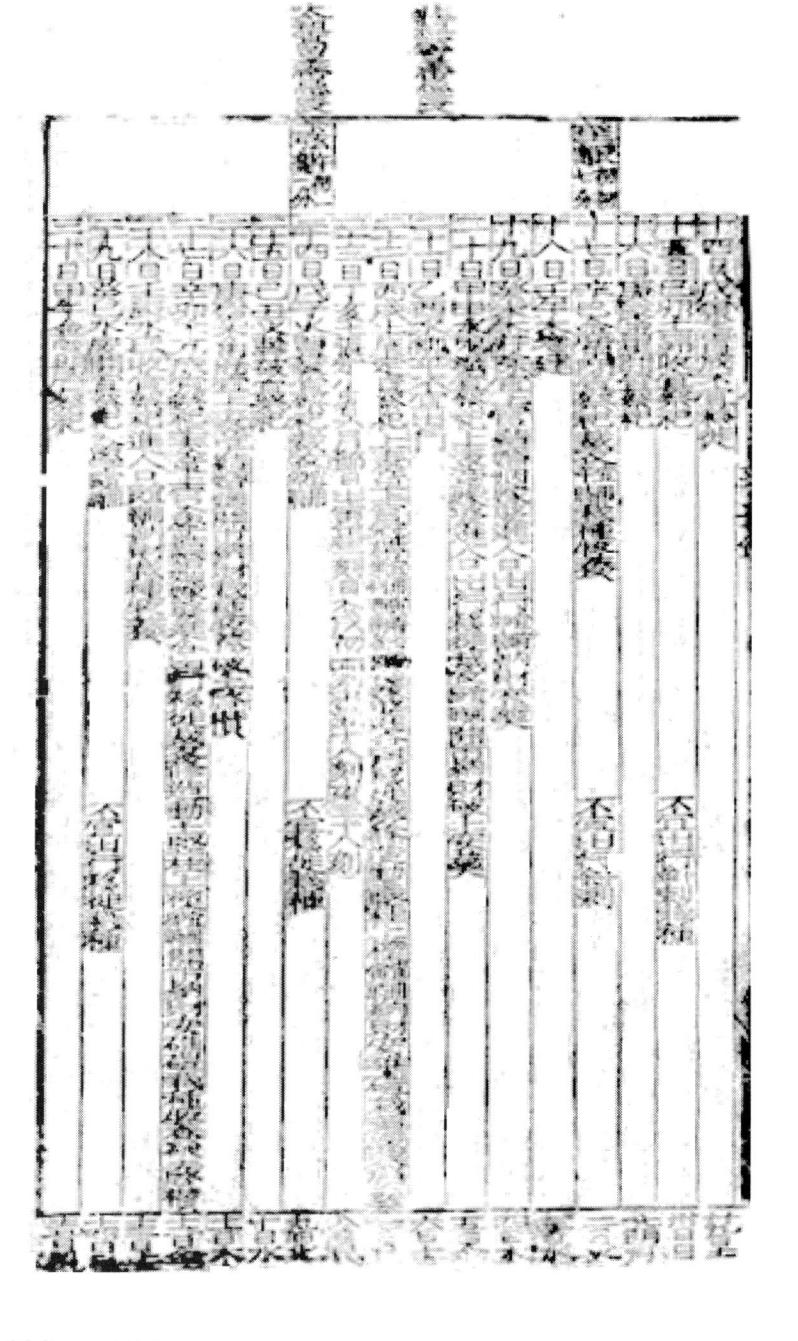

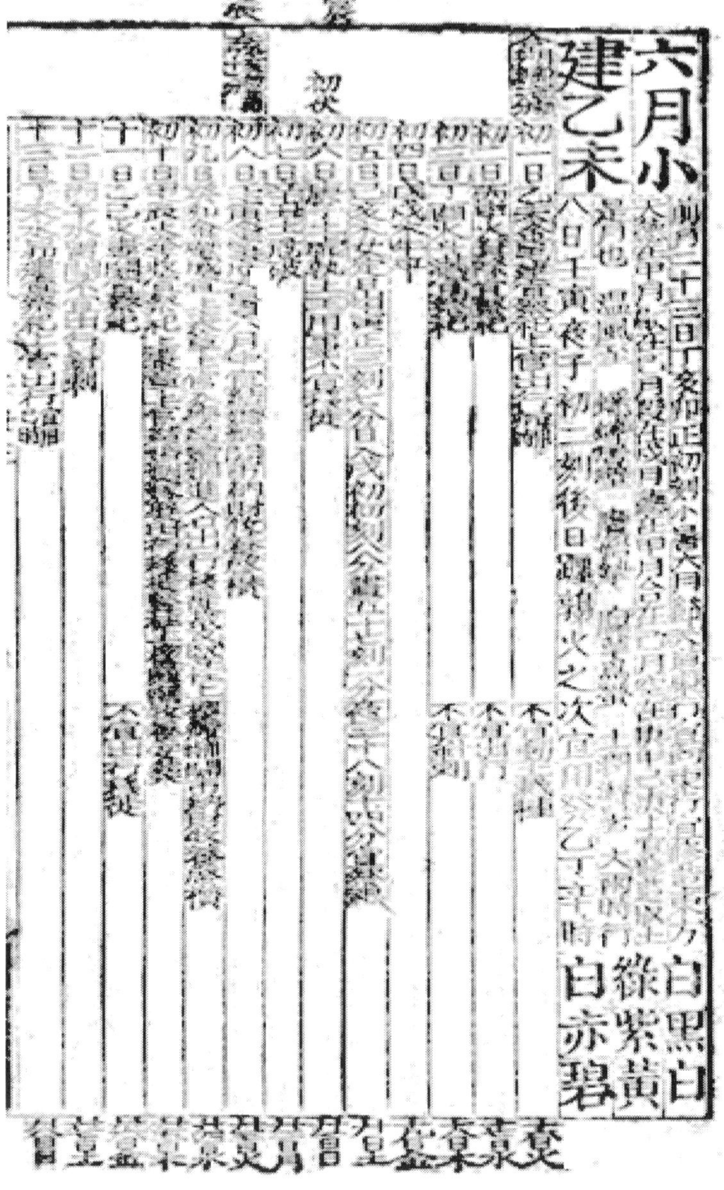

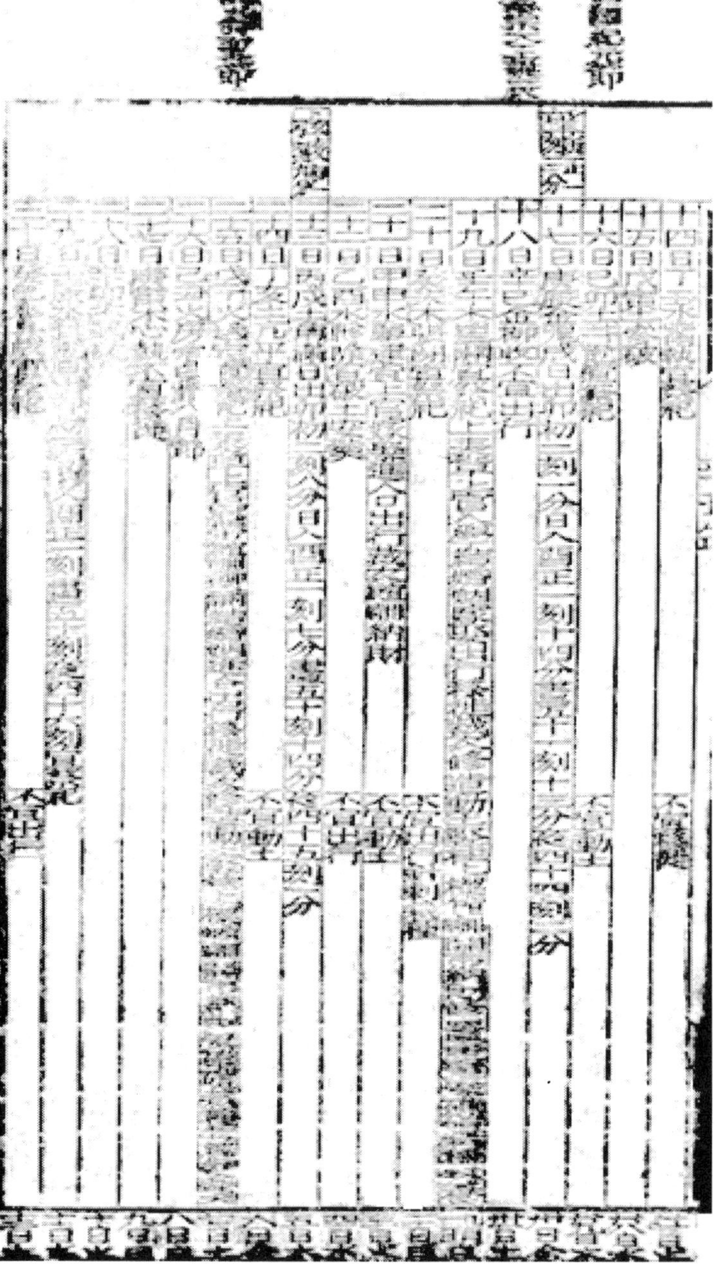

八月小
建丁酉

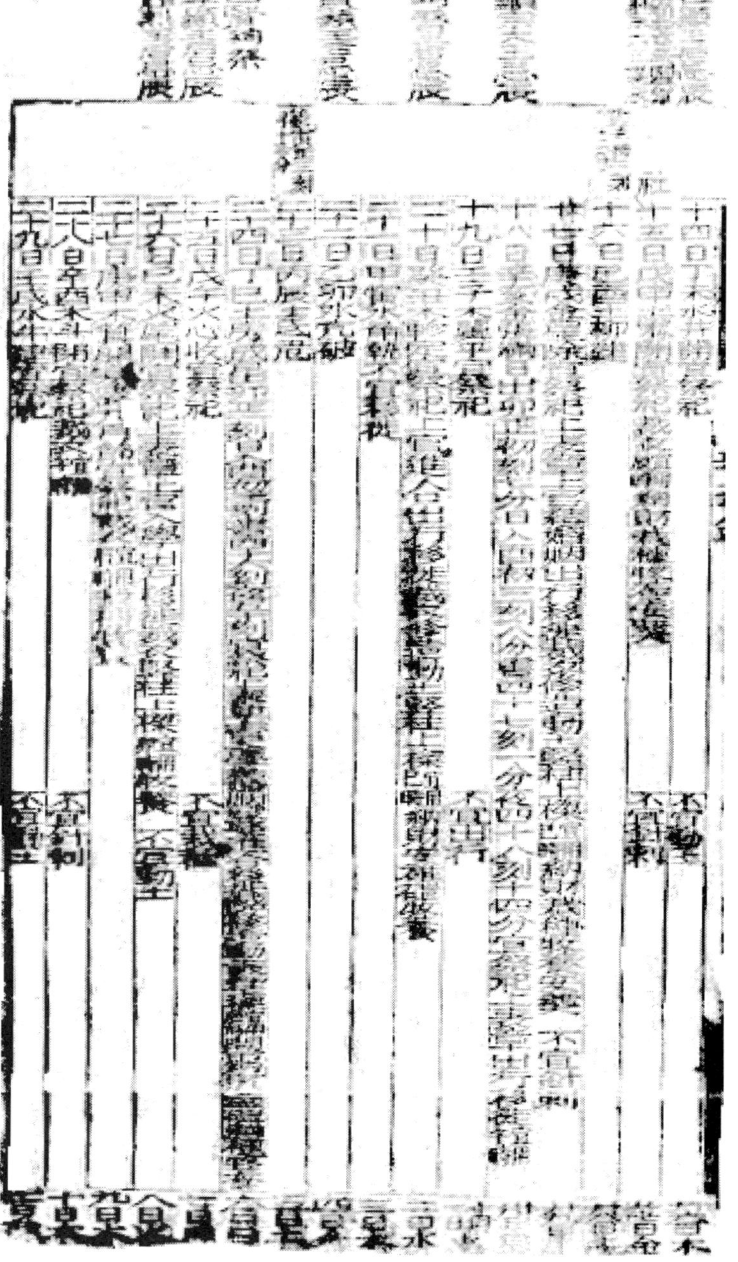

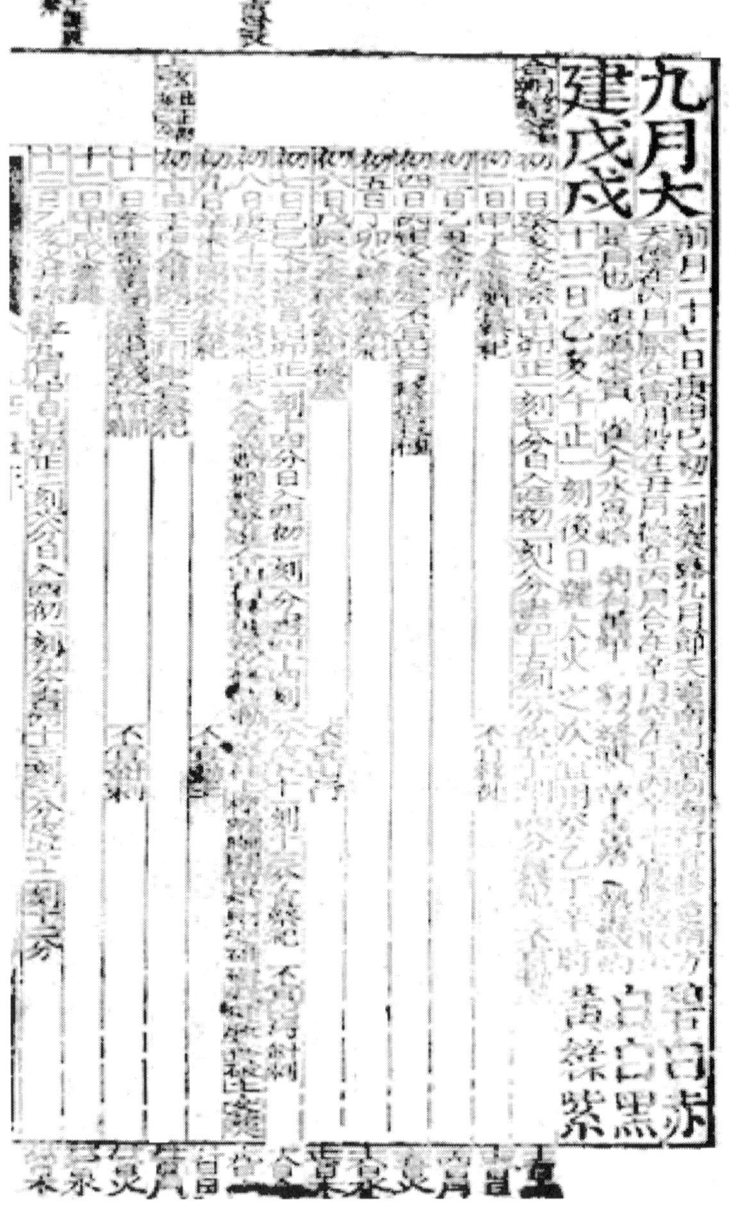
九月大
建戊戌

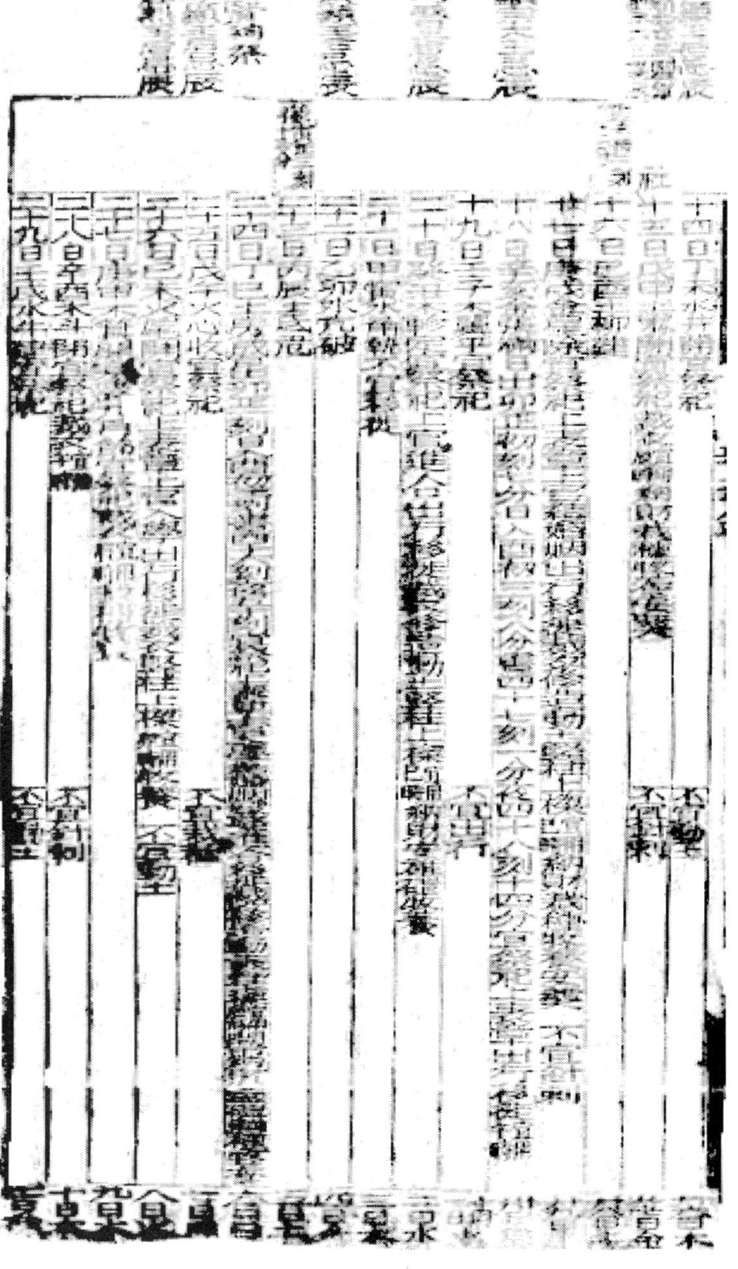

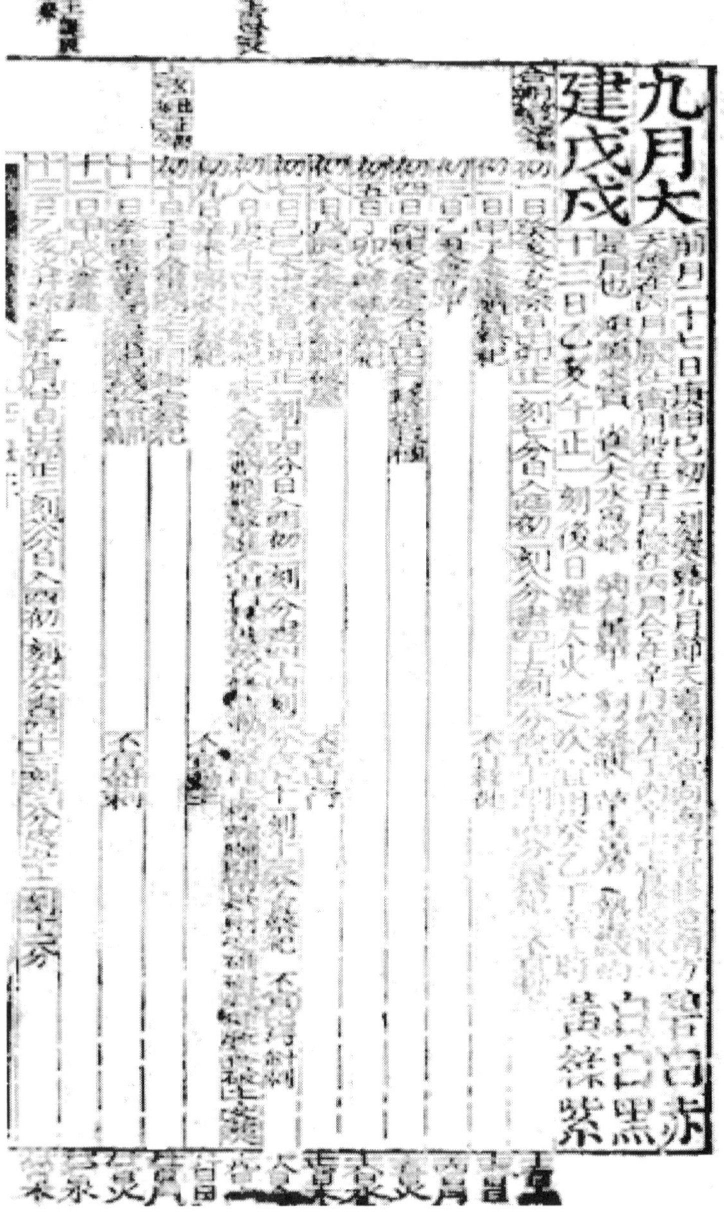
九月大
建戊戌

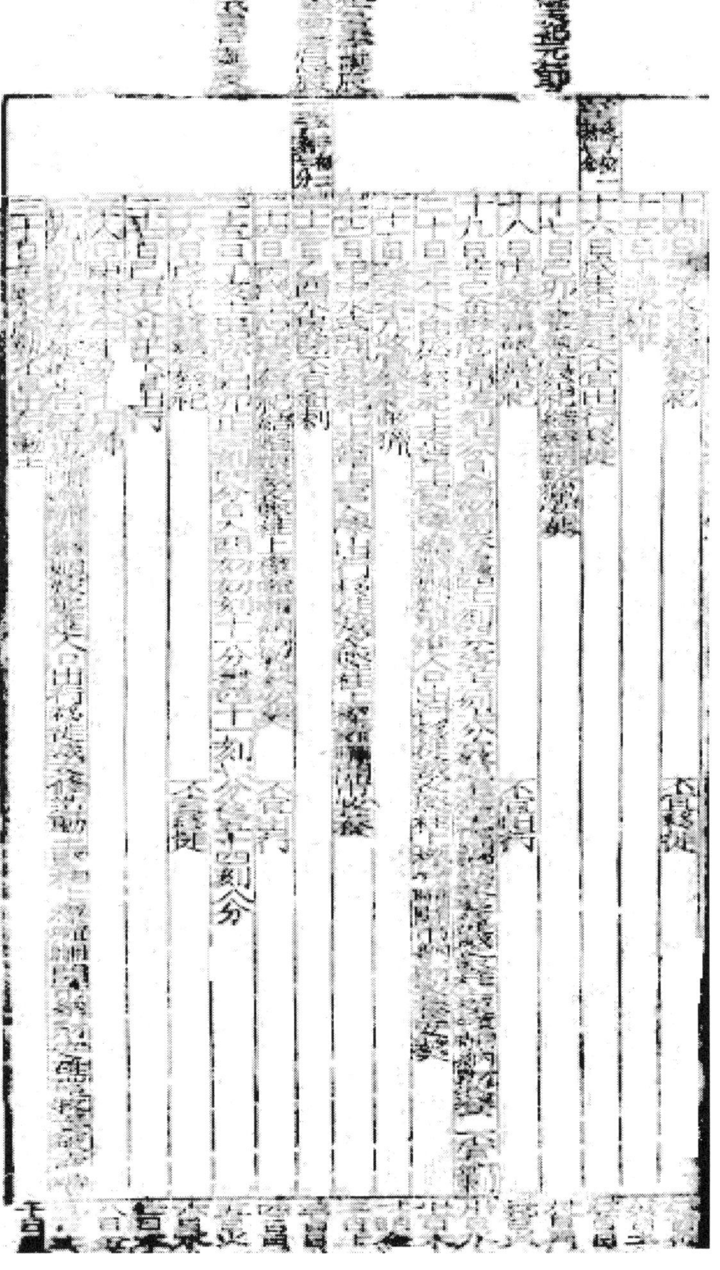

十月大
建己亥
黑赤白
紫黄白
綠碧白

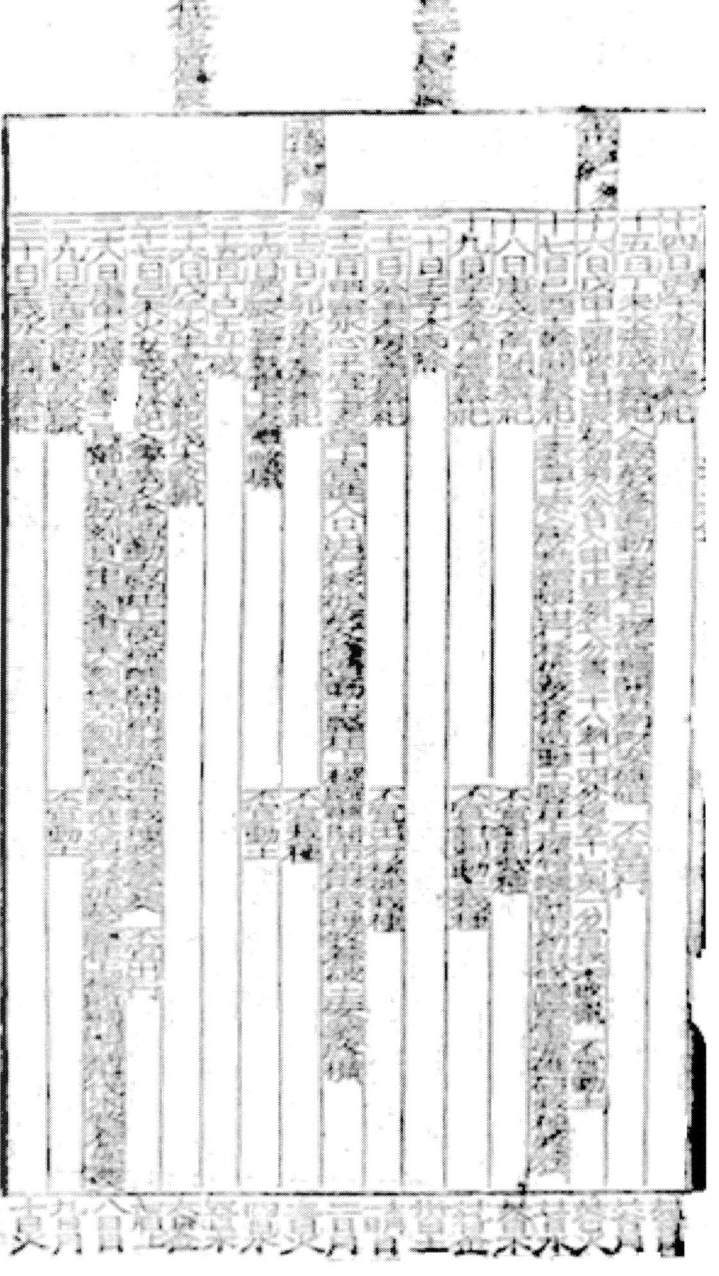

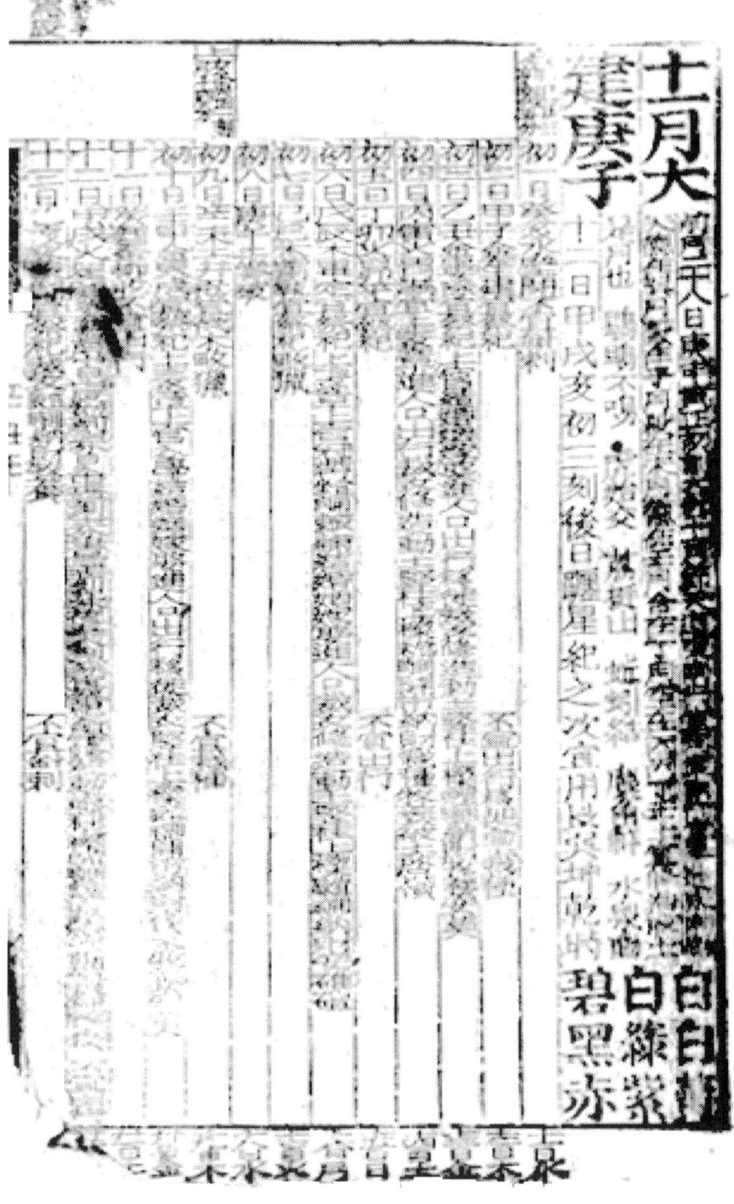

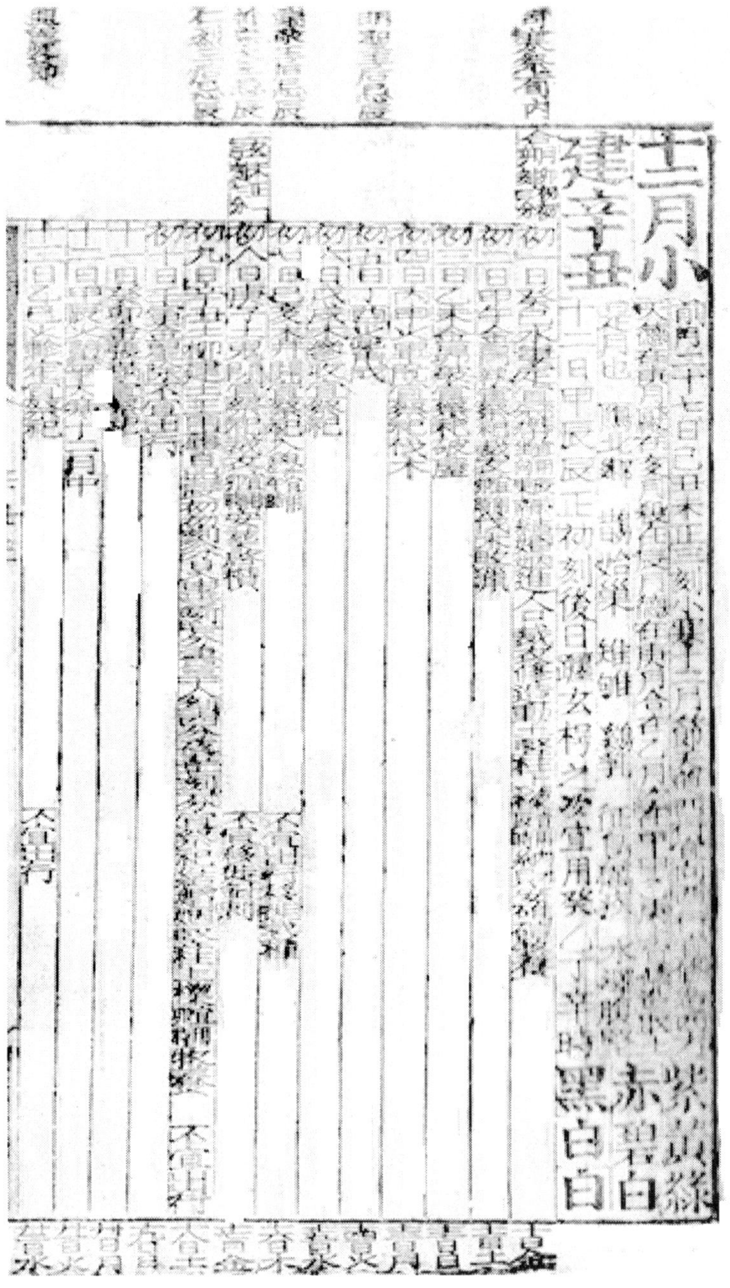

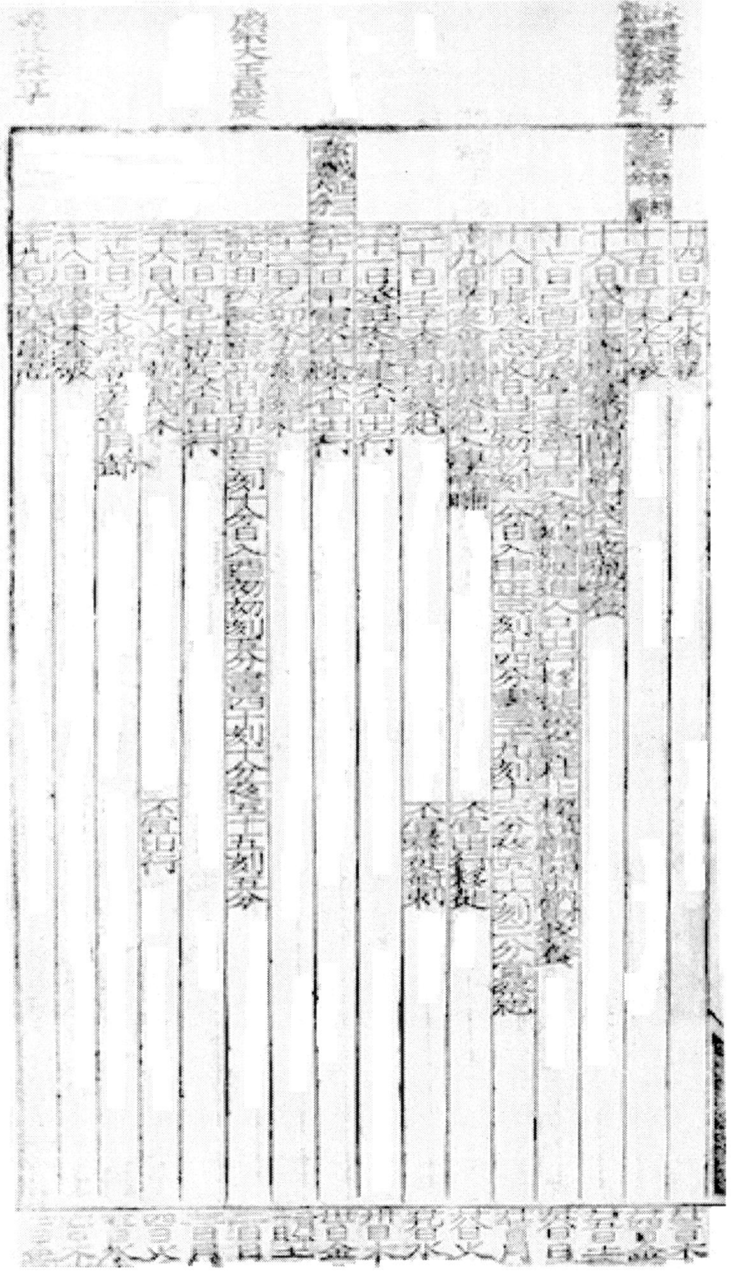

天恩上吉日 甲子乙丑丙寅丁卯戊辰己卯庚辰辛巳壬午癸未己酉庚戌辛亥壬子癸丑

天赦上吉日 春戊寅 夏甲午 秋戊申 冬甲子 母倉上吉日 春亥子 夏寅卯 秋辰戌丑未 冬申酉 [illegible]

天德合 正月在壬 二月在丁 四月在丙 六月在己 七月在戊 九月在辛 十月在庚 十二月在乙

太歲已下神殺出遊日 壬子日東遊 己巳日還位 丙子日南遊 辛巳日還位 戊子日遊中宮

癸巳日還位 庚子日西遊 乙巳日還位 壬子日北遊 丁巳日還位

日遊神所在之方不宜安產室掃舍宇設牀帳 癸巳甲午乙未丙申丁酉日在房內北

戊戌己亥日在房內中 庚子辛丑壬寅日在房內南 癸卯日在房內西

甲辰乙巳丙午丁未日在房內東 戊申日在房內中 己酉日出外遊四十四日

逐日人神所在不宜針灸 一日在足大指 二日在外踝 三日在股內 四日在腰 五日在口 六日在手 七日在內踝

八日在腕 九日在尻 十日在腰背 十一日在鼻柱 十二日在髮際 十三日在牙齒 十四日在胃脘 十五日在遍身

十六日在胸 十七日在氣衝 十八日在股內 十九日在足 二十日在內踝 二十一日在手小指 二十二日在外踝 二十三日在肝及足

二十四日在手陽明 二十五日在足陽明 二十六日在胸 二十七日在膝 二十八日在陰 二十九日在膝脛 三十日在足趺

太白逐日遊方 人會[illegible] 一日十一日二十一日在東 二日十二日二十二日在東南

三日十三日二十三日在南 四日十四日二十四日在西南 五日十五日二十五日在西 六日十六日二十六日在西北

七日十七日二十七日在北 八日十八日二十八日在東北 九日十九日二十九日在中方 十日二十日三十日在天

長短星日 人家忌裁衣納財 正月七日長星 二十一日短星 二月四日長星 十九日短星 三月一日長星 十六日短星

十八日短星 四月九日長星 二十五日短星 五月十五日長星 二十五日短星 六月十日長星 二十日短星

七月八日長星 二十二日短星 八月二日五日長星 十八日十九日短星 九月三日四日長星 十六日十七日短星

5 大韓光武六年明時曆(1902)

大韓光武六年明時曆
壬寅

大韓光武六年歲次壬寅明時曆

正月大 壬戌 十二日癸酉亥正一刻一分雨水正月中 二十七日戊子子正三刻十分驚蟄二月節

二月小 壬辰 十二日癸卯亥初三刻九分春分二月中 二十八日己未丑正一刻清明三月節

三月大 辛酉 十四日甲戌巳初三刻三分穀雨三月中 二十九日己丑丑正三刻二分立夏四月節

四月小 辛卯 十五日乙巳巳初二刻三分小滿四月中

五月小 庚申 初二日辛酉酉初三刻三分芒種五月節 十七日丙子酉正一刻夏至五月中

六月大 己丑 初四日壬辰寅初一刻二分小暑六月節 二十日戊申卯初一刻十分大暑六月中

七月小

八月大

九月小

十月大

十一月大

十二月大

凡三百五十五日

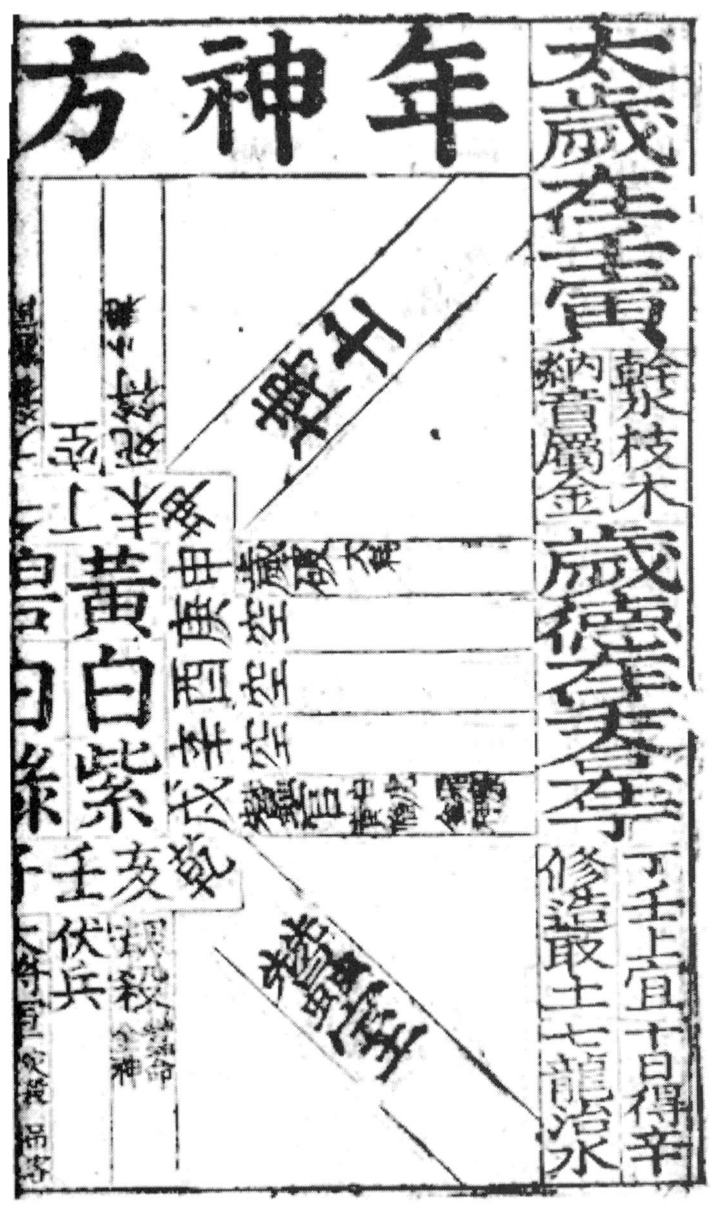
年神方
太歲在壬寅
幹水枝木
歲德在丁壬
丁壬上宜十日得辛
修造取土
七龍治水
博士
黃
白
紫
空
死符
伏兵
大將軍

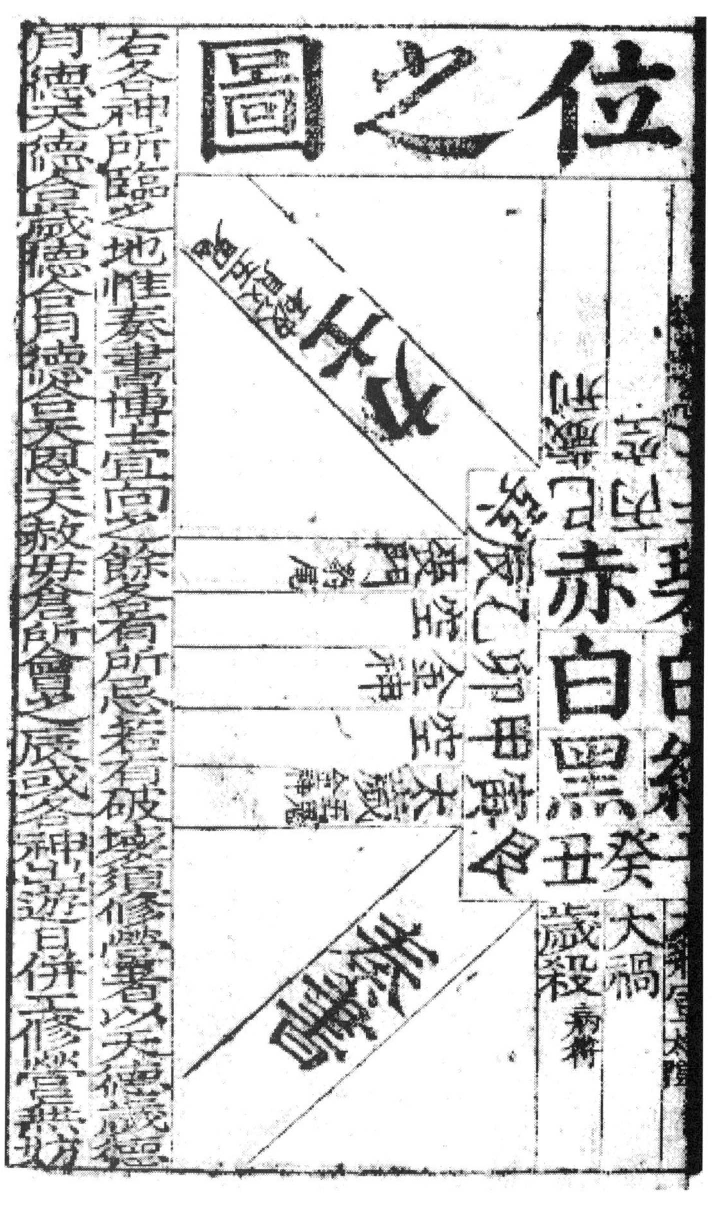

位之圖

右各神所臨之地惟奏書博士官之餘各有所忌若有破壞須修營者以天德歲德月德天德合歲德合月德合天恩天赦母倉所會之辰或各神出遊日併工修營無妨

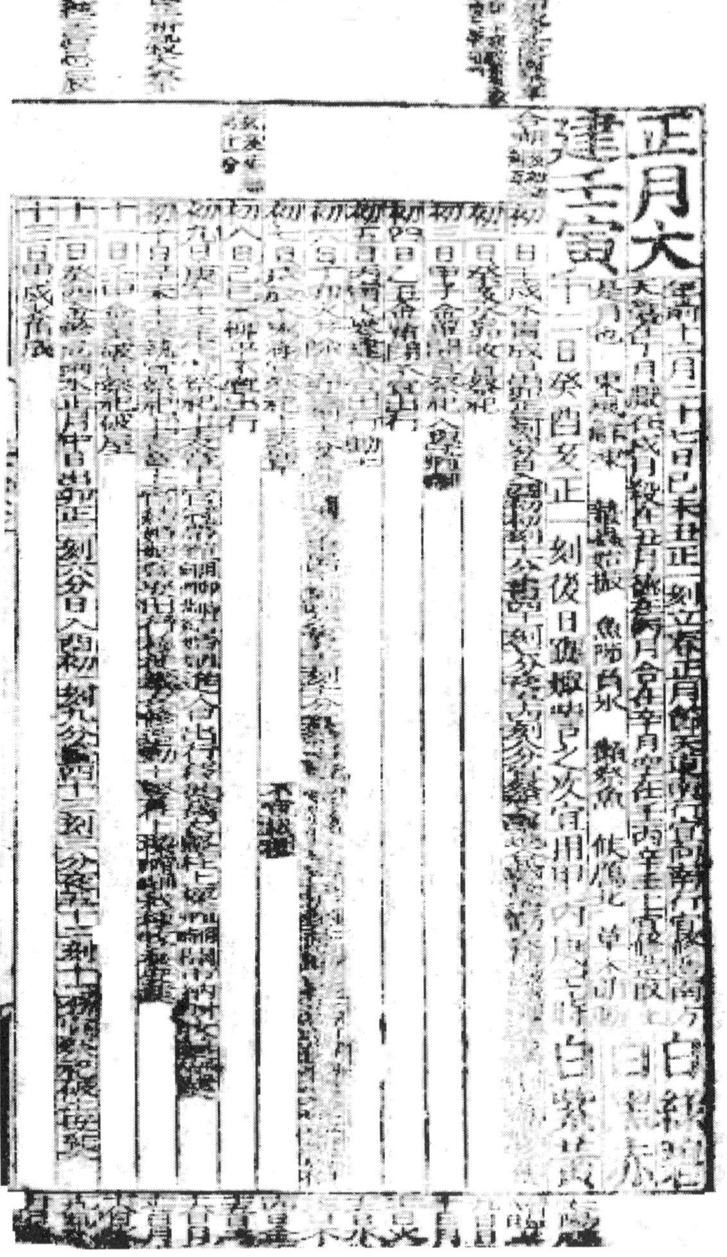

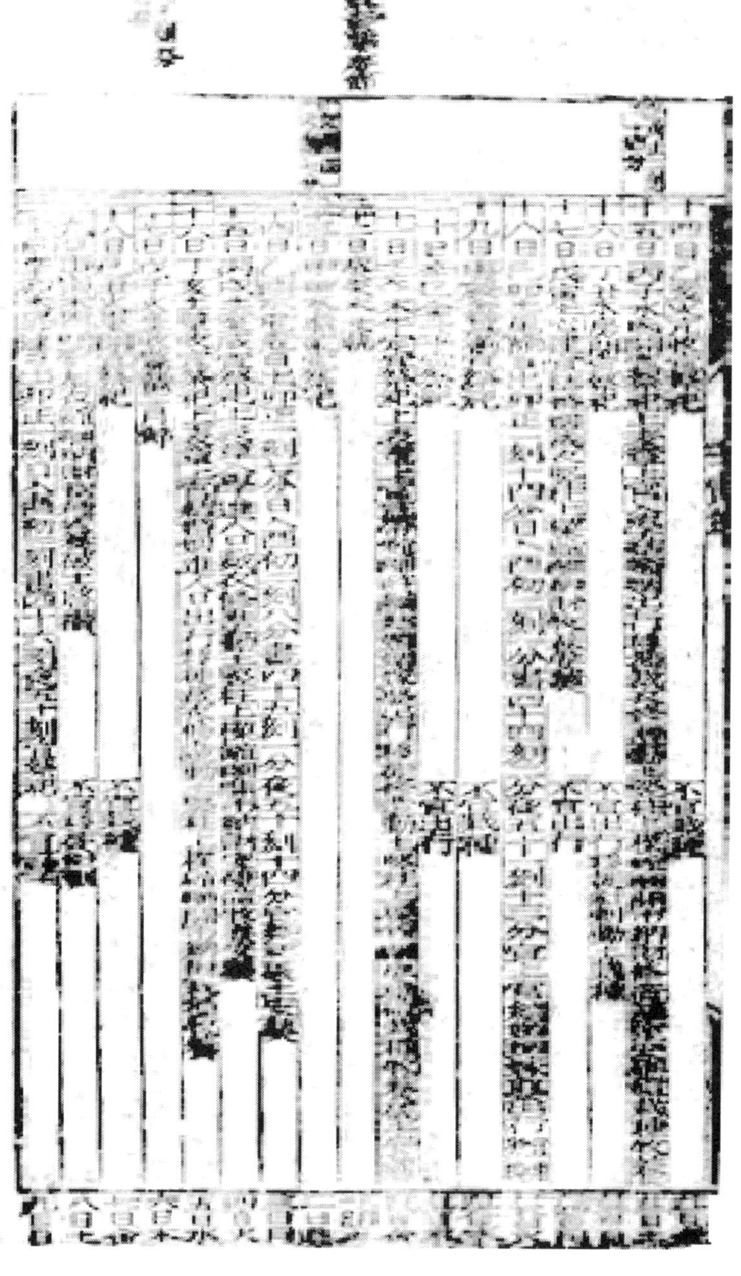

二月小

建癸卯

赤碧黑

黃白白

紫白綠

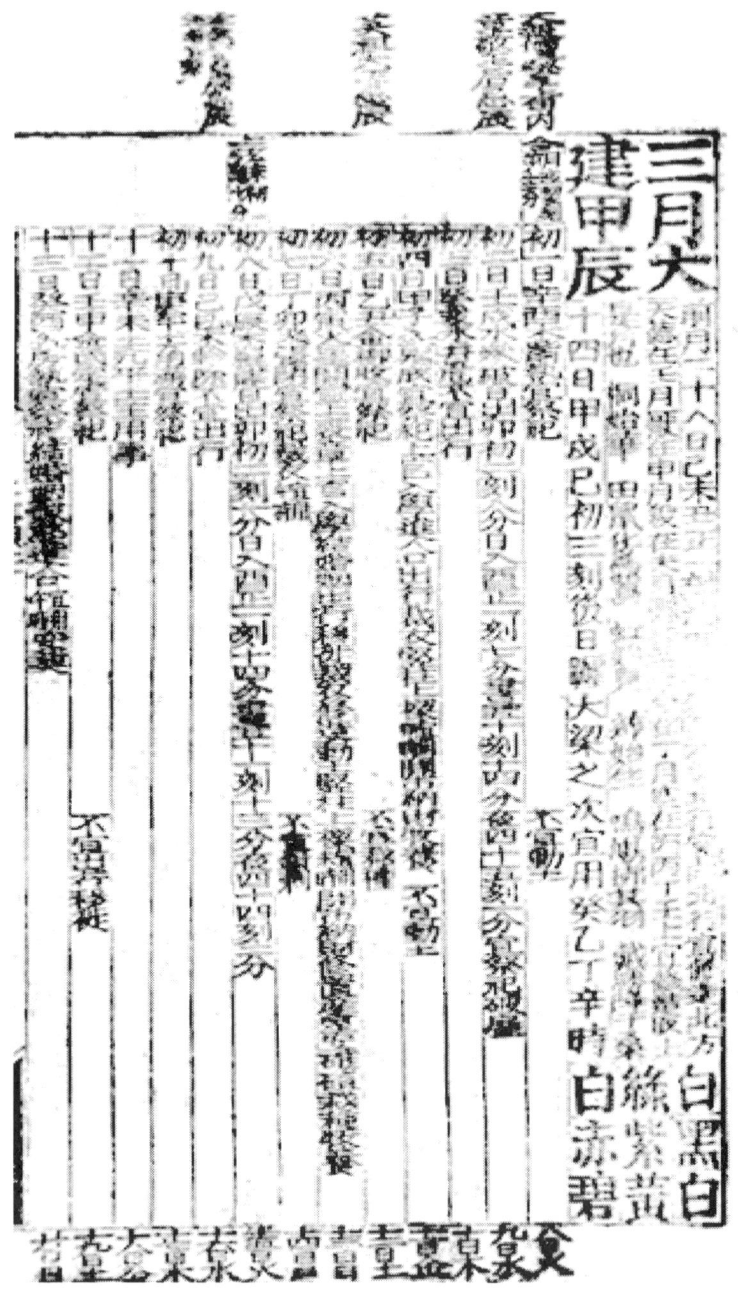
三月大
建甲辰
十四日甲戌巳初三刻後日躔大梁之次宜用癸乙丁辛時

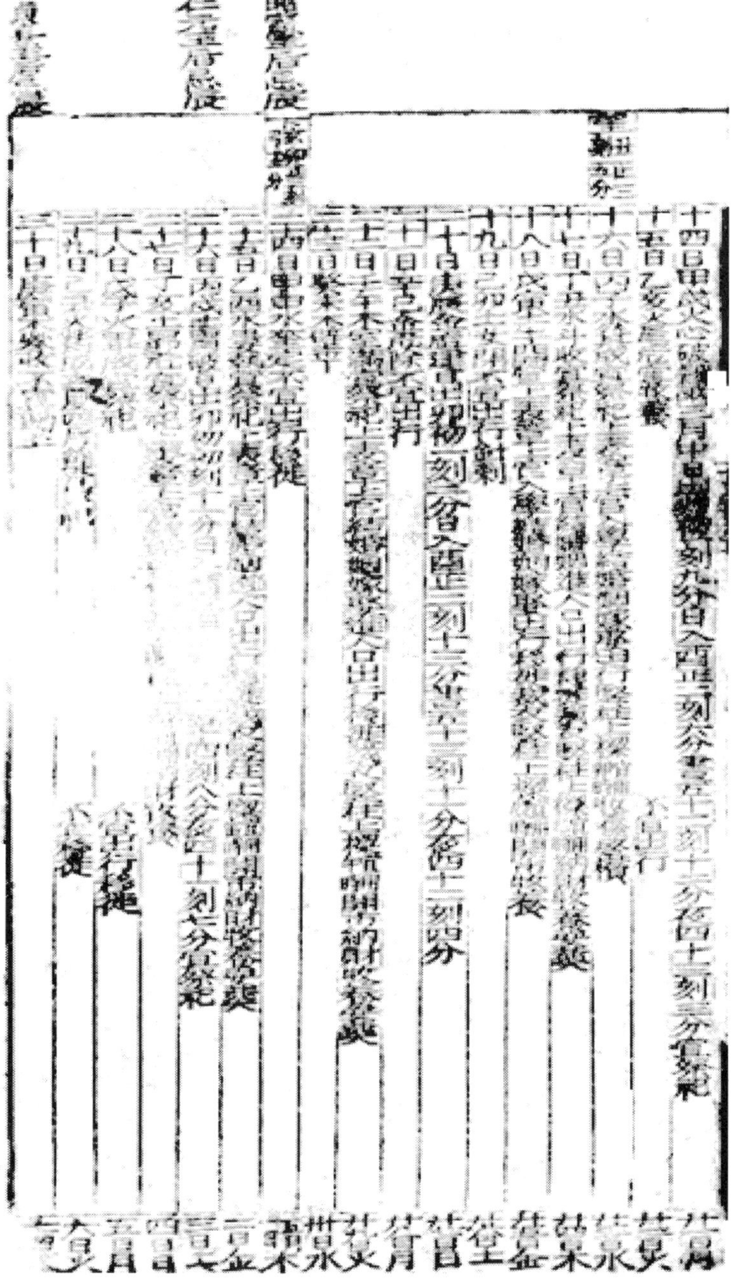

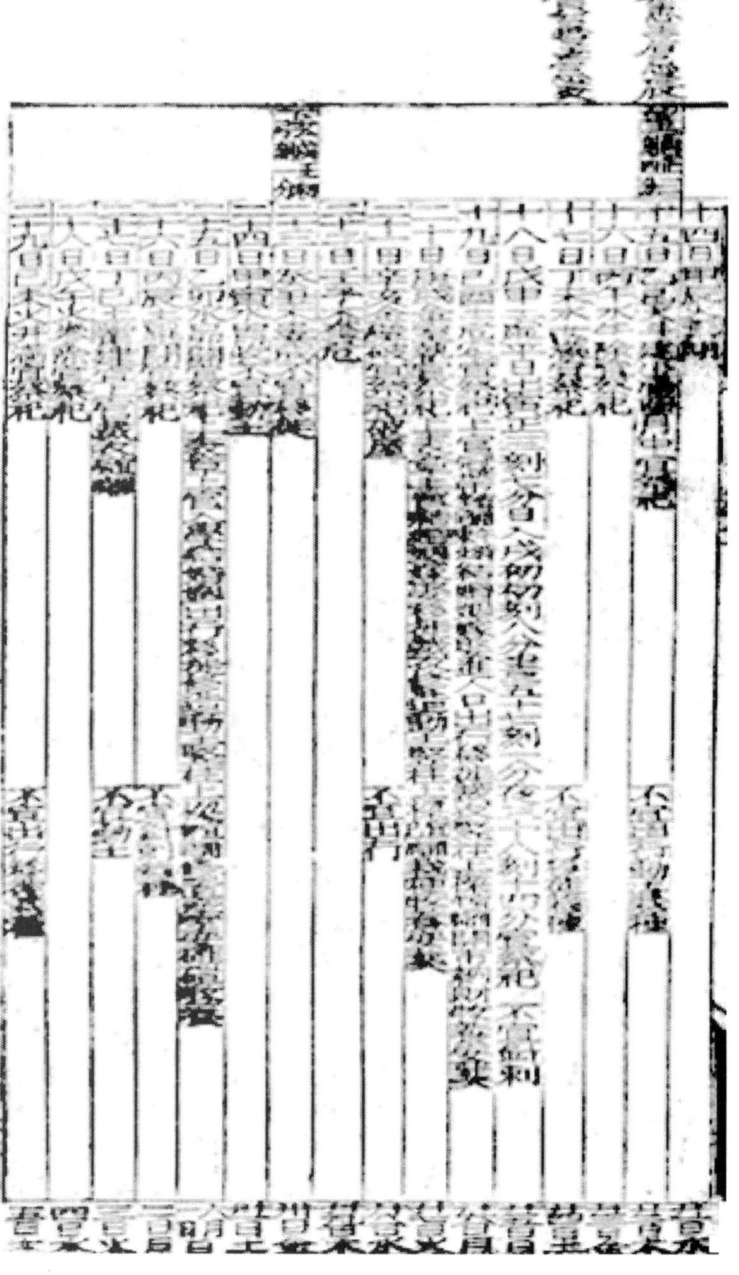

五月小
建丙午

六月大
建乙未
二十日戊申卯初一刻後日躔鶉火之次宜用癸乙丁辛時

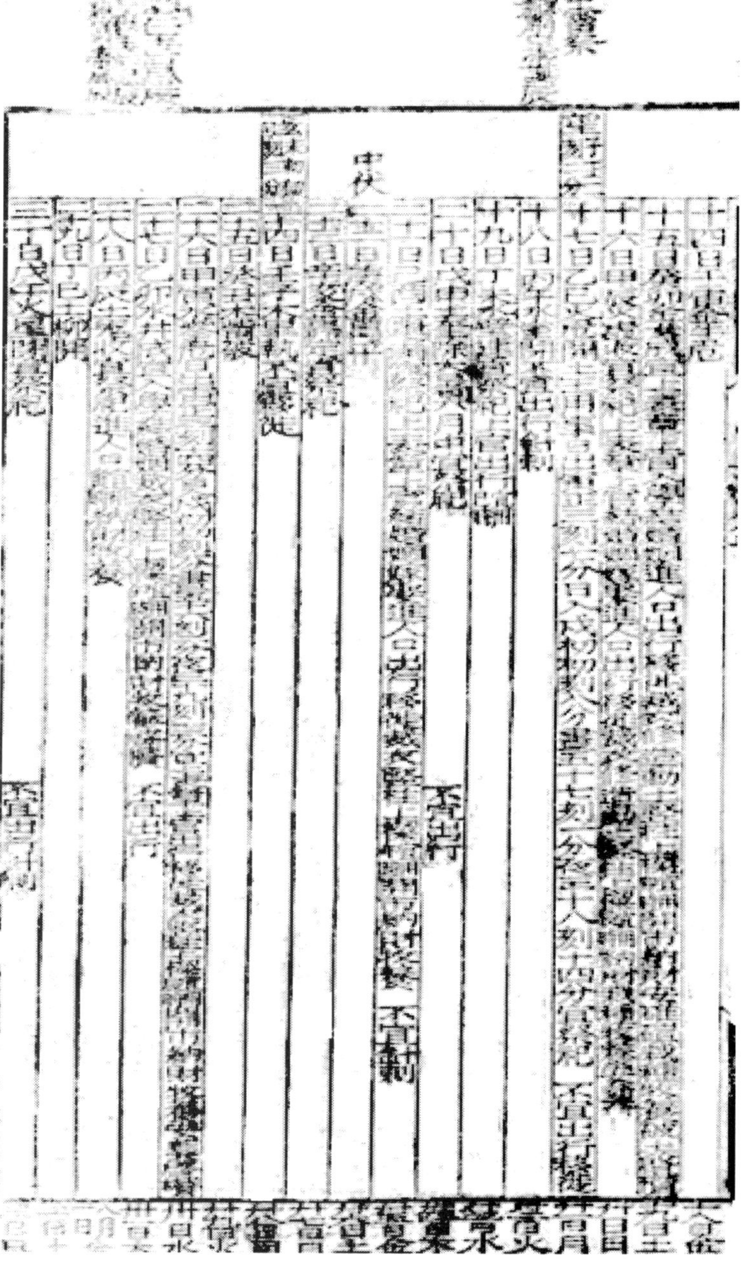

七月小 建戊申

黑	赤	白
紫	黄	白
綠	碧	白

五日戊戌亥初二刻立秋七月節天道北行宜向北行宜修造北方

天德在癸月德在壬月合在丁月空在丙[illegible]

是月也 涼風至 白露降 寒蟬鳴 鷹乃祭鳥 天地始肅 禾乃登

二十一日己卯午正一刻後日躔鶉尾之次宜用甲丙庚壬時

初一日[illegible]

初二日[illegible]

初三日[illegible] 不[illegible]

初四日戊戌[illegible]

初五日[illegible]節

初六日[illegible]

初七日[illegible] 不[illegible]

初八日[illegible]

初九日[illegible]

初十日[illegible]

十一日[illegible]

十二日[illegible]

十三日[illegible]

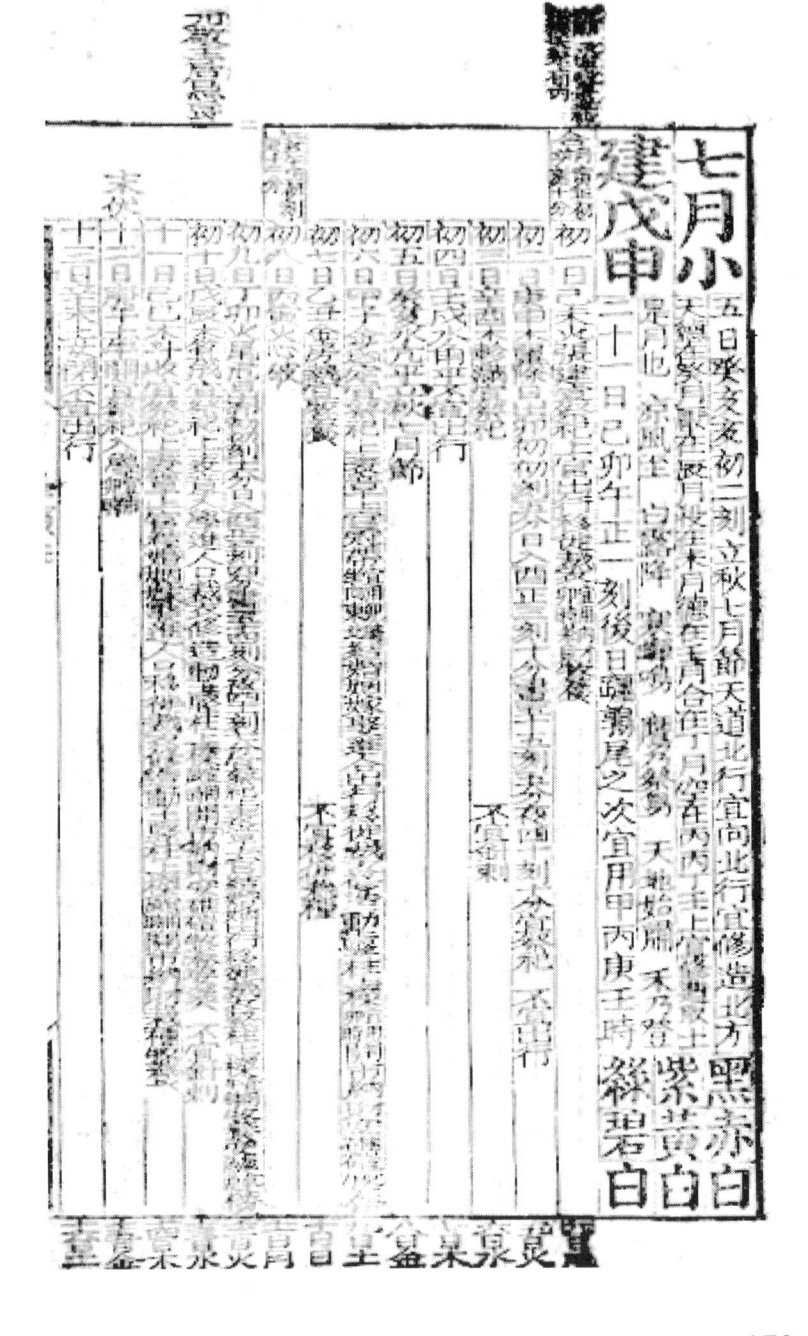

開國紀元節

萬壽聖節

萬壽聖節

十四日壬申金 … 紀 [illegible]
十五日癸酉金 [illegible]
十六日甲戌火 [illegible]
十七日乙亥火 … 紀 [illegible]
十八日丙子水 [illegible]
十九日丁丑水 [illegible]
二十日戊寅土 … 破
二十一日己卯土 [illegible]
二十二日庚辰金 … 成
二十三日辛巳金 [illegible]
二十四日壬午木 [illegible]
二十五日癸未木 [illegible]
二十六日甲申水 [illegible]
二十七日乙酉水 [illegible]
二十八日丙戌土 [illegible]
二十九日丁亥土 … 紀 [illegible]

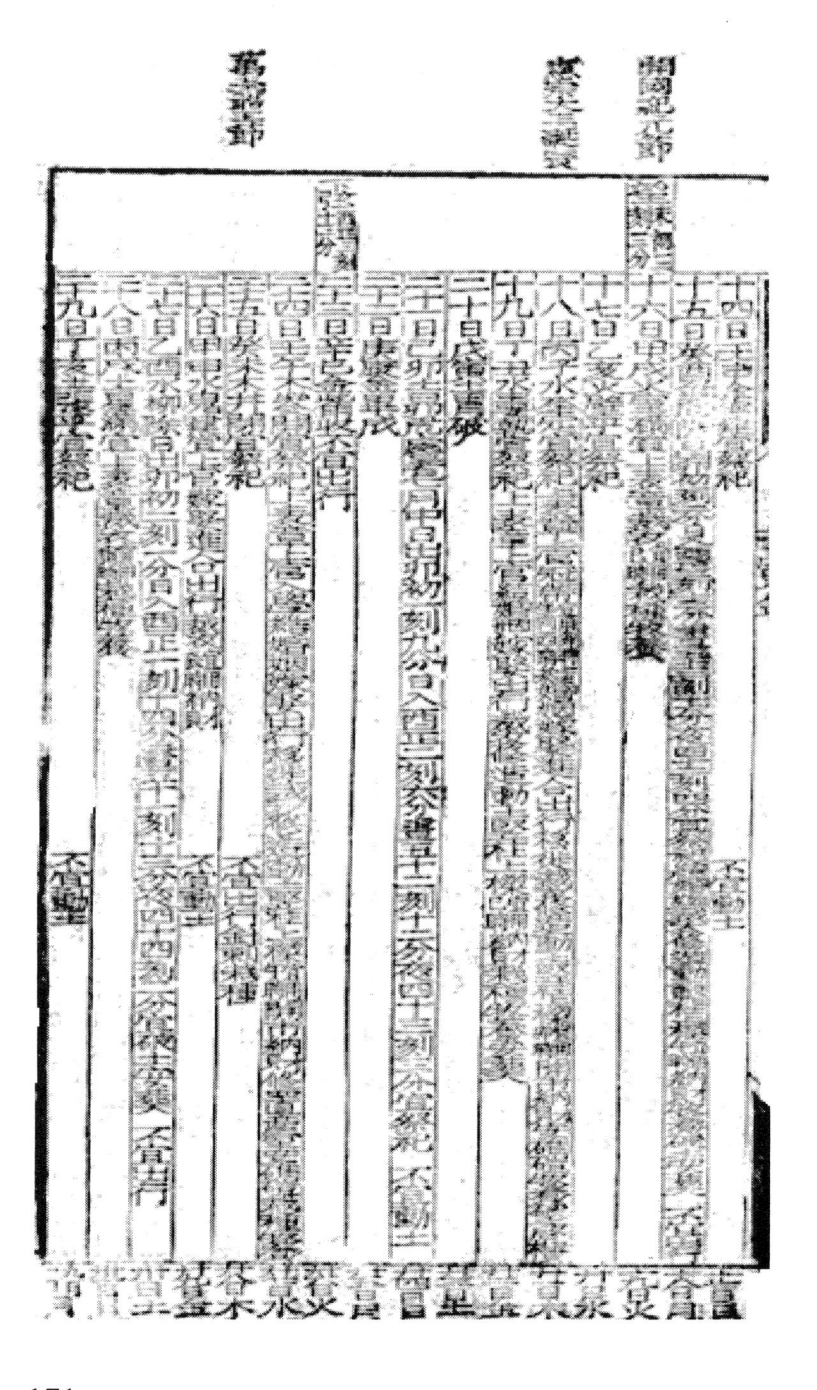

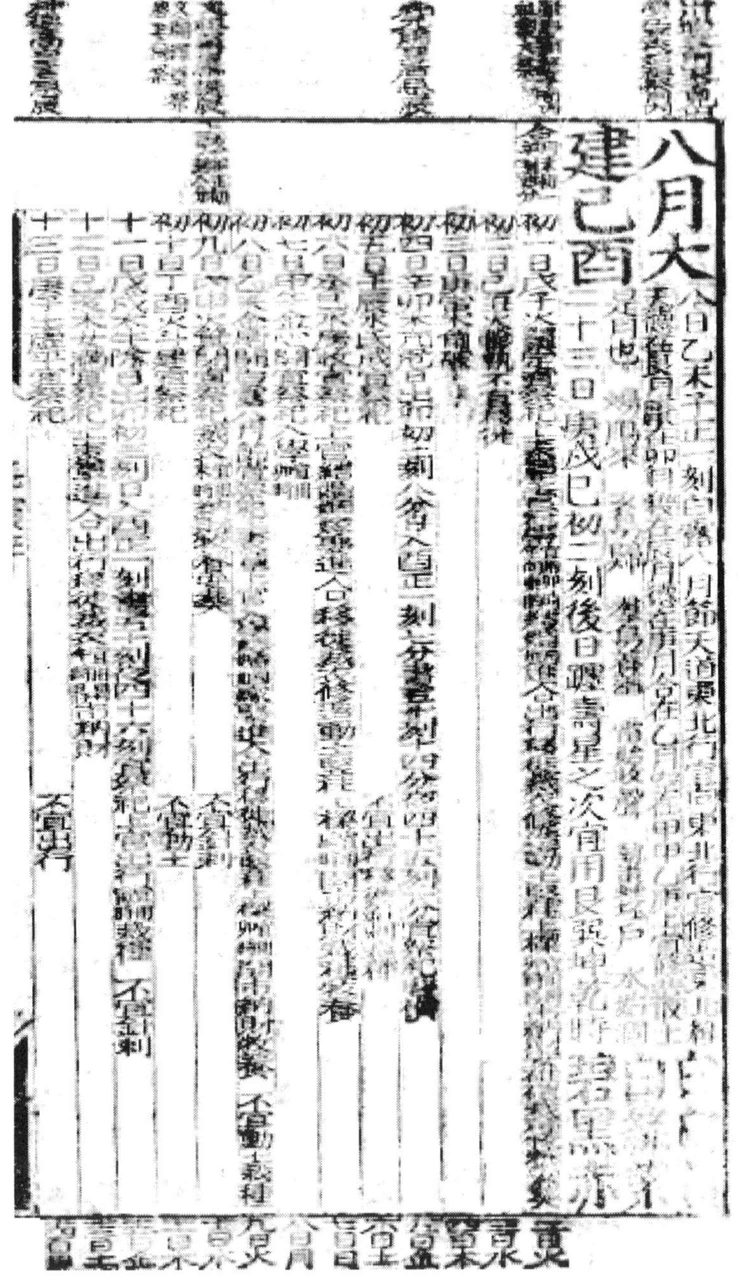

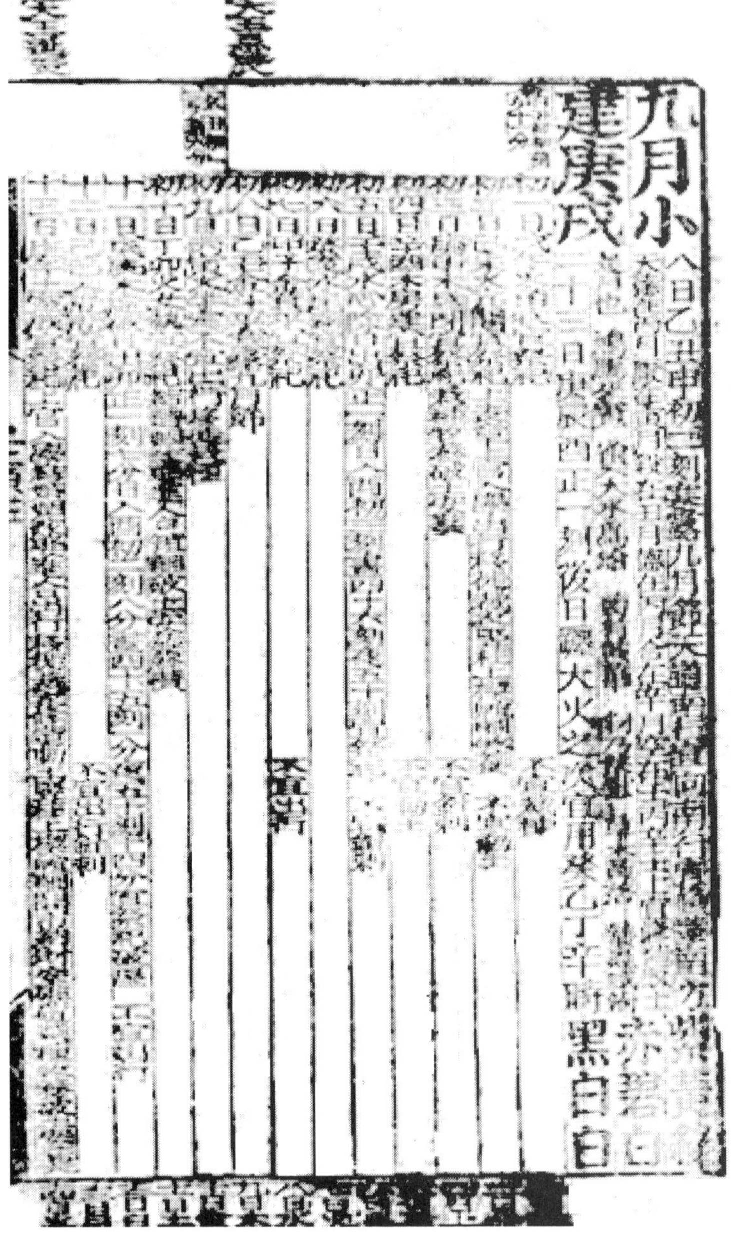
九月小
建庚戌

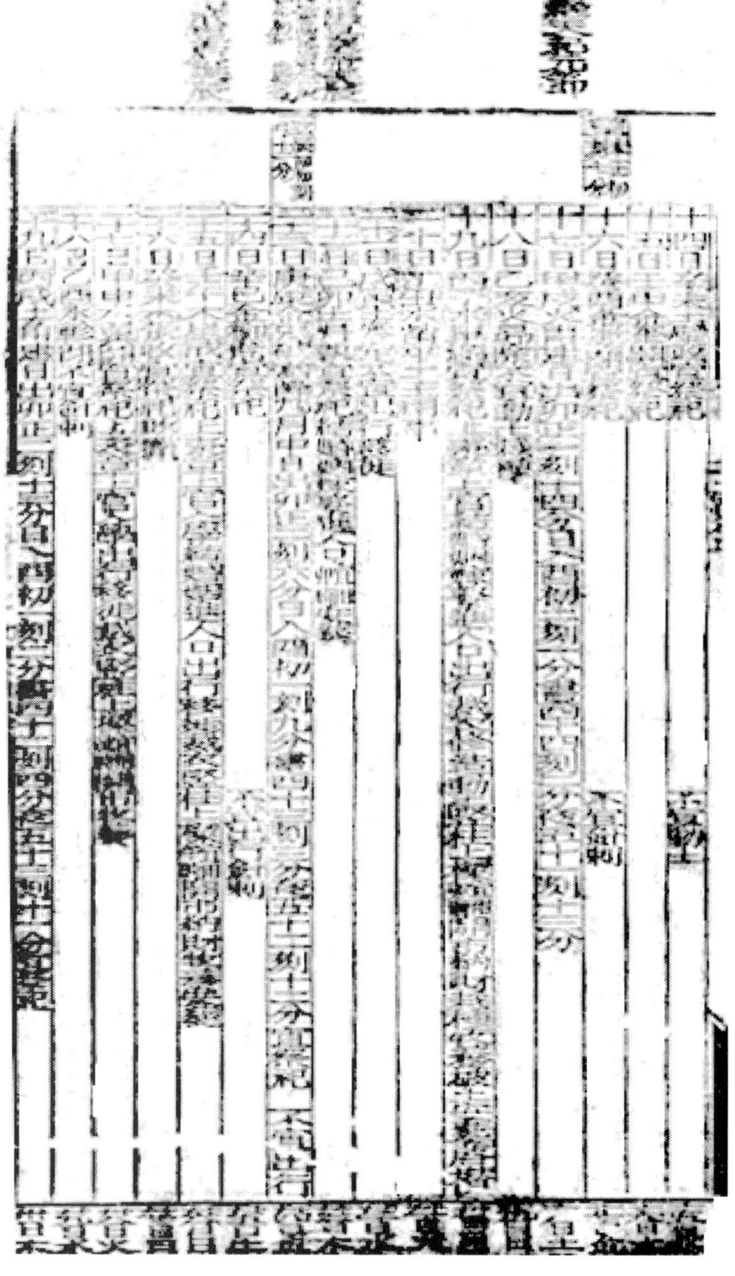

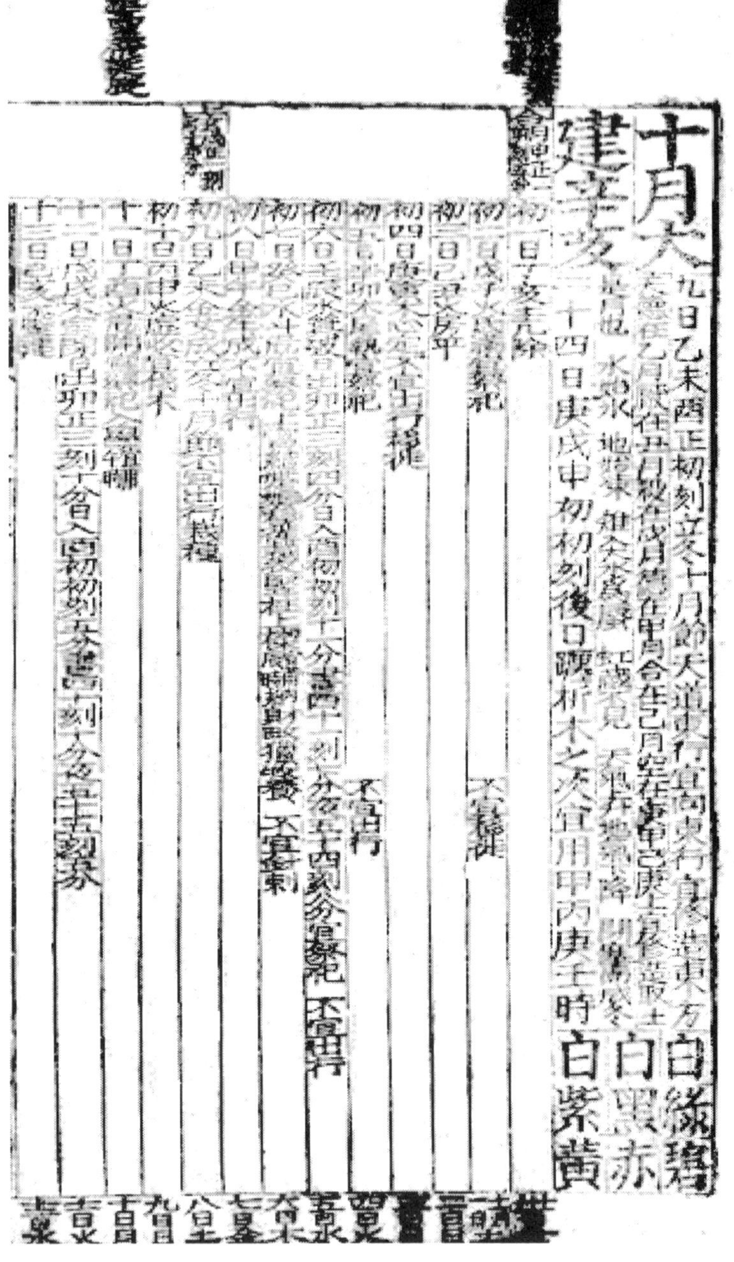

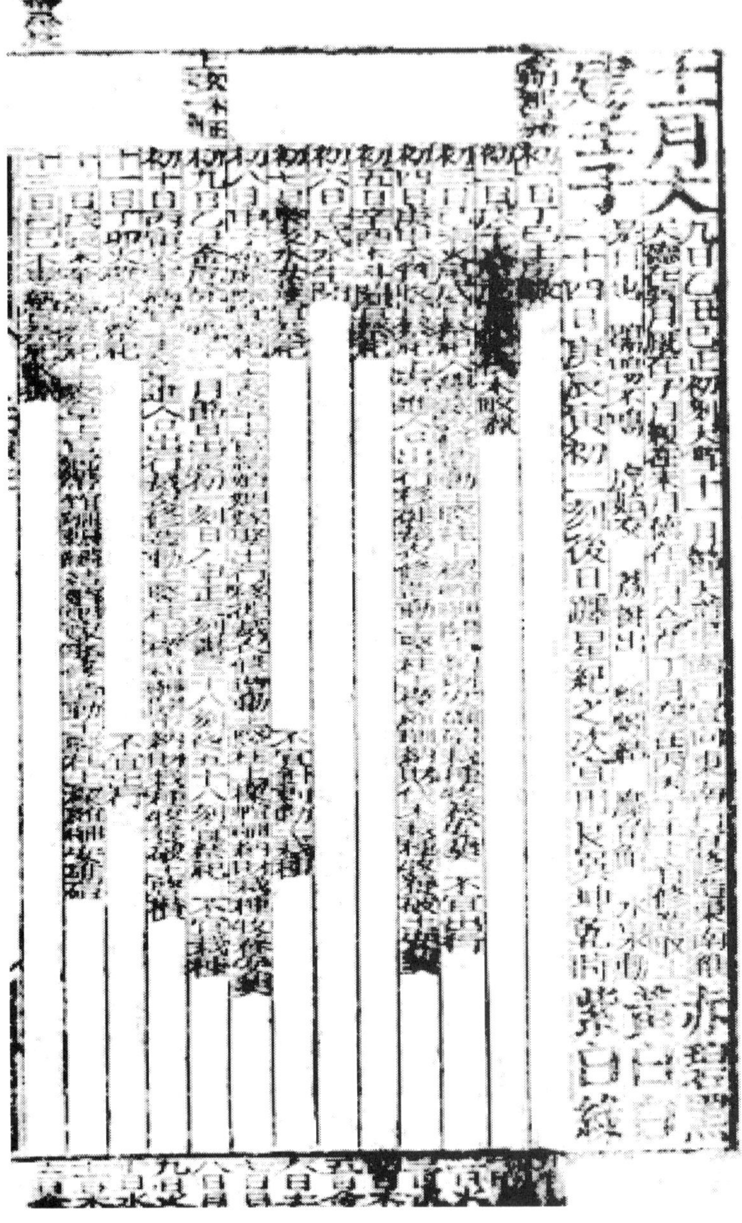

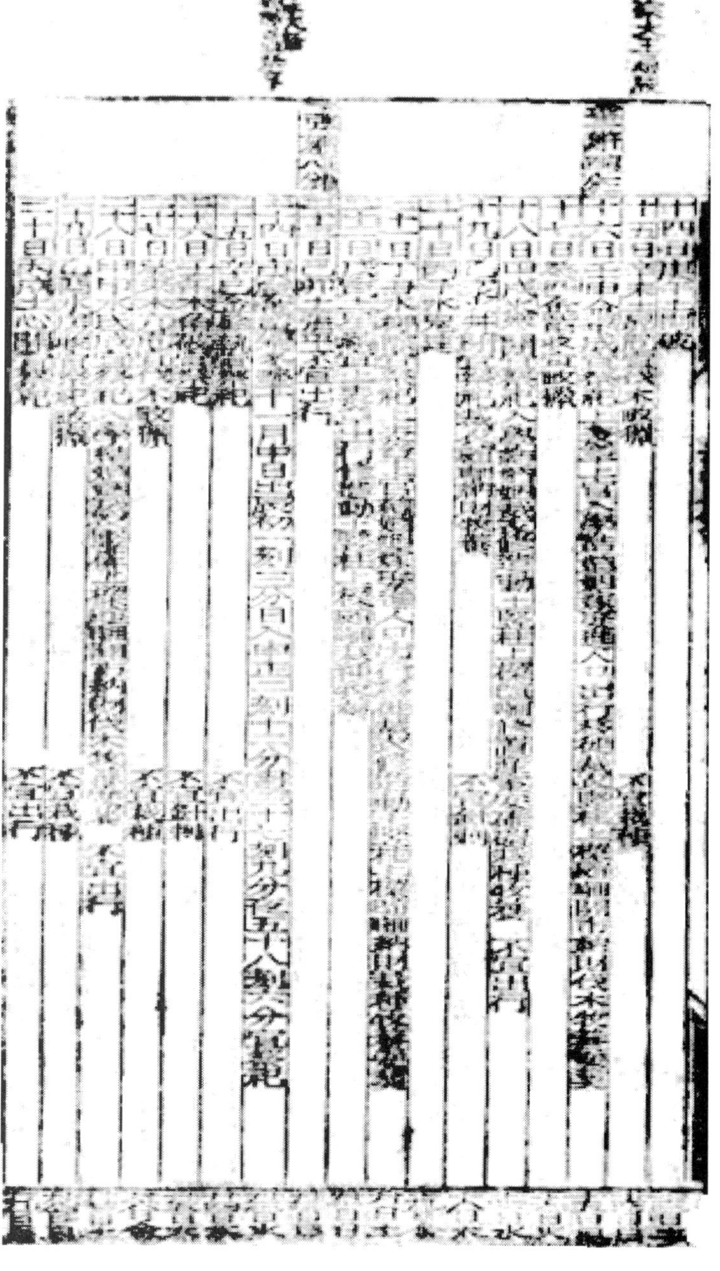

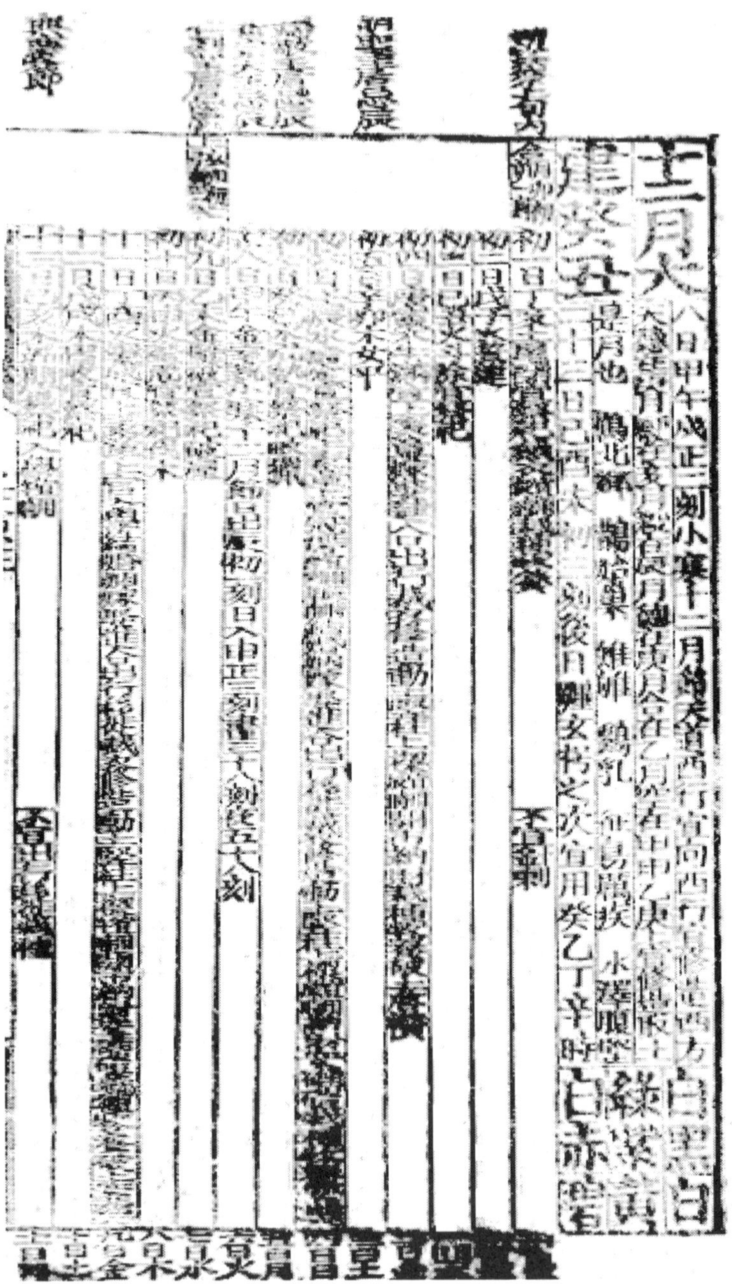

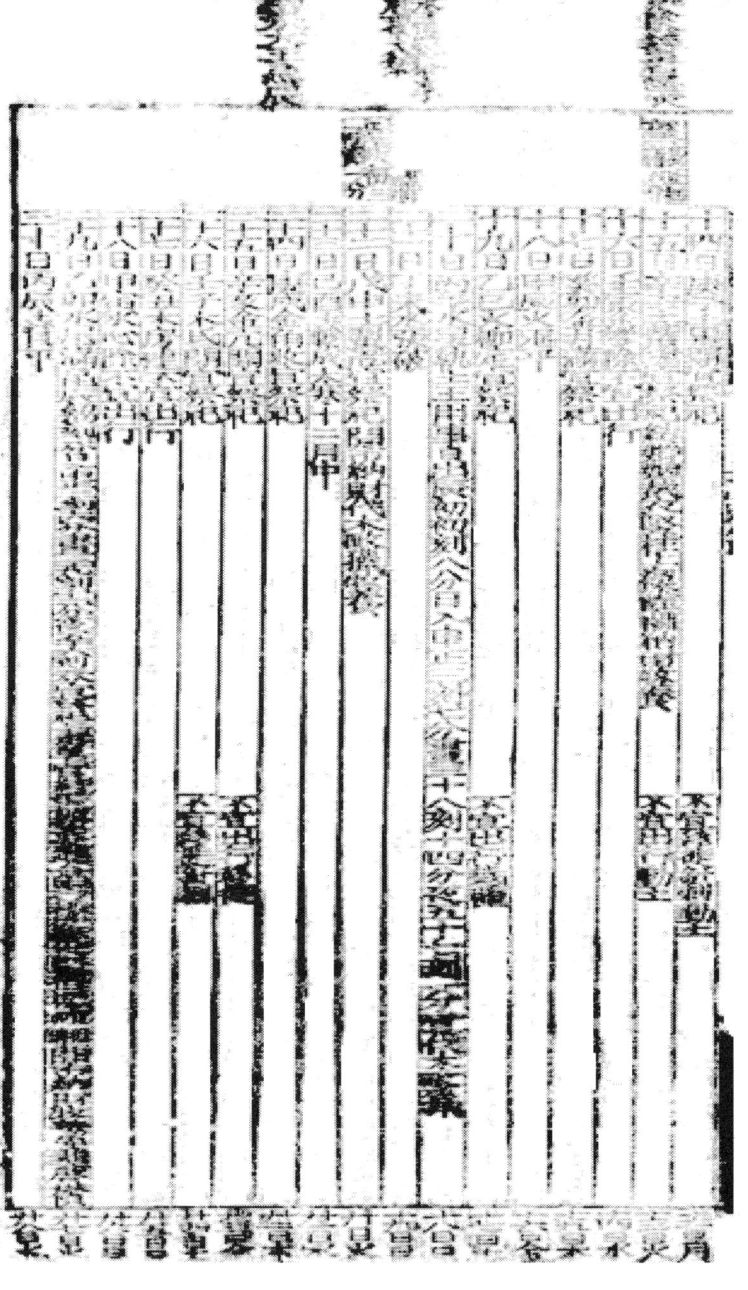

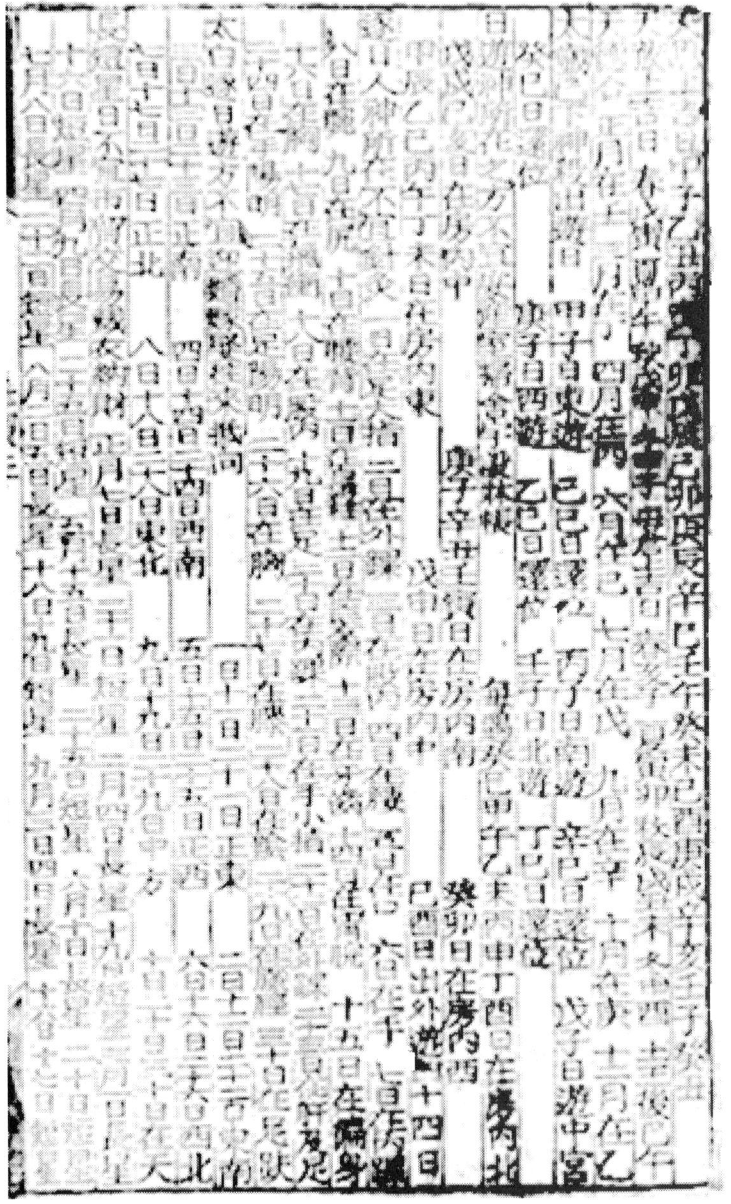

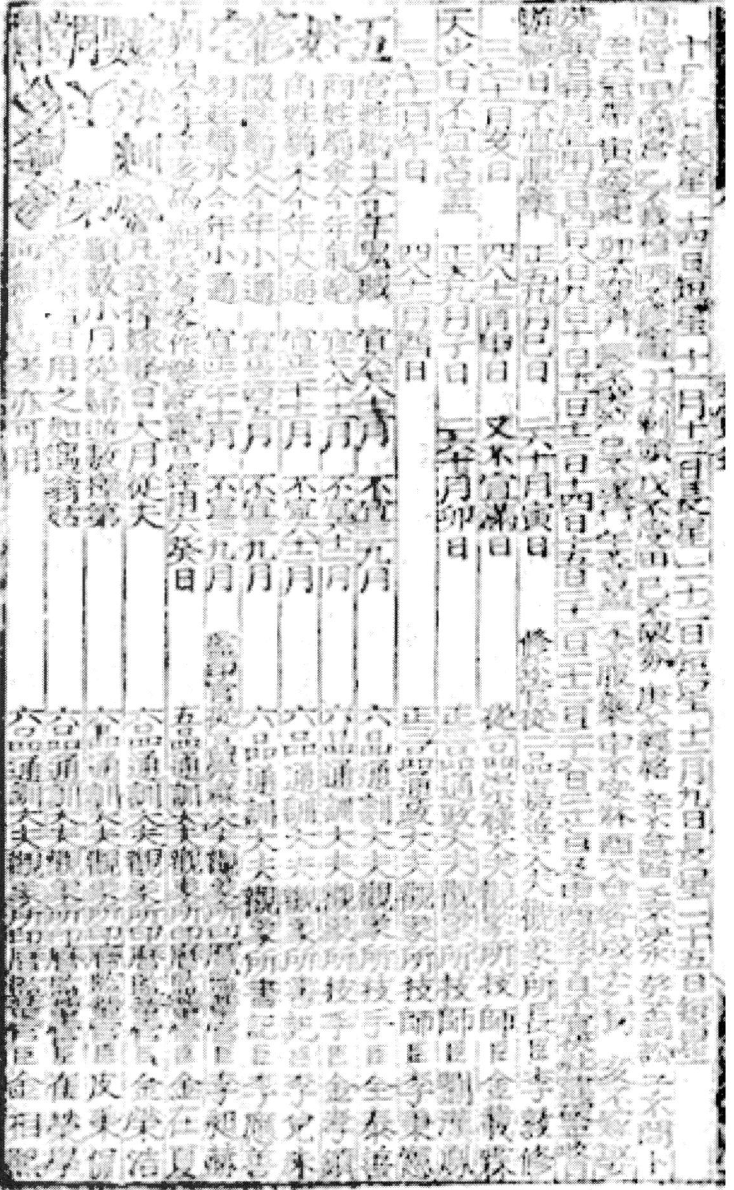

6 大韓光武七年明時曆(1903)

大韓光武七年明時曆

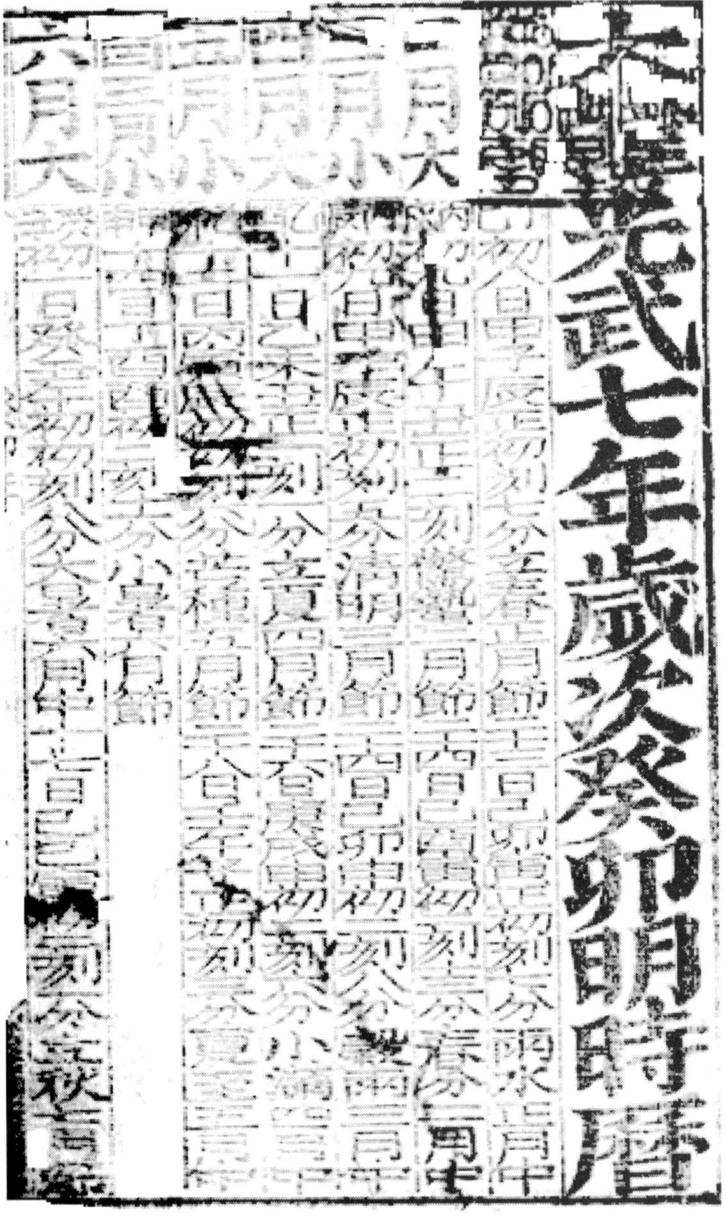

光武七年歲次癸卯明時曆

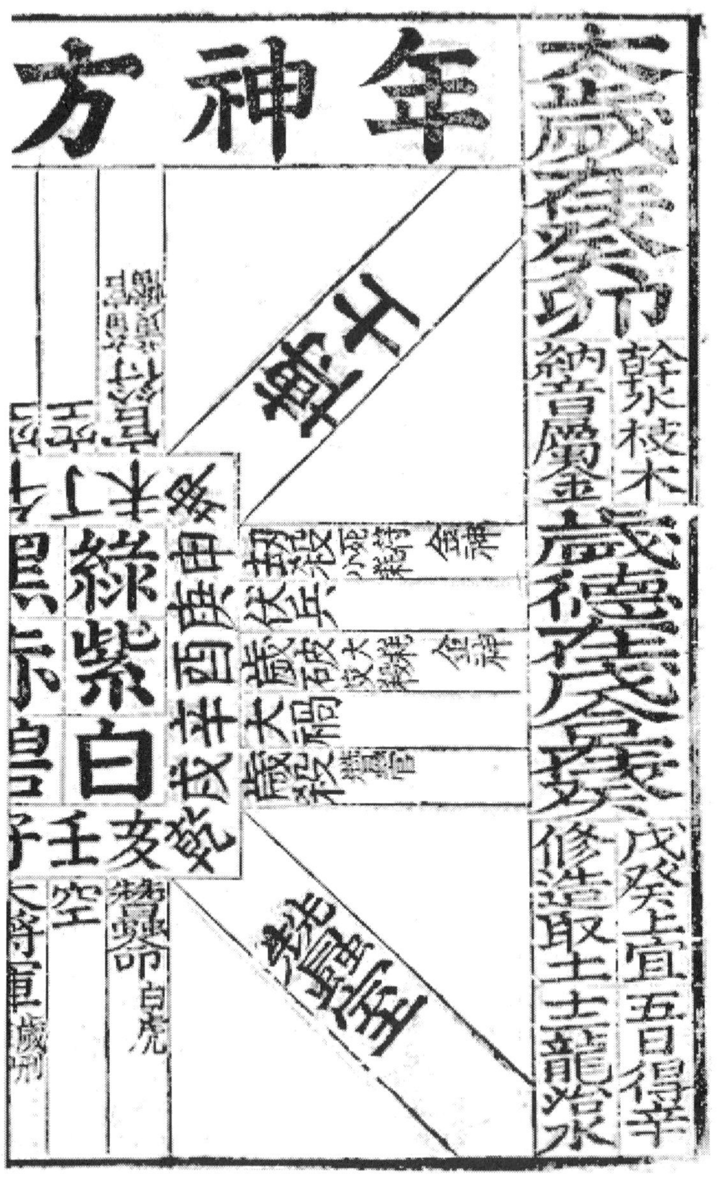
年神方
歲奏功
歲德在乙
戊癸上宜五日得辛
修造取土宜在亥

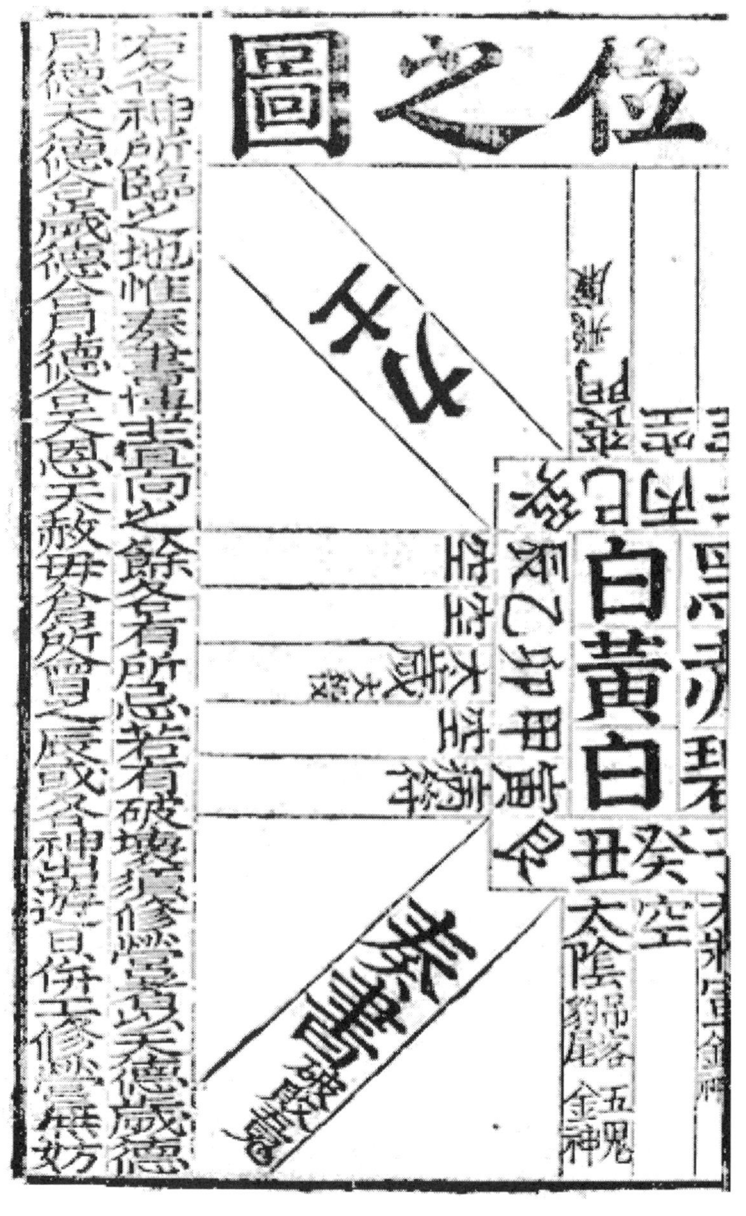
白
黃
白
奏書
力士

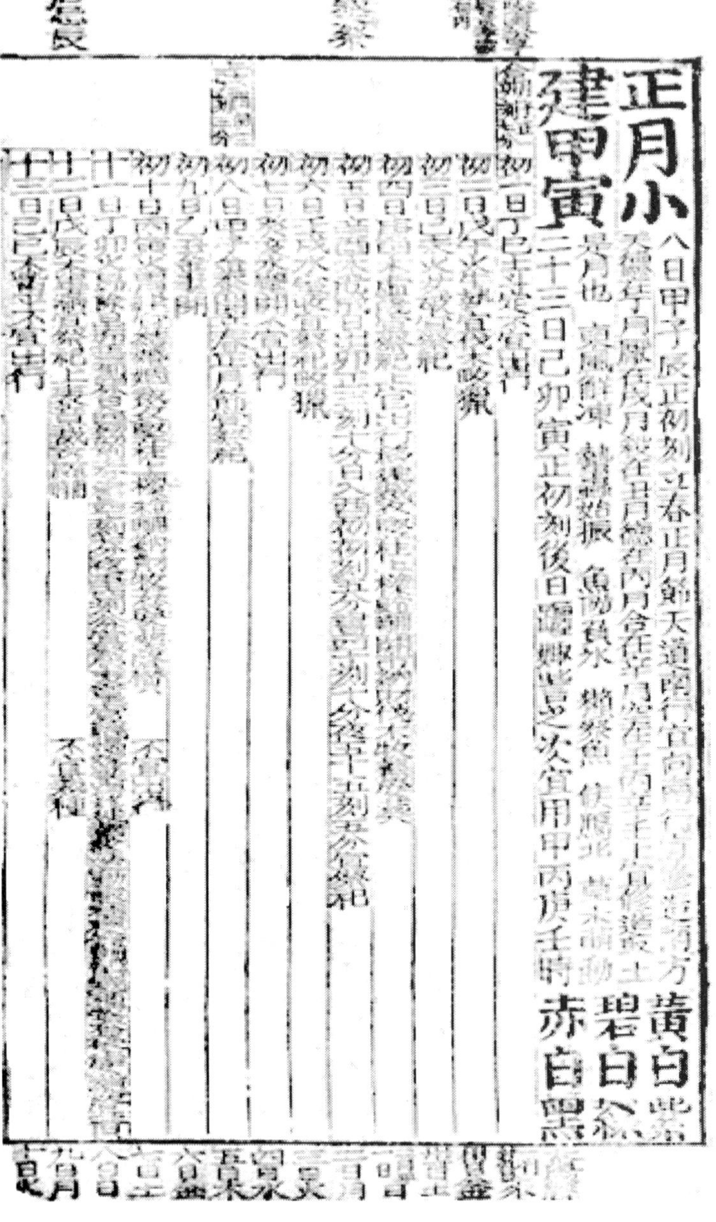

正月小 建甲寅

八日甲子辰正初刻立春正月節天道南行宜向南行宜修造南方
天德在丁月德在丙月德合在辛月空在壬丙辛壬上宜修造取土
是月也 東風解凍 蟄蟲始振 魚陟負冰 獺祭魚 鴻雁北 草木萌動
二十三日己卯寅正初刻後日躔娵訾之次宜用甲丙庚壬時

黃白紫
碧白綠
赤白黑

初一日丁巳土
初二日戊午火
初三日己未火
初四日庚申木
初五日辛酉木
初六日壬戌水
初七日癸亥水
初八日甲子金
初九日乙丑金
初十日丙寅火
十一日丁卯火
十二日戊辰木
十三日己巳木

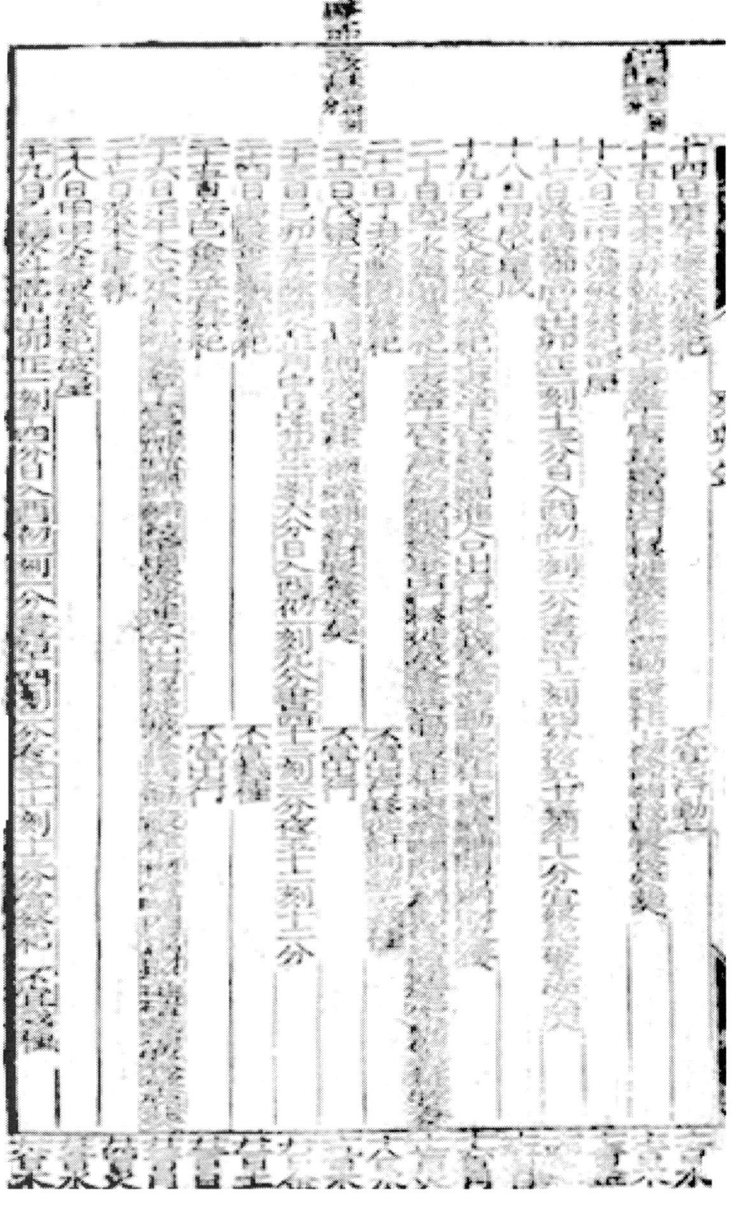

二月大 建乙卯

九日甲午[illegible]初刻[illegible]二月節天道西南行宜修造西南維 綠 碧 白

天德在[illegible]月德在甲[illegible] 黑 [illegible]

[illegible]月也[illegible]二十四日己酉[illegible]初二刻後日躔降婁之次宜用艮巽坤乾時 白 黃 白

[illegible]

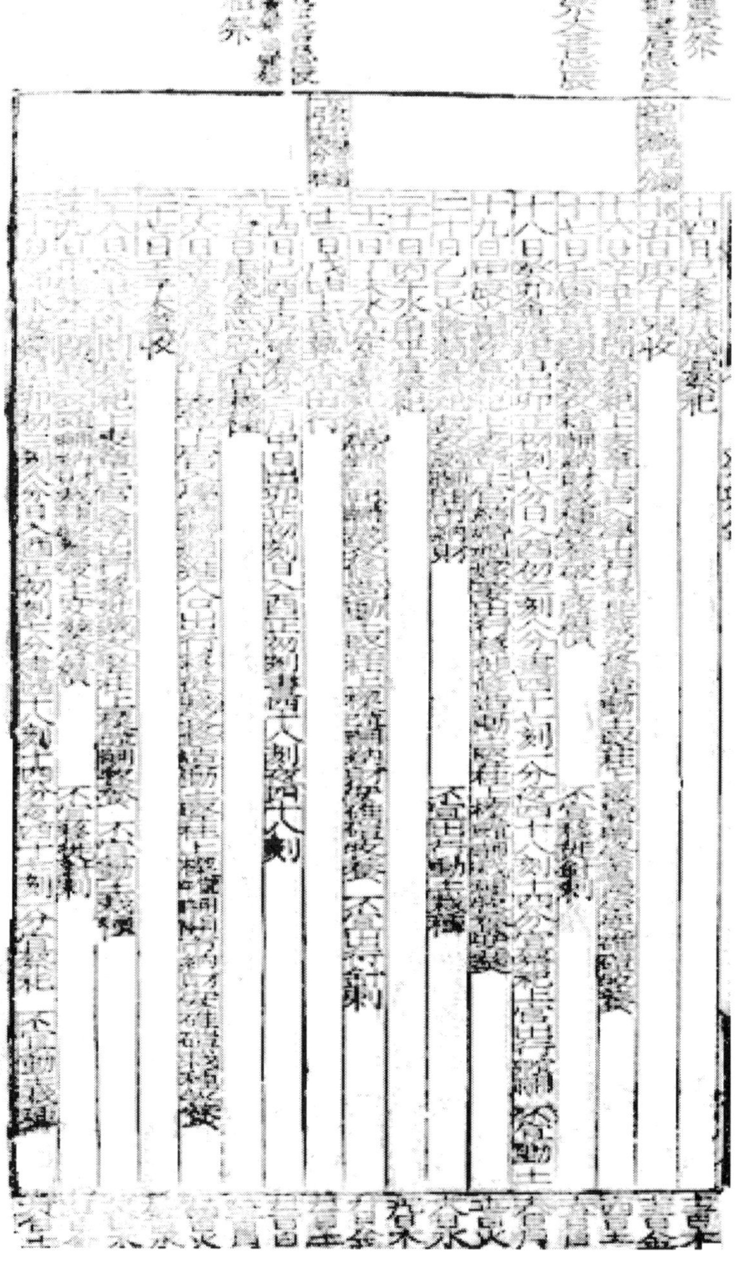

三月小
建丙辰
九日甲子辰正初刻清明三月節

十四日己卯申初一刻後日躔大梁之次

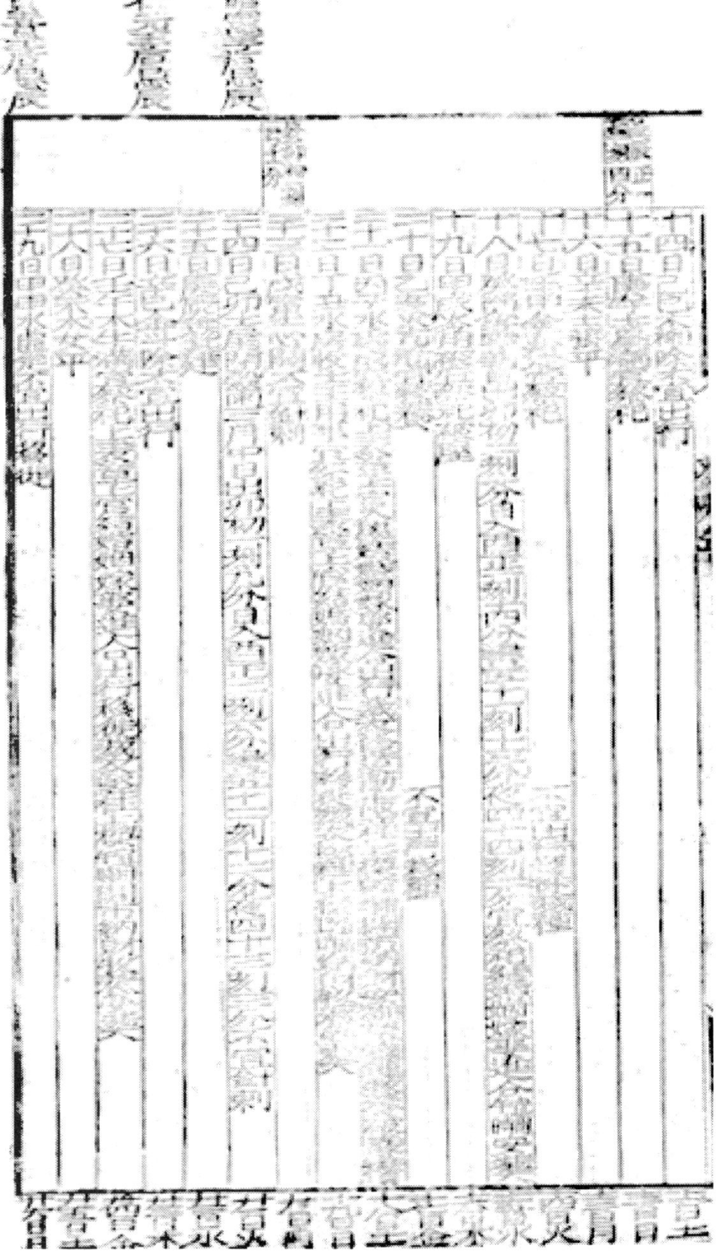

四月大 建丁巳

十一日乙未丑正一刻立夏四月節天道西行宜向西行宜修造西方

天德在辛月厭在未月殺在辰月德在庚月合在乙月空在甲乙庚上宜修造取土

是月也 螻蟈鳴 蚯蚓出 王瓜生 苦菜秀 靡草死 麥秋至

二十六日庚戌申初二刻後日躔實沈之次宜用甲丙庚壬時

黑 赤 白 紫 黃 白 綠 碧 白

初一日乙[illegible]

初二日丙[illegible]祀

初三日丁[illegible]祀

初四日戊子[illegible]祀

初五日己[illegible]祀

初六日庚寅[illegible]

初七日辛卯[illegible]

初八日壬辰[illegible]祀

初九日[illegible]不宜出行

初十日甲午[illegible]祀

十一日乙未[illegible]

十二日丙[illegible]

十三日[illegible]

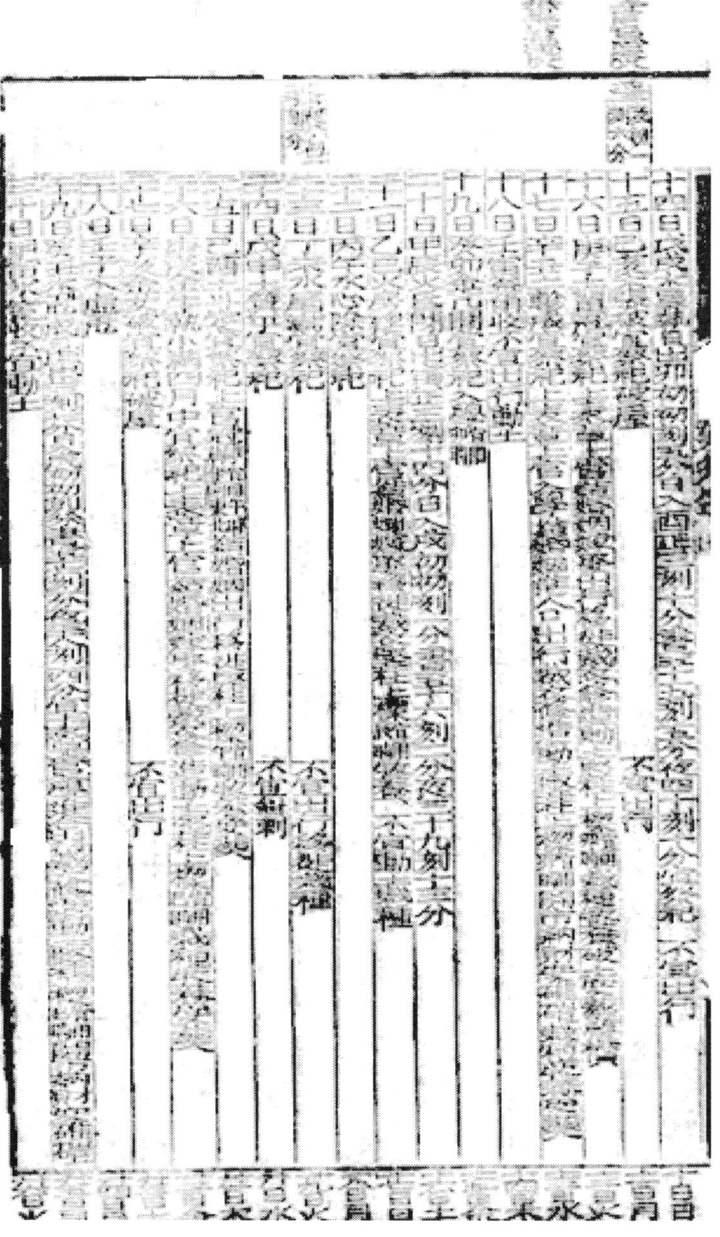

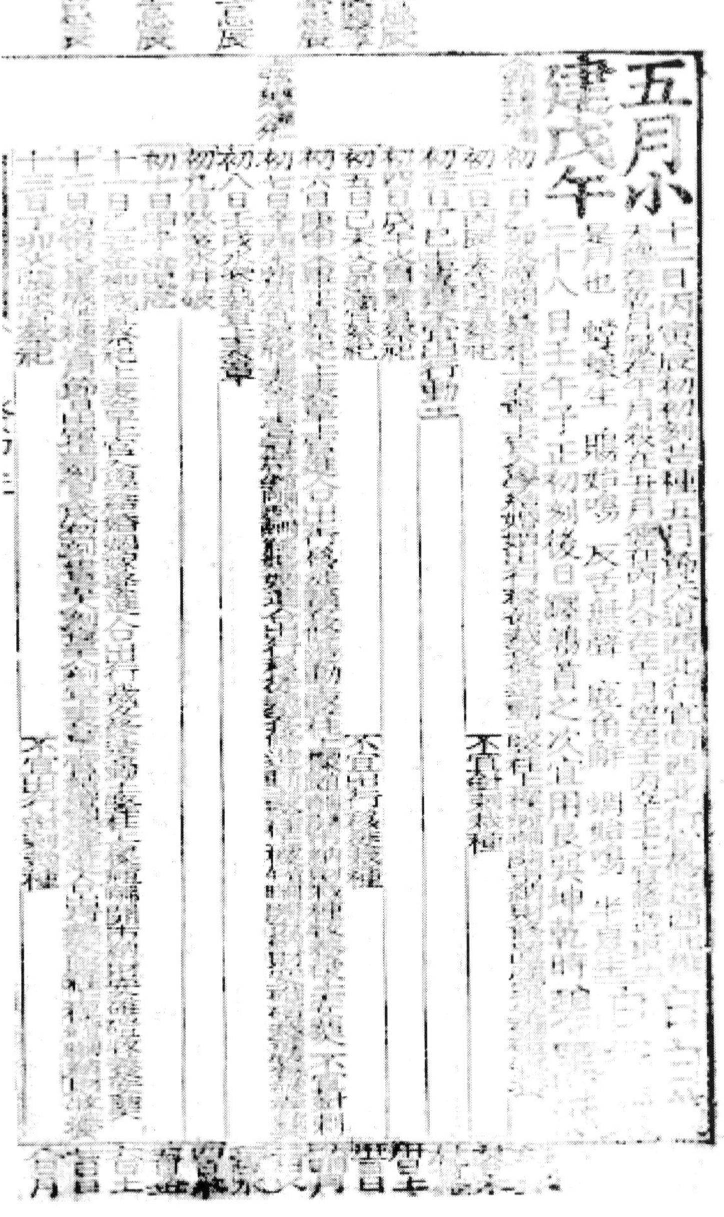

十四日戊辰木箕開宜祭祀

十五日己巳木斗閉宜祭祀栽種破土 不宜出行針刺 望[illegible]刻六分

十六日庚午土牛建

十七日辛未土女除宜祭祀上表章上官結婚姻進人口出行移徙裁衣修造動土竪柱上樑開市納財[illegible]安葬

十八日壬申金虛滿宜祭祀

十九日癸酉金危平不宜出行

二十日甲戌火室定宜祭祀上表章上官結婚姻[illegible]進人口栽衣修造動土竪柱上樑開市納財安葬

二十一日乙亥火壁執宜祭祀 不宜栽種

二十二日丙子水奎破宜祭祀

二十三日丁丑水婁危宜祭祀 不宜栽種 下弦[illegible]

二十四日戊寅土胃成宜祭祀上表章上官結婚姻進人口出行栽衣修造動土竪柱上樑開市納財[illegible]

二十五日己卯土昴收宜祭祀 不宜出行針刺栽種

二十六日庚辰金畢開宜祭祀上表章上官結婚姻出行移徙栽衣修造動土竪柱上樑開市[illegible]

二十七日辛巳金觜閉宜祭祀 不宜出行針刺

二十八日壬午木參建 [illegible]刻十二分[illegible]刻[illegible]刻九分

二十九日癸未木井除

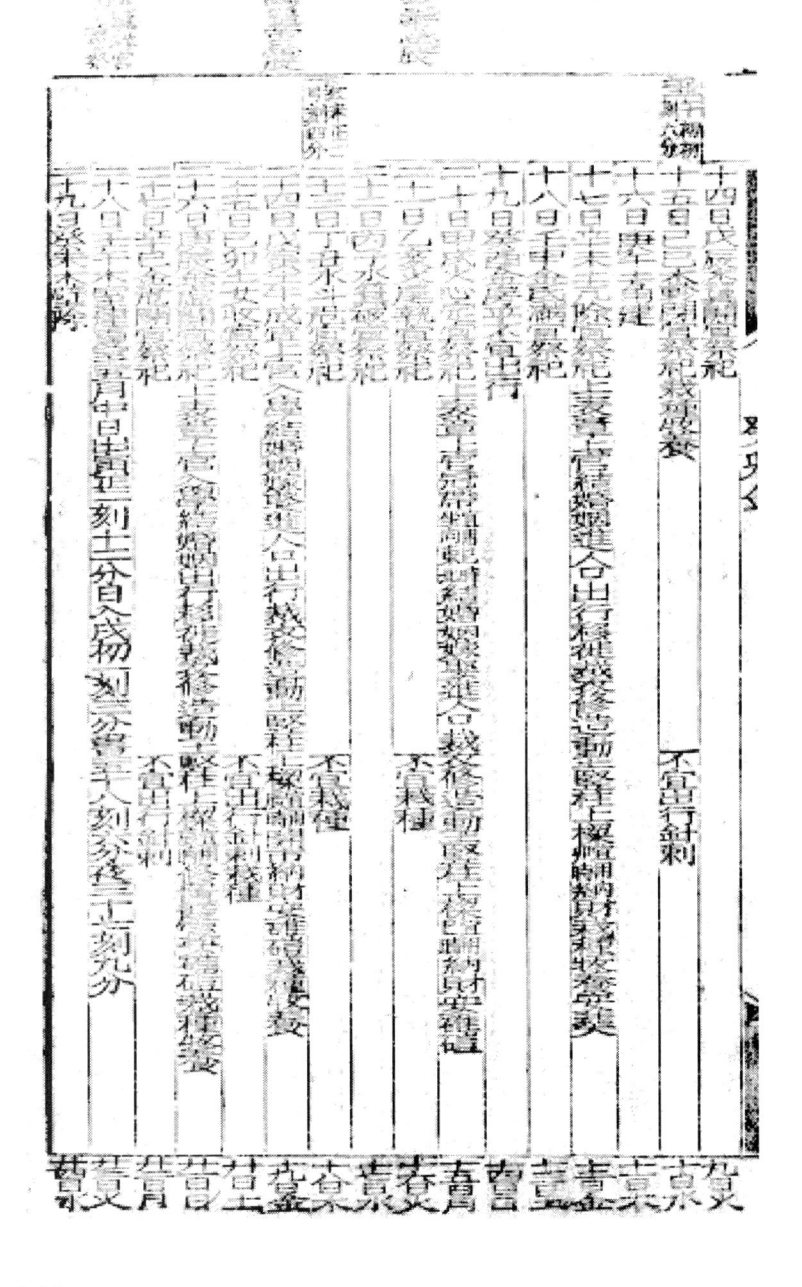

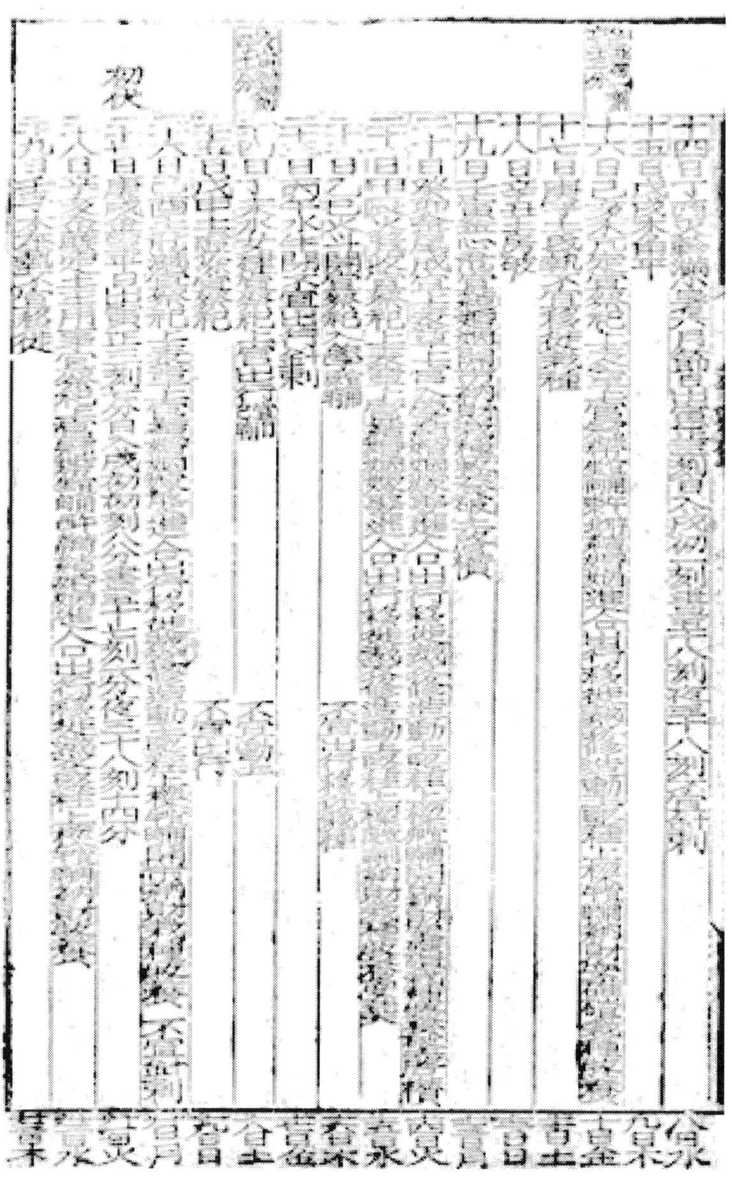

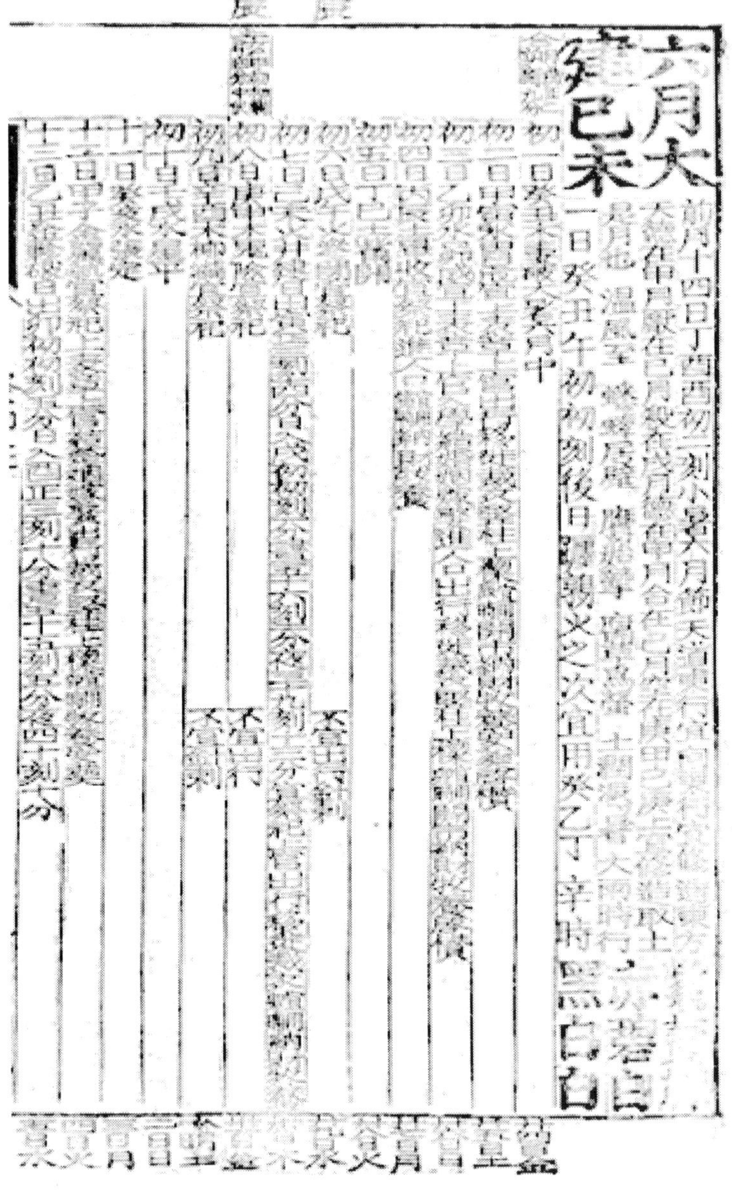

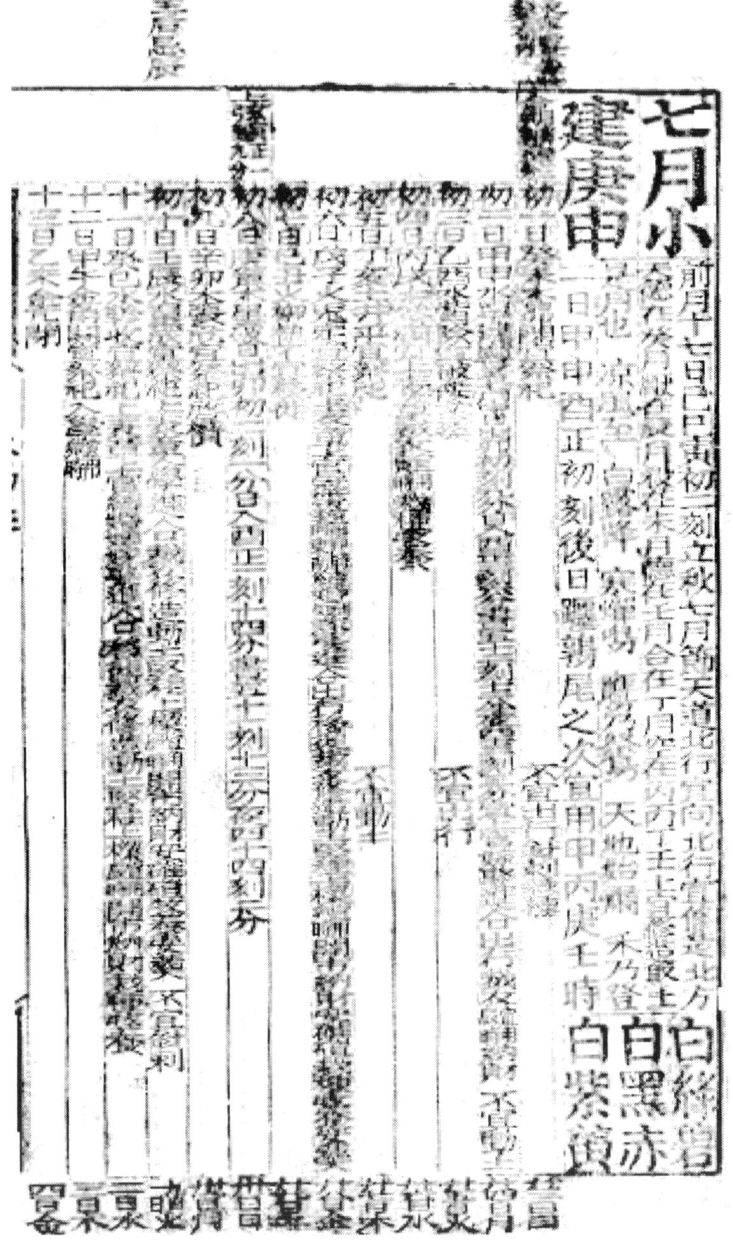

七月小 建庚申

一日甲申酉正初刻後日躔鶉尾之次宜用甲丙庚壬時

白綠 白黑赤 白紫黃

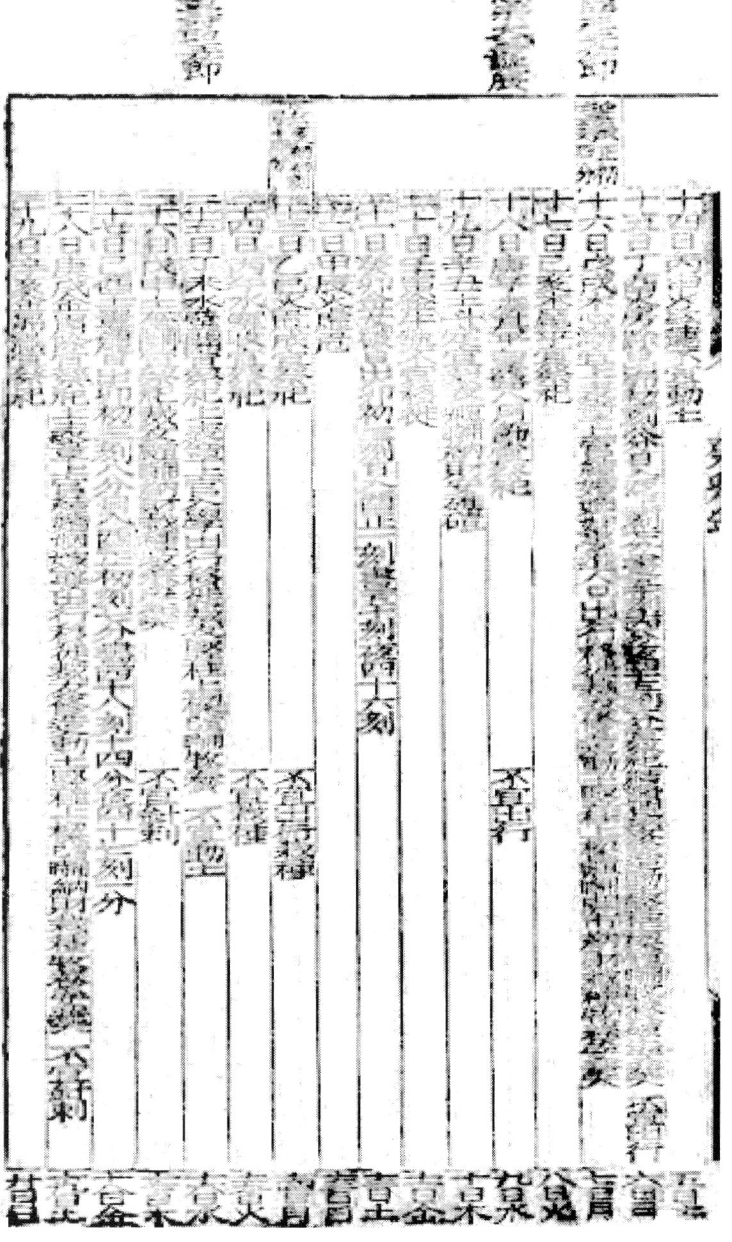

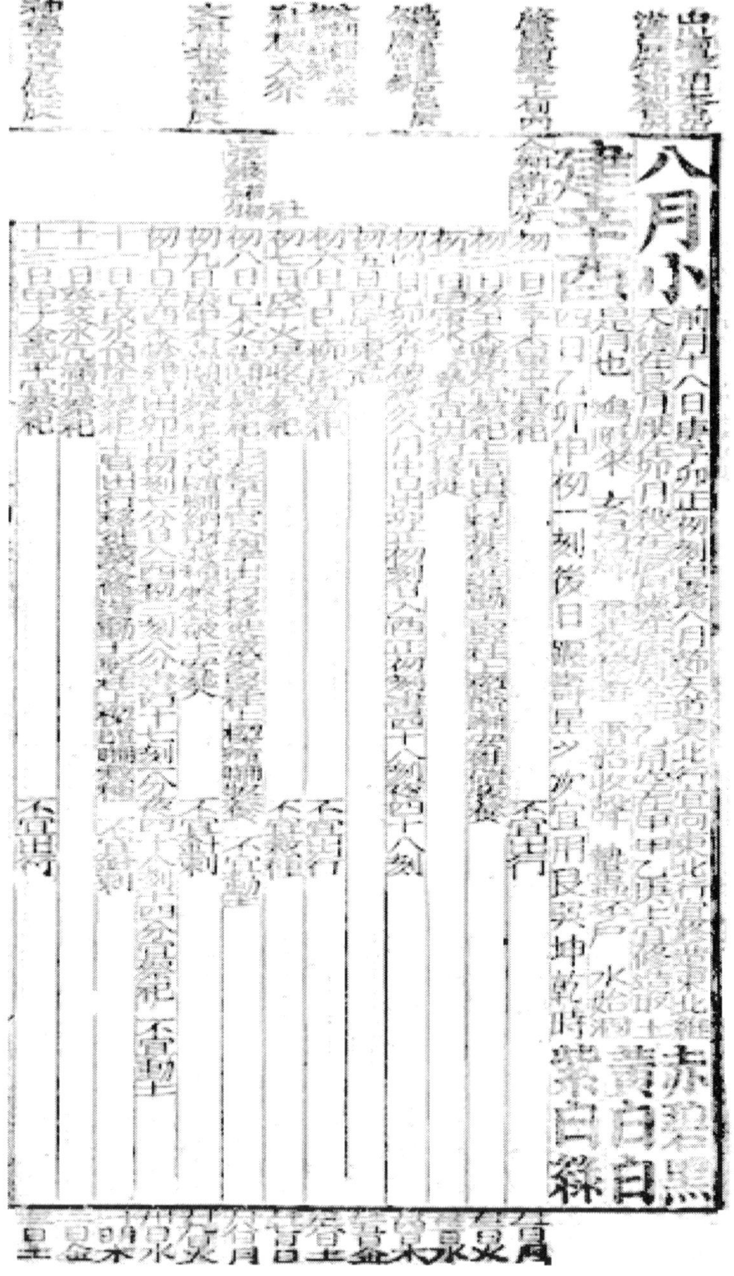

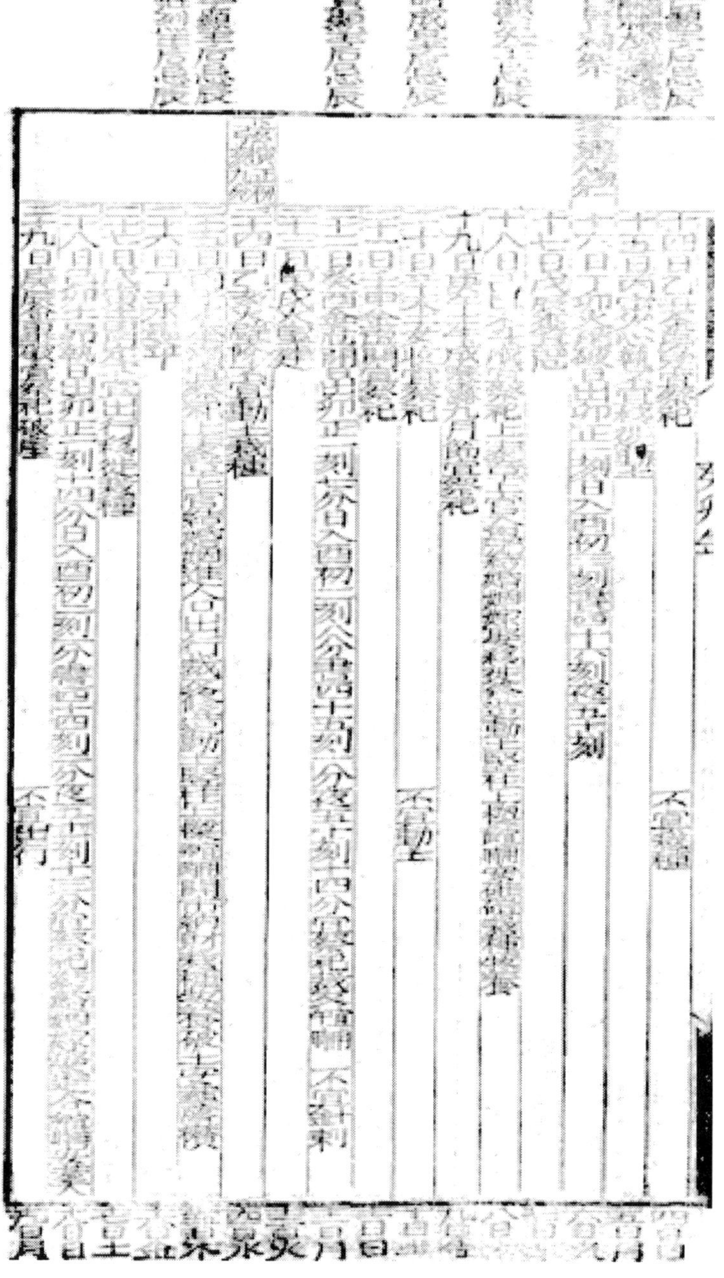

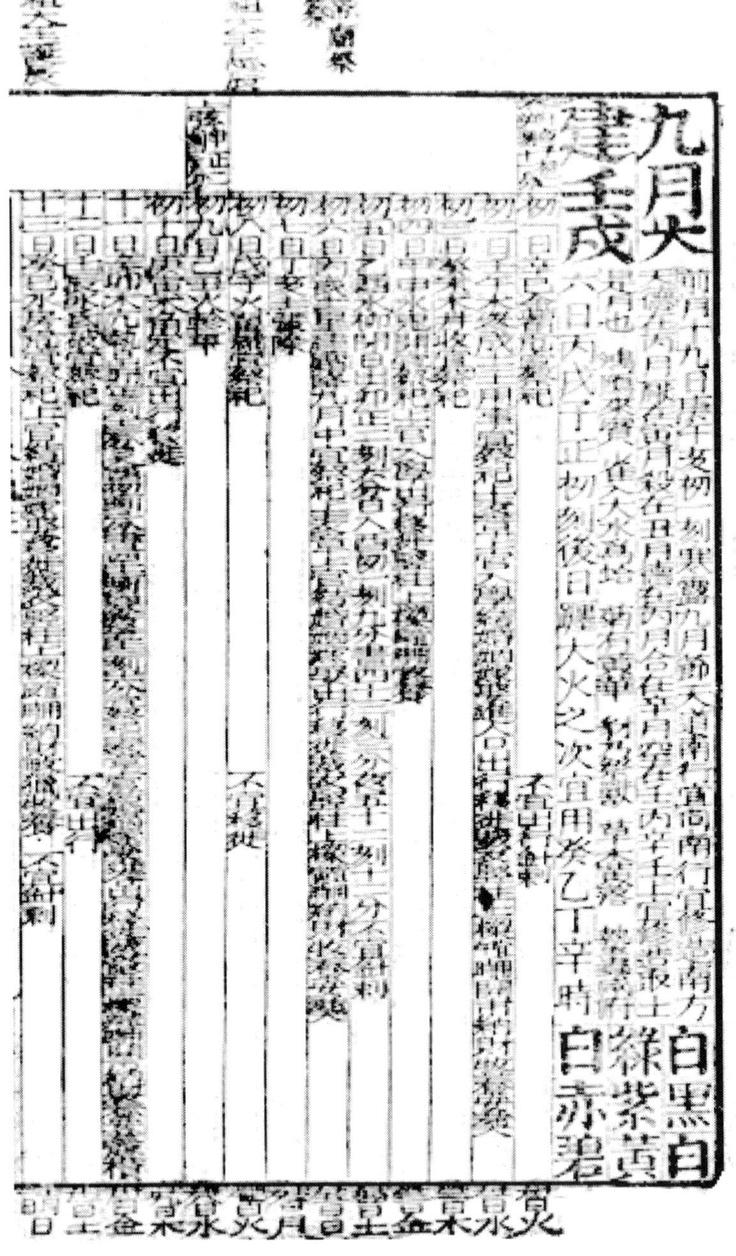

九月大 建壬戌

白黑白
綠紫黃
白赤碧

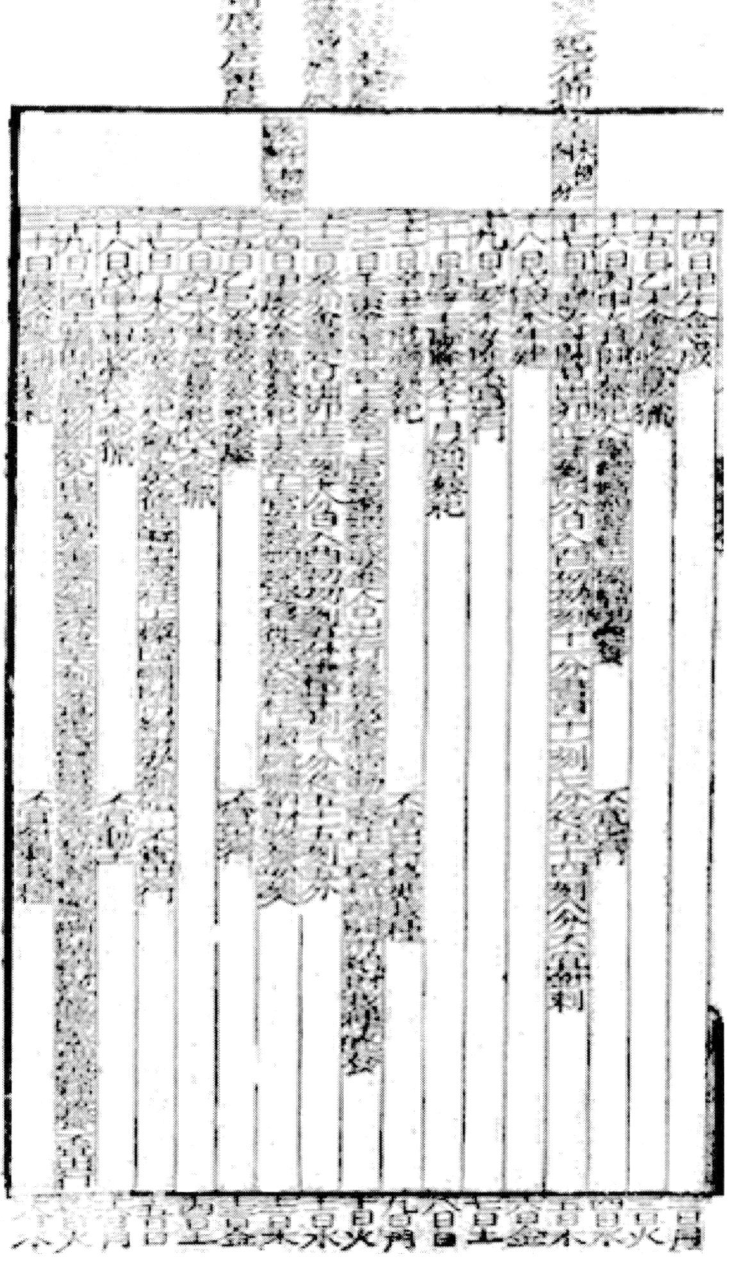

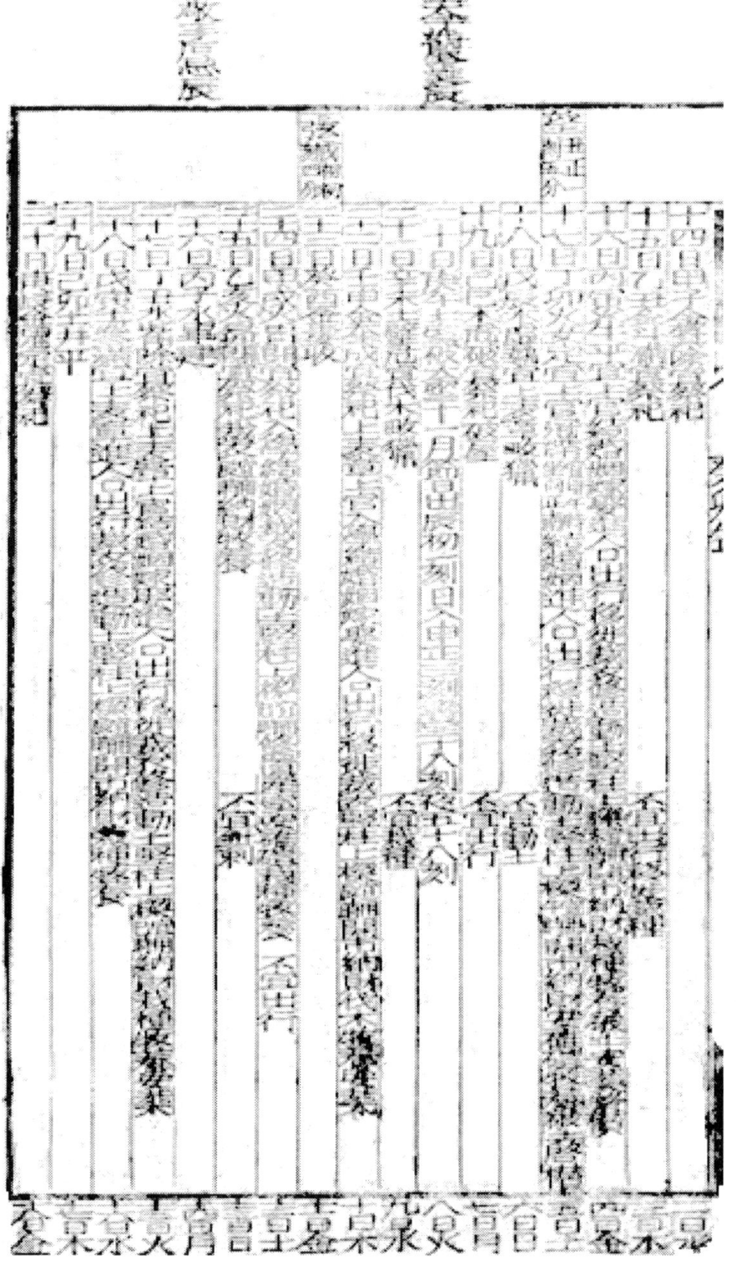

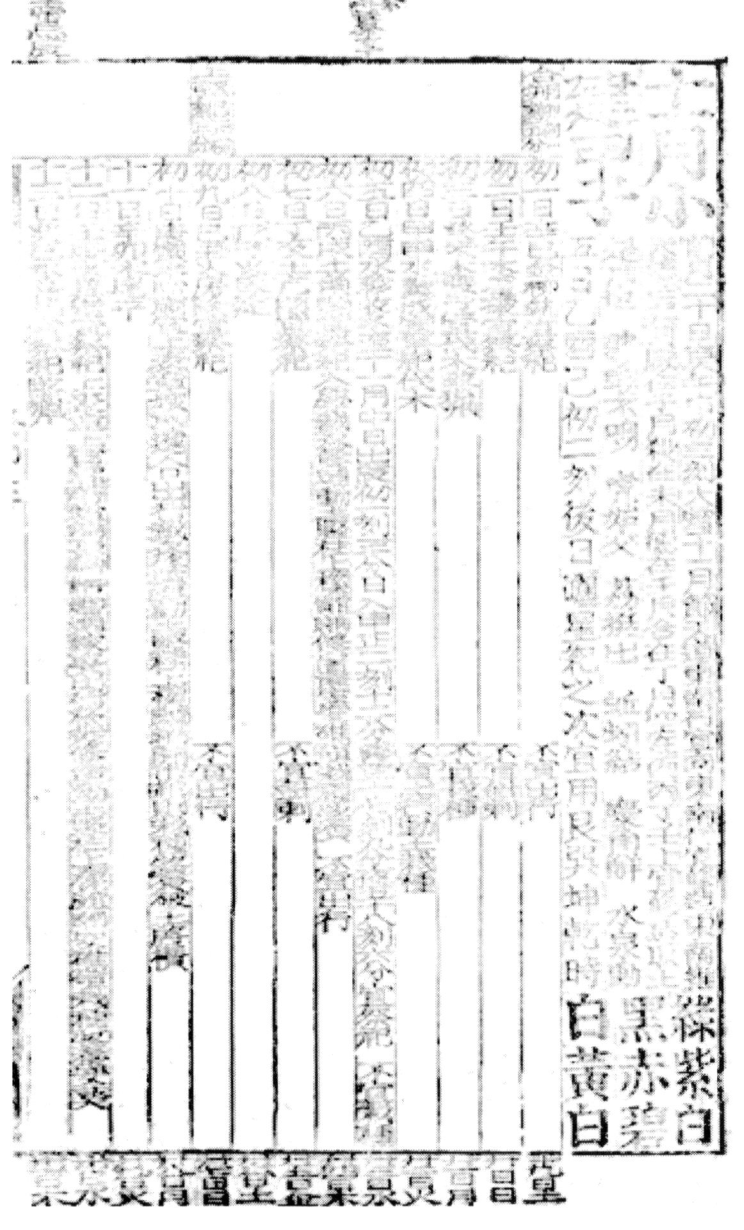

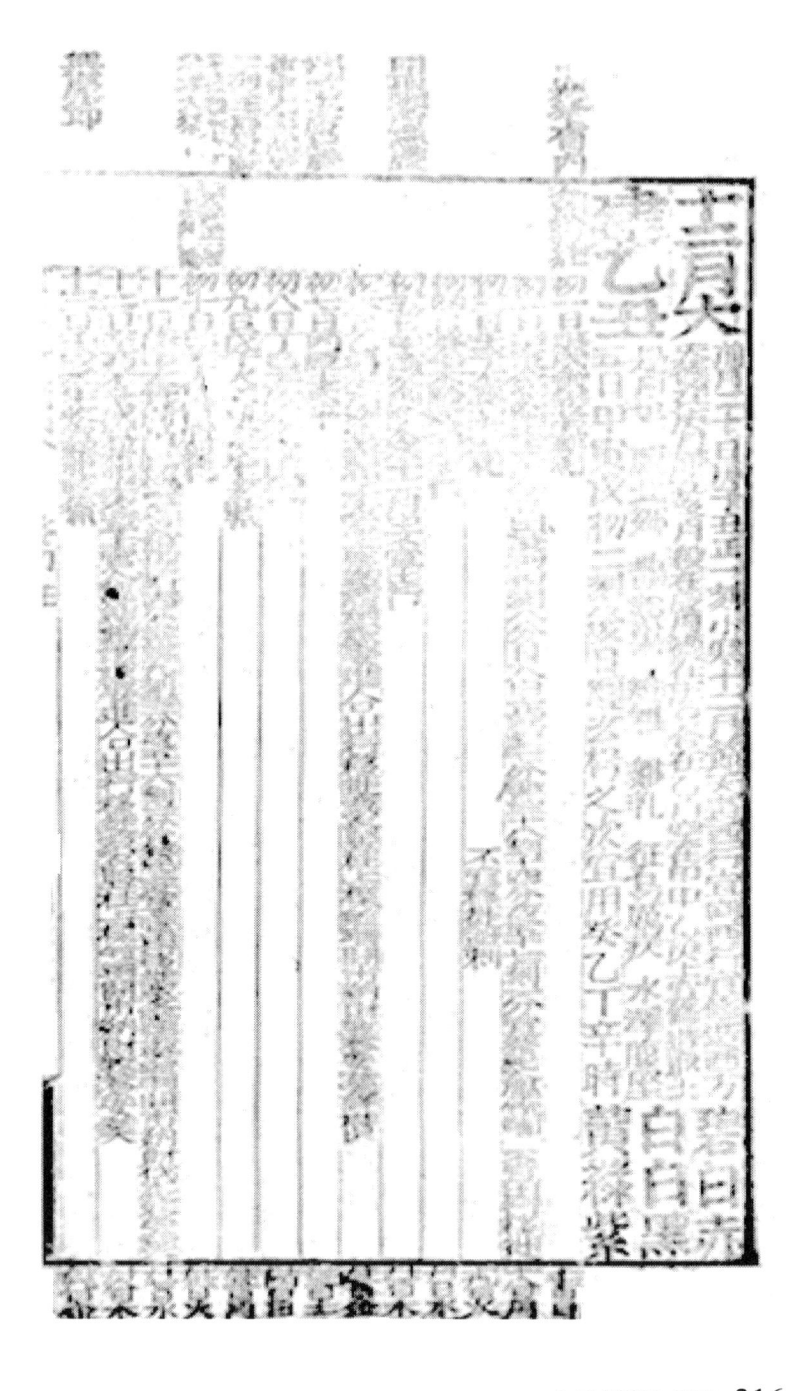

五姓修宅

7 大韓光武八年明時曆(1904)

大韓光武八年明時曆

大韓光武八年歲次甲辰明時曆

正月大

二月大

三月小

四月大

五月小

六月小

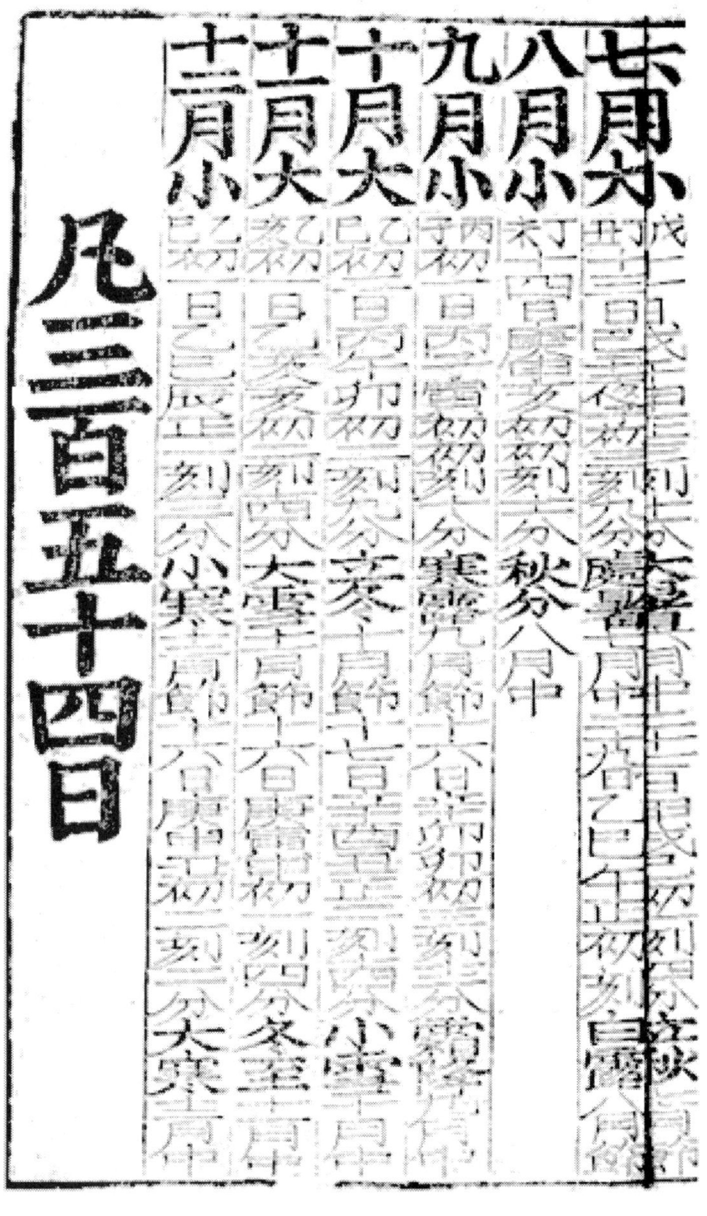

年神方

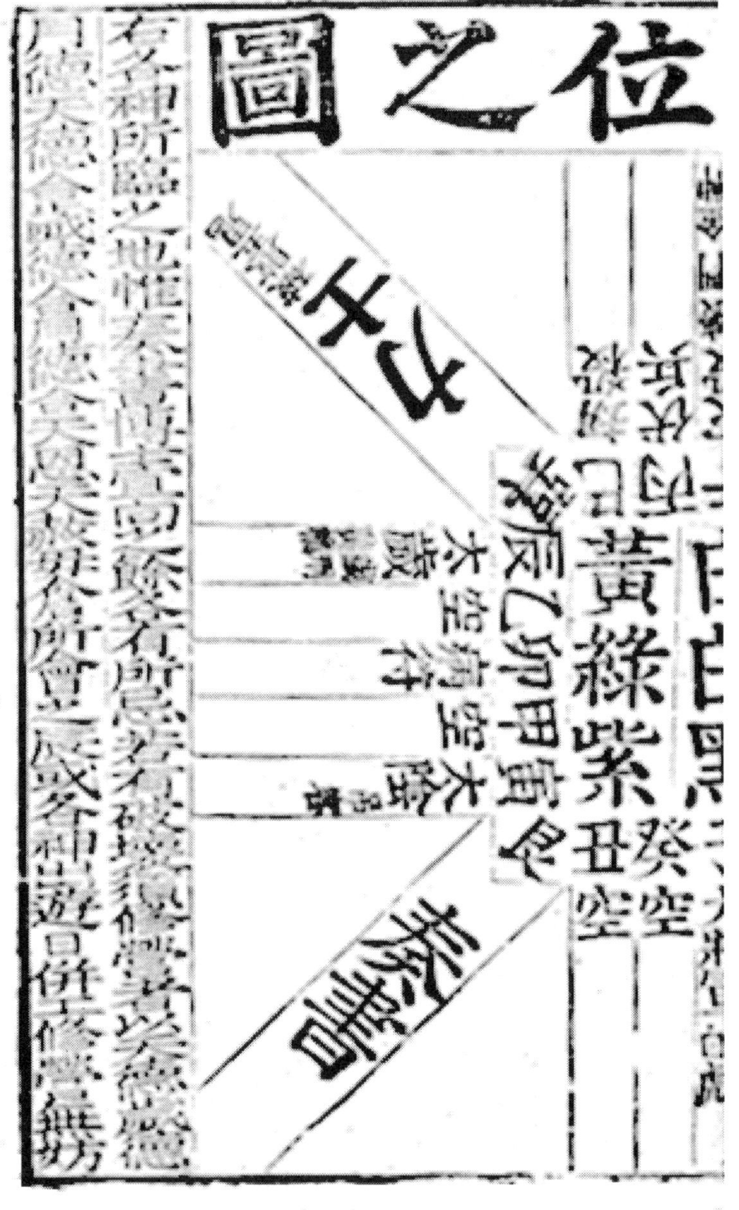

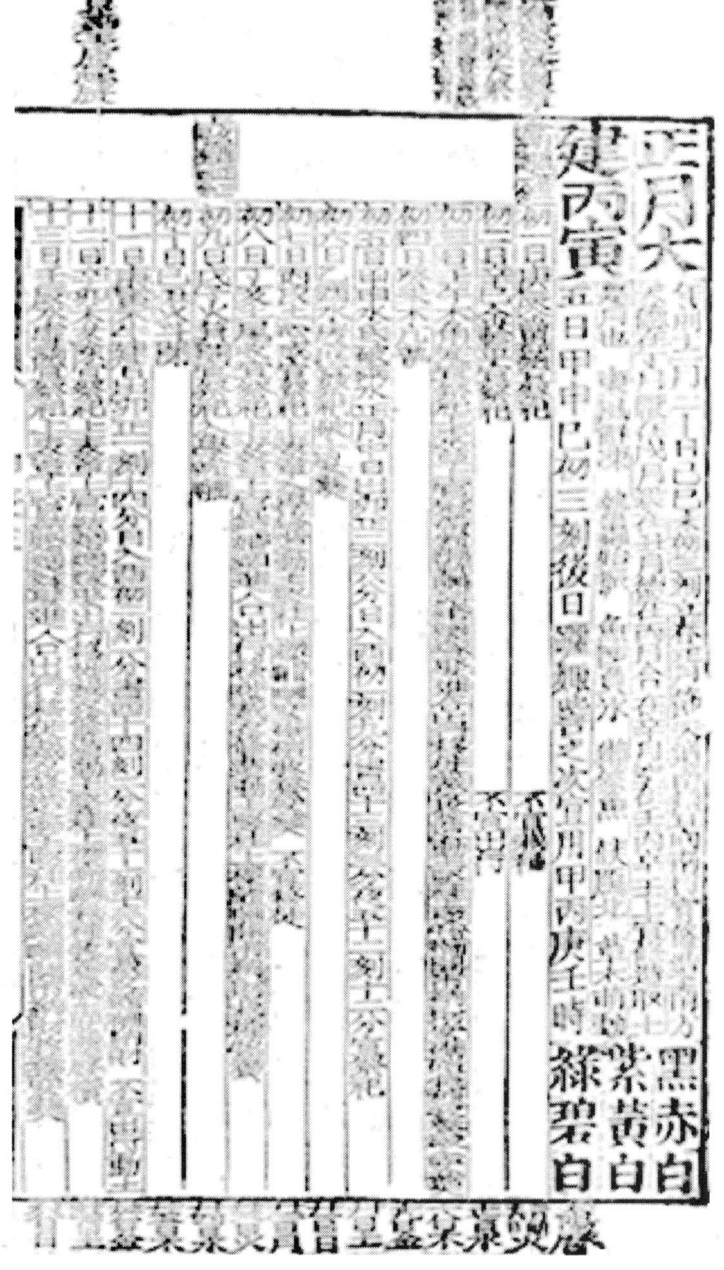

正月大

建丙寅

黑赤白
紫黃白
綠碧白

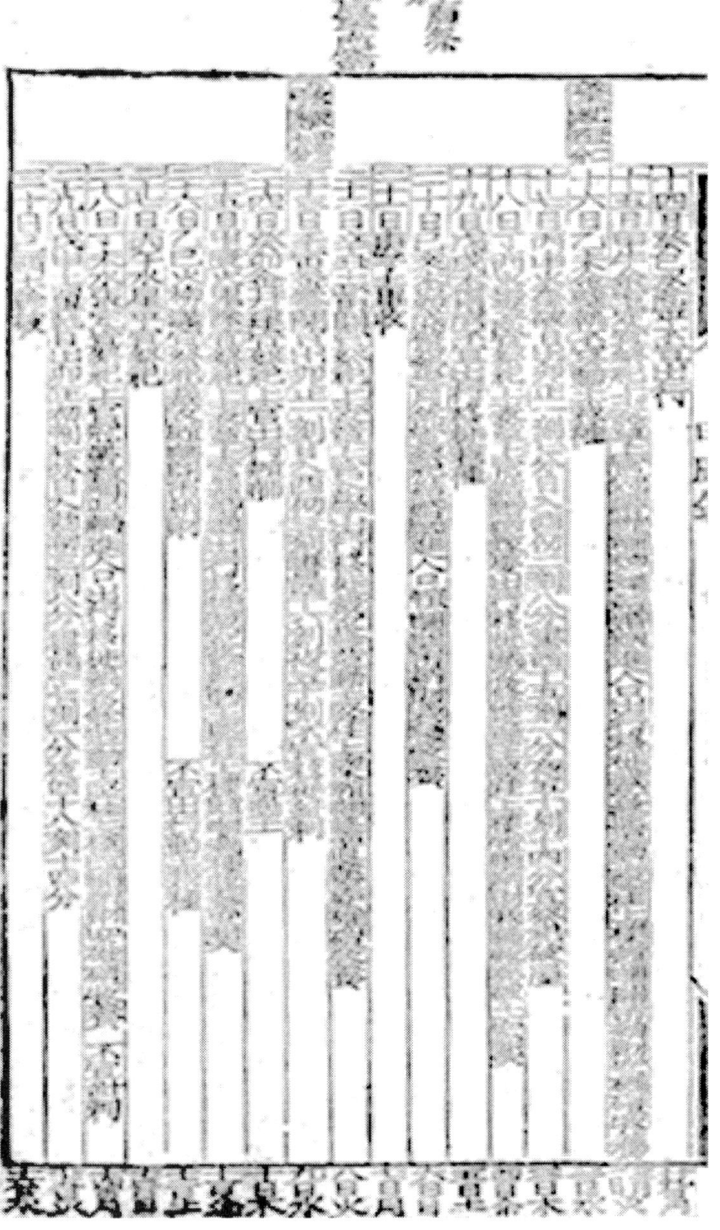

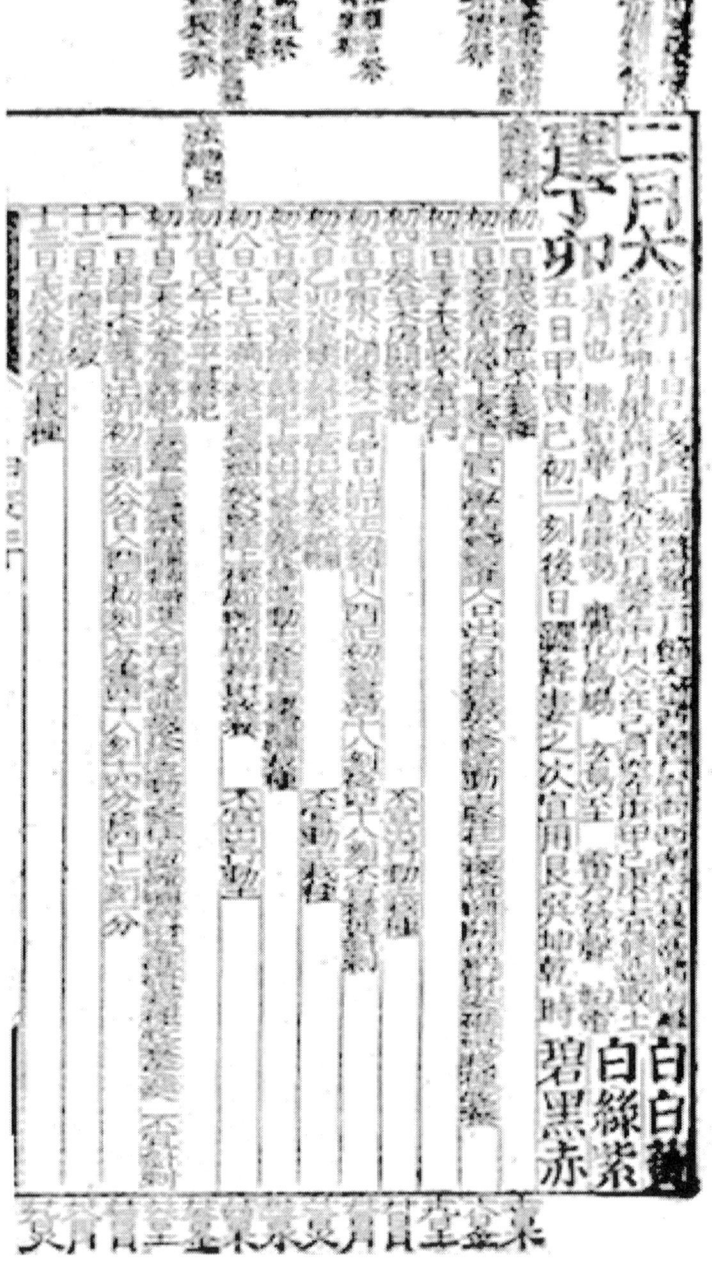

二月大

建丁卯

五日甲寅巳初二刻後日躔降婁之次宜用艮巽坤乾時

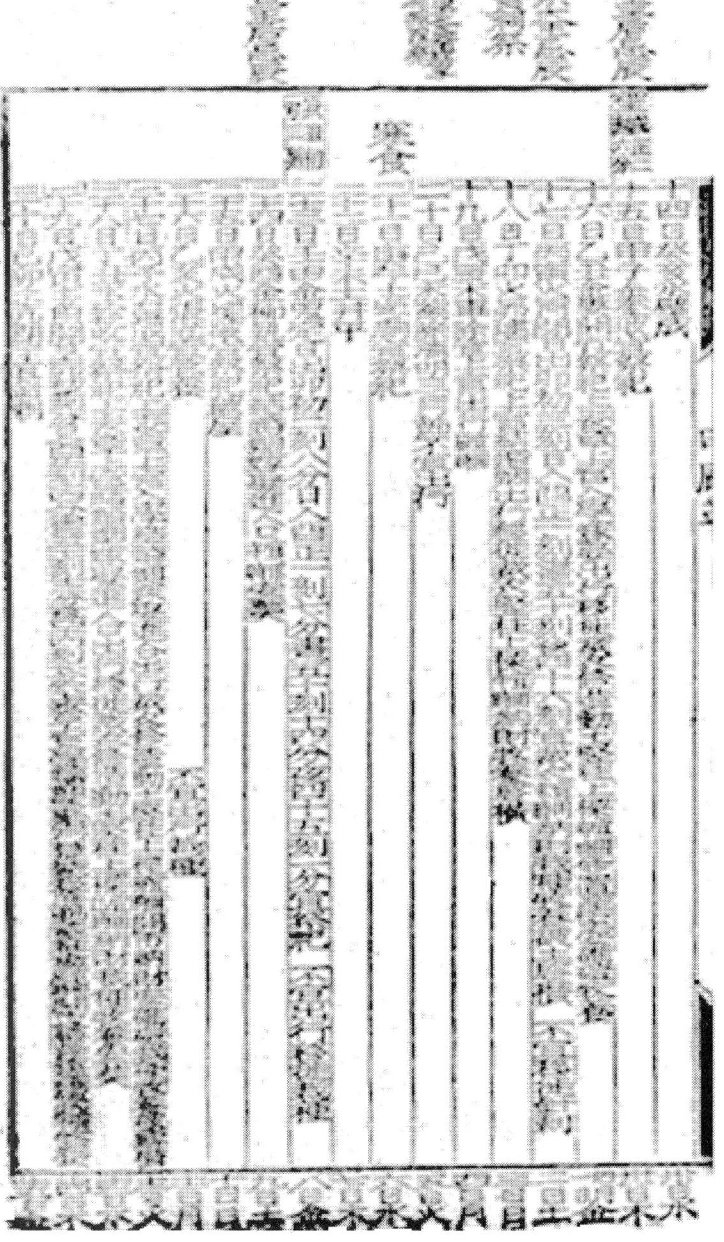

三月小
建戊辰

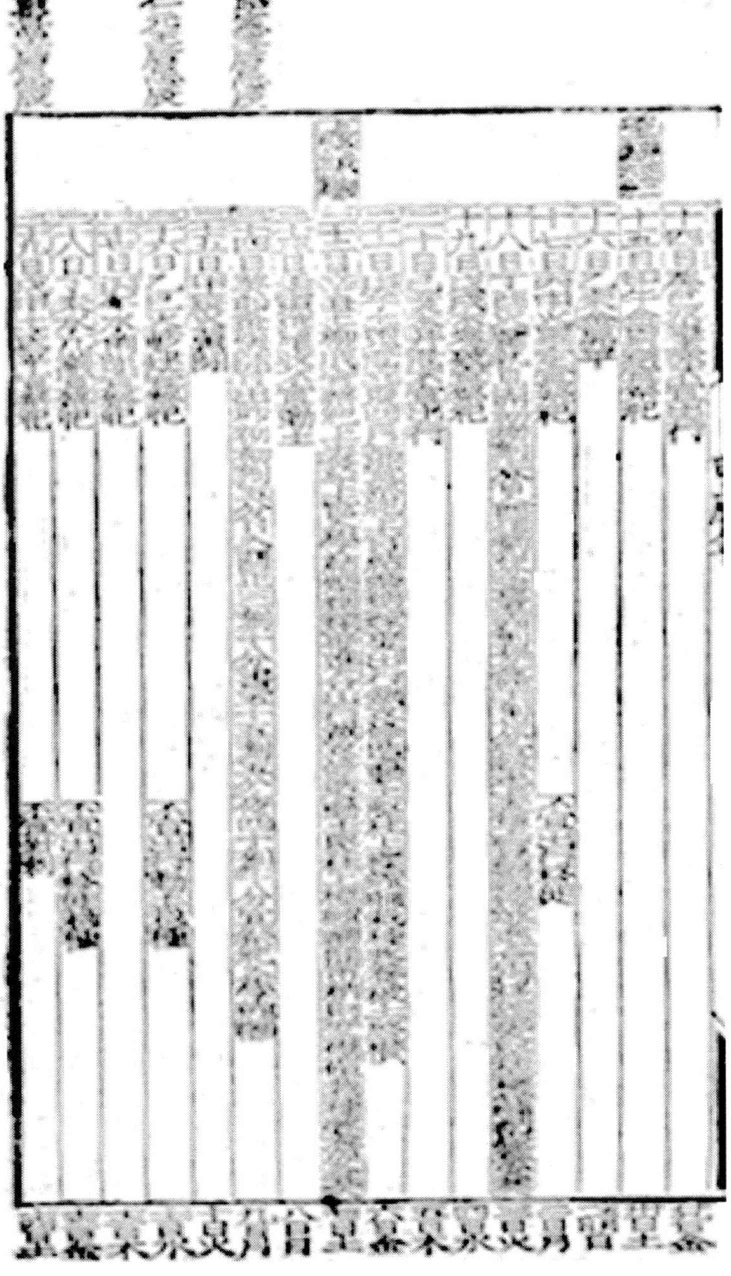

四月大
建巳
白綠碧
白黑赤
白紫黃

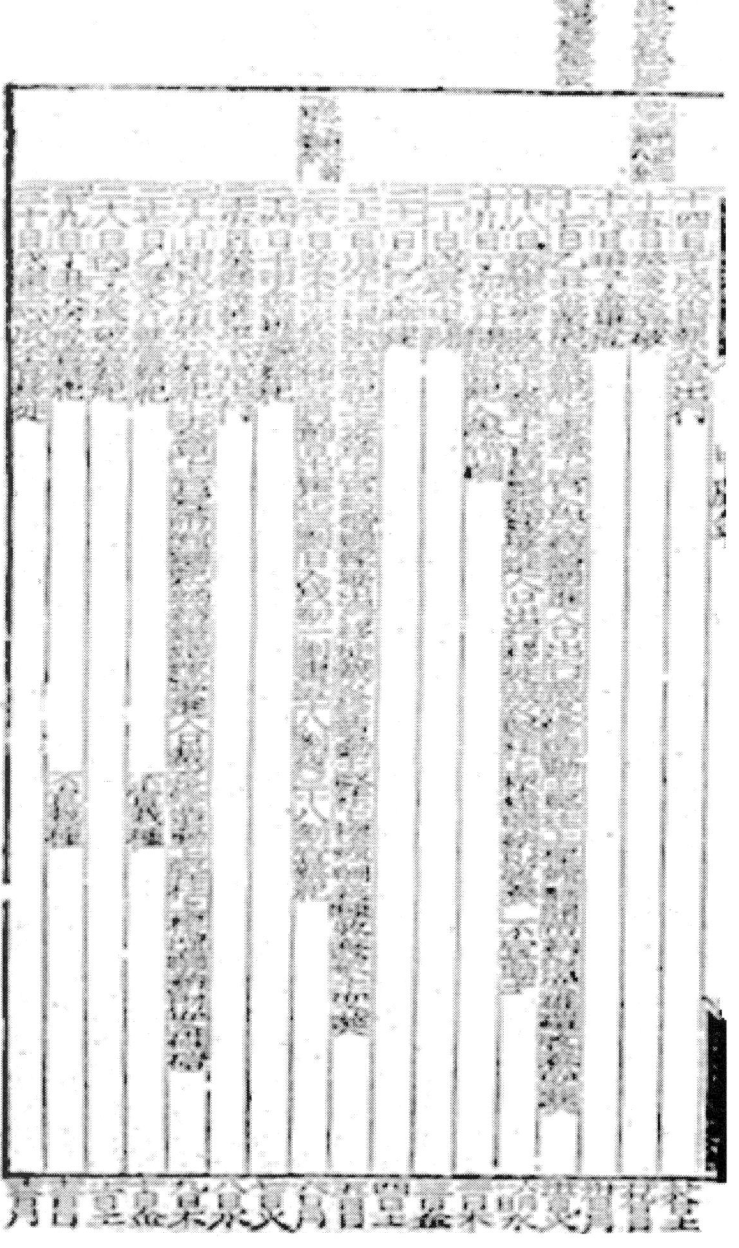

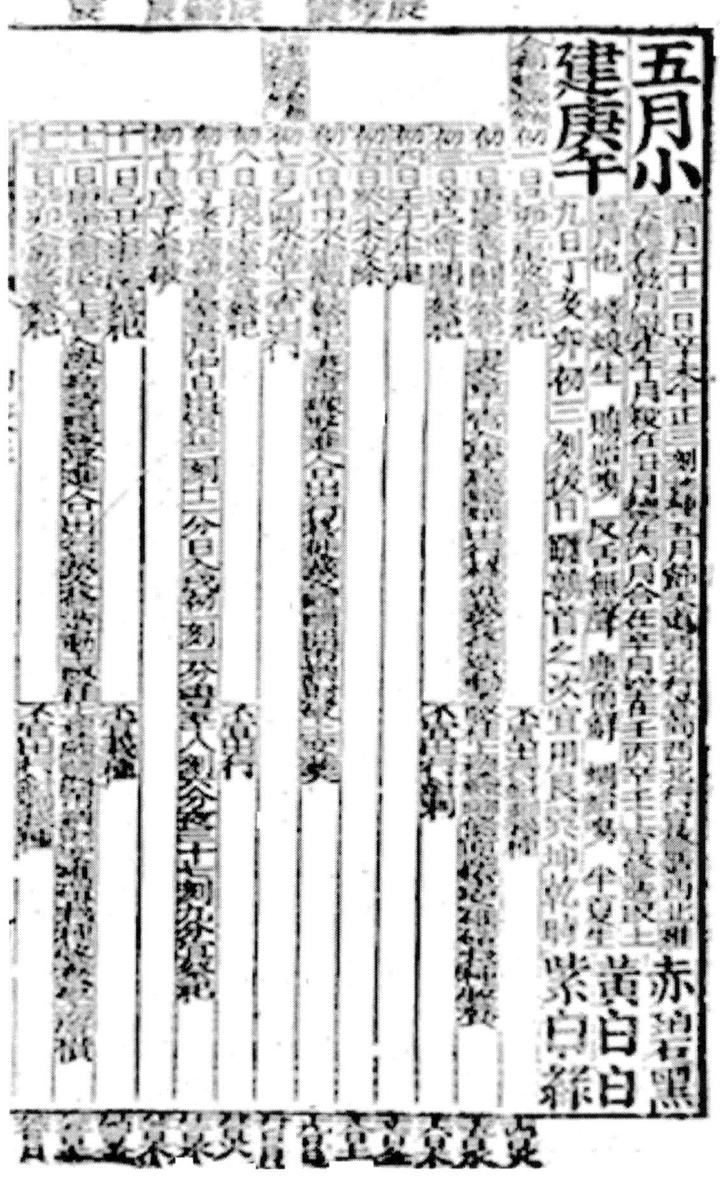

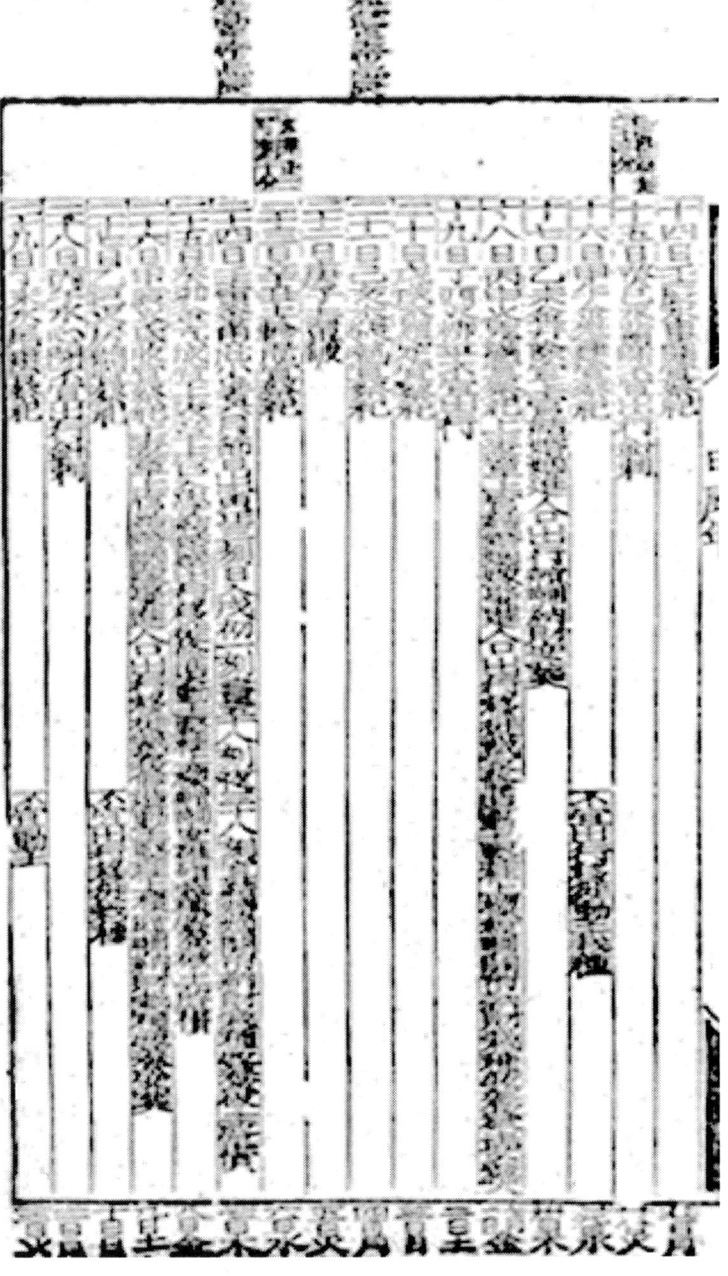

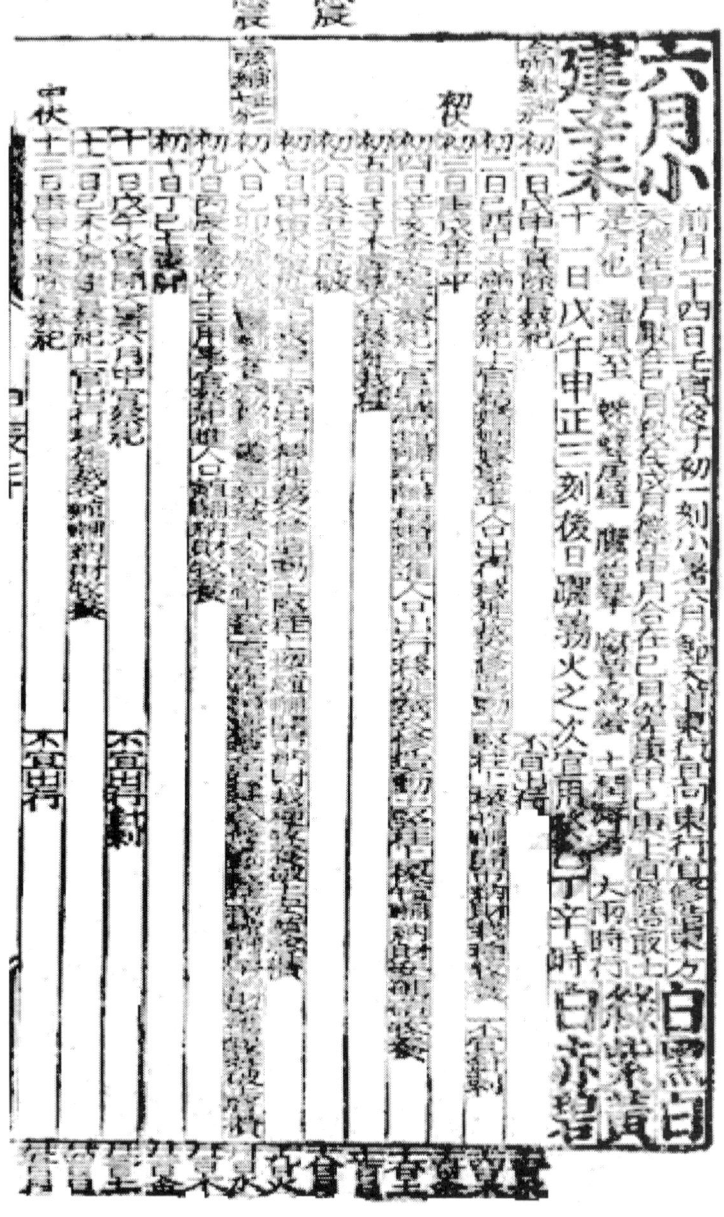

六月小

建癸未

十一日戊午申正三刻後日躔鶉火之次宜用癸乙丁辛時

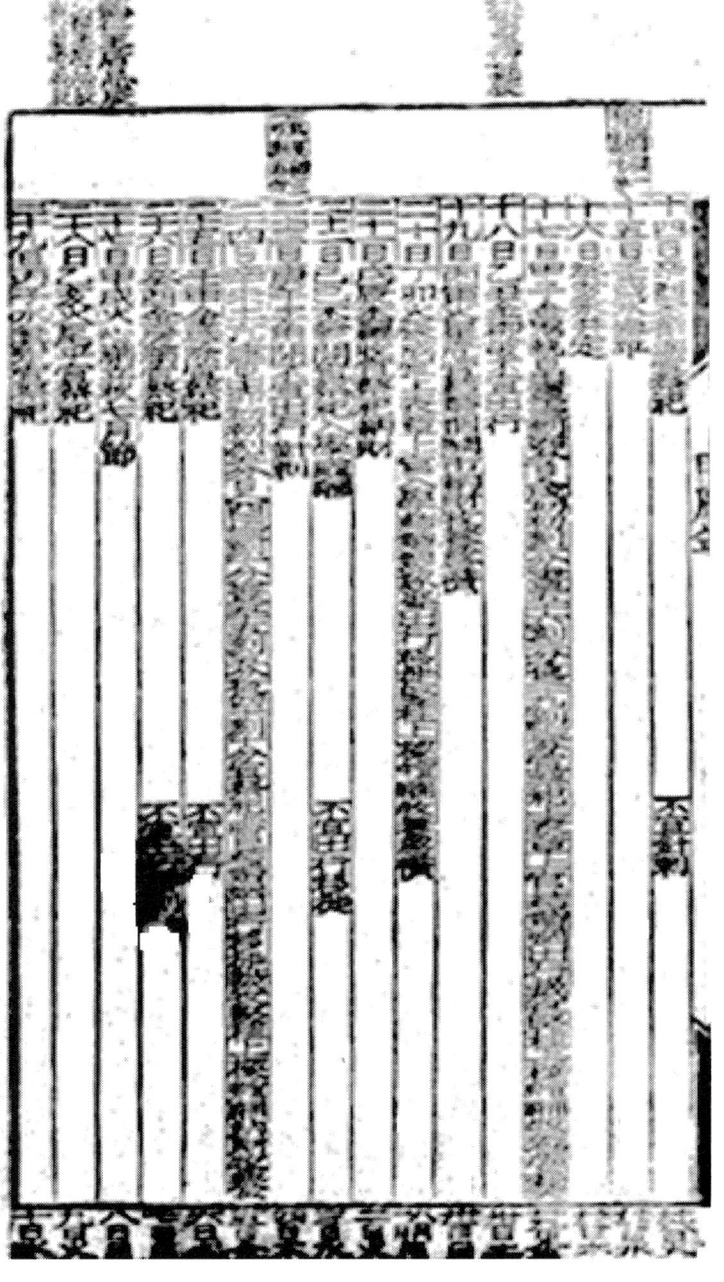

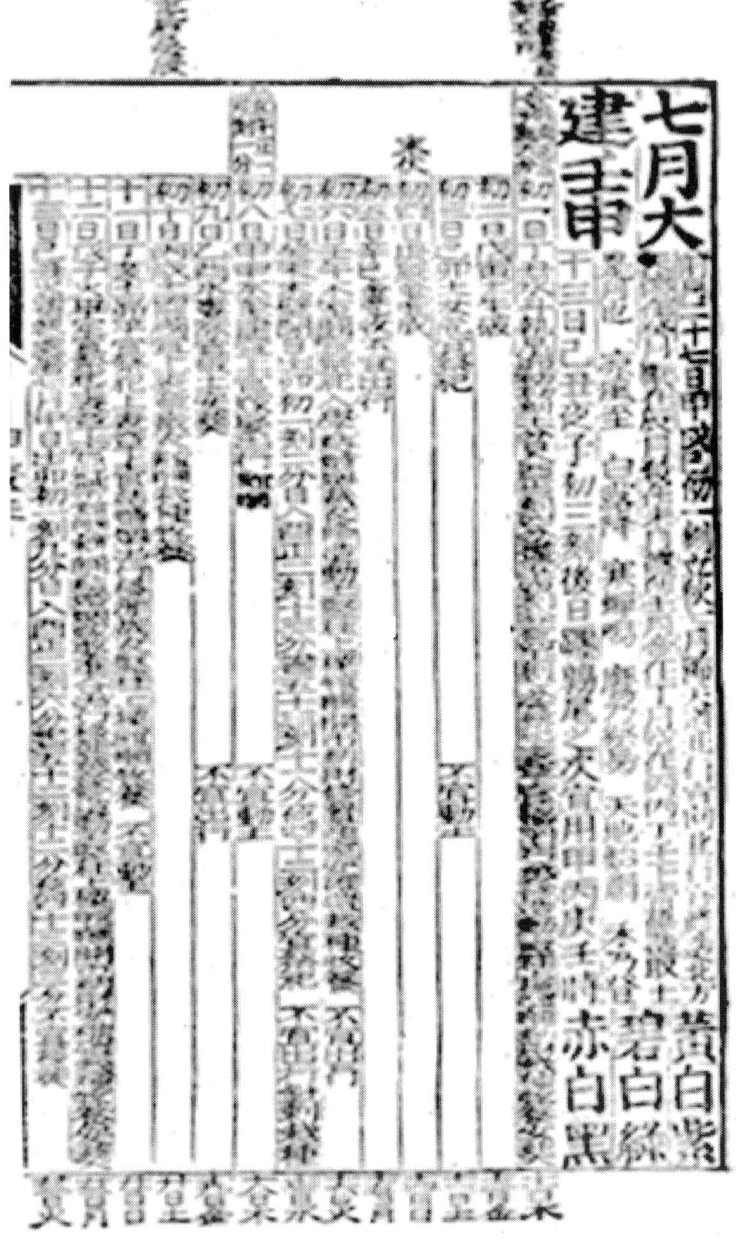

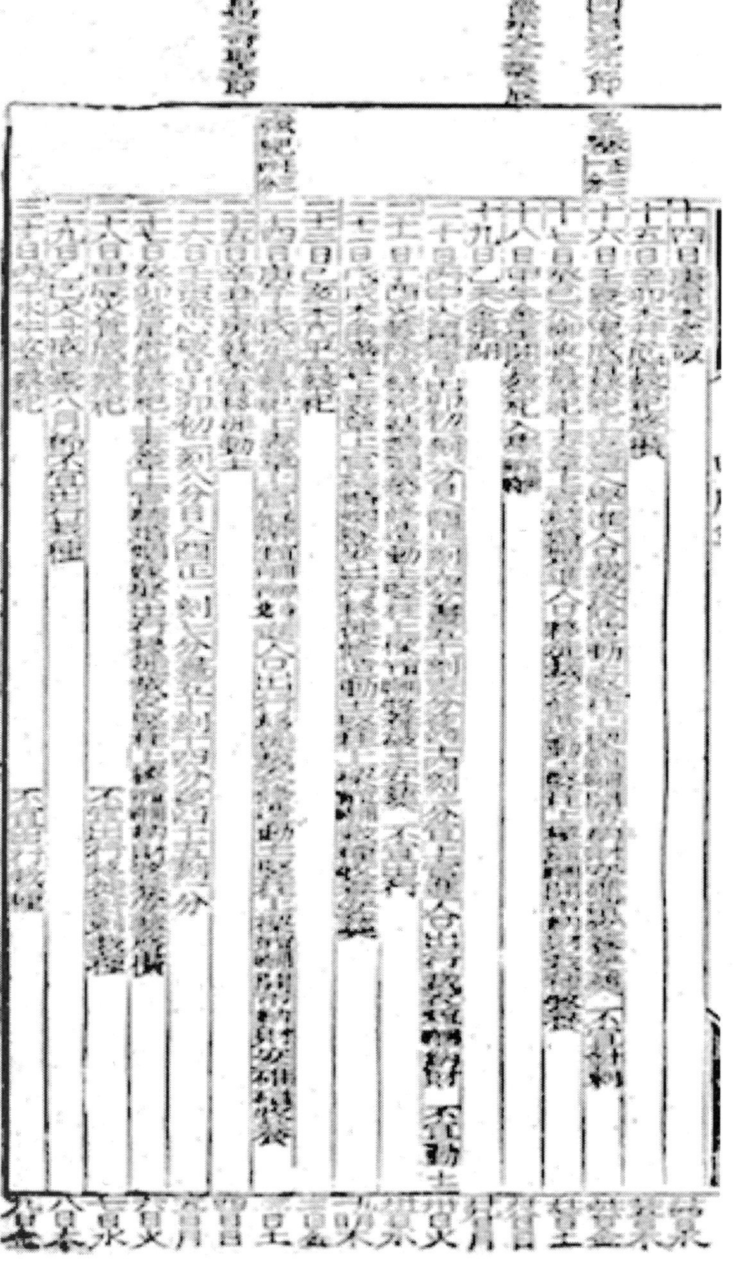

八月小 建癸酉

綠 紫 白
黑 赤 碧
白 黃 白

初一日
初二日
初三日
初四日
初五日
初六日
初七日
初八日
初九日
初十日
十一日
十二日 社
十三日

[illegible] 顯宗大王忌辰 明聖王后忌辰 [illegible]顯王后忌辰 孝顯王后忌辰 [illegible]王后忌辰

[illegible]

十四日庚申木閉 [illegible] 宜祭祀 [illegible] 不宜針刺
十五日辛酉木建 宜祭祀 不宜動土
十六日壬戌水除 宜祭祀 [illegible] 不宜出行針刺
十七日癸亥水滿 宜祭祀
十八日甲子金平 宜祭祀 不宜出行
十九日乙丑金定 宜祭祀 [illegible]
二十日丙寅火執 宜[illegible] 不宜[illegible]動土
二十一日丁卯火破
二十二日戊辰木危
二十三日己巳木成 宜祭祀 不宜出行
二十四日庚午土收 宜祭祀 不宜栽種
二十五日辛未土開 宜祭祀 [illegible] 不宜動土
二十六日壬申金閉 宜祭祀 不宜針刺
二十七日癸酉金建 宜祭祀 [illegible] 不宜動土
二十八日甲戌火除 宜祭祀 [illegible] 不宜針刺
二十九日乙亥火滿 宜祭祀 不宜栽種

[illegible]

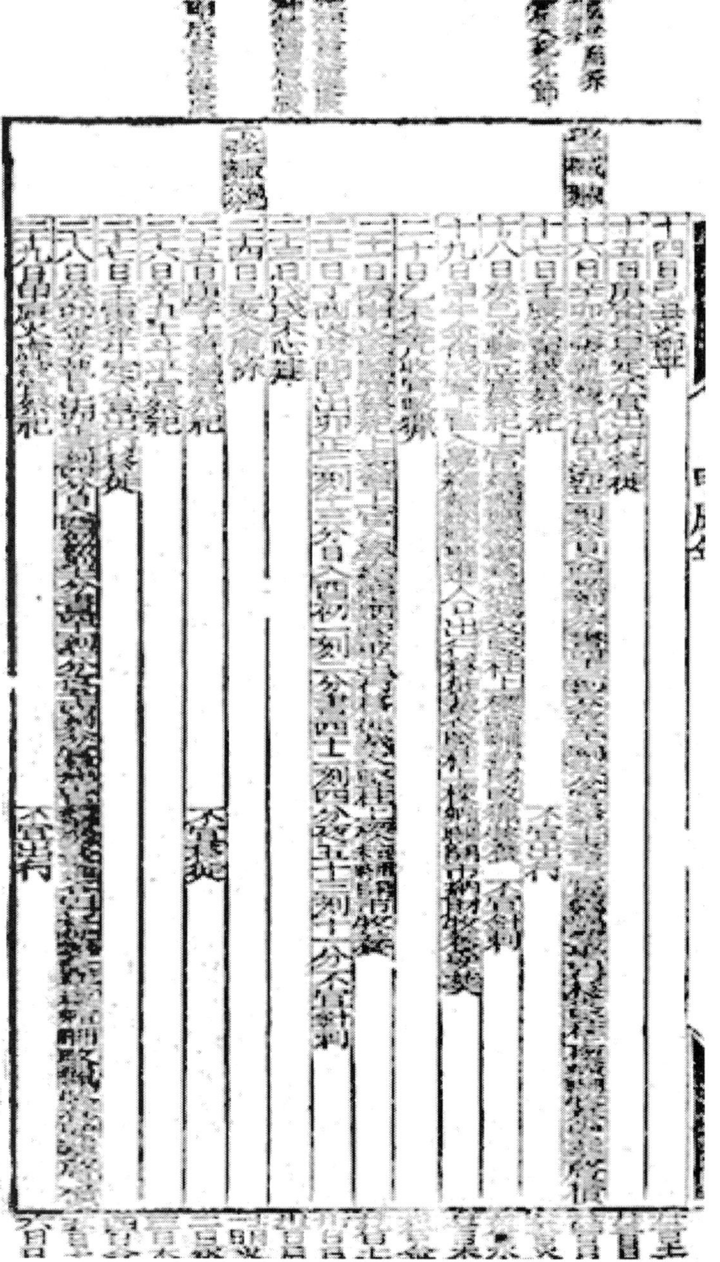

十月大
建乙亥
黑赤白
紫黃白
綠碧白

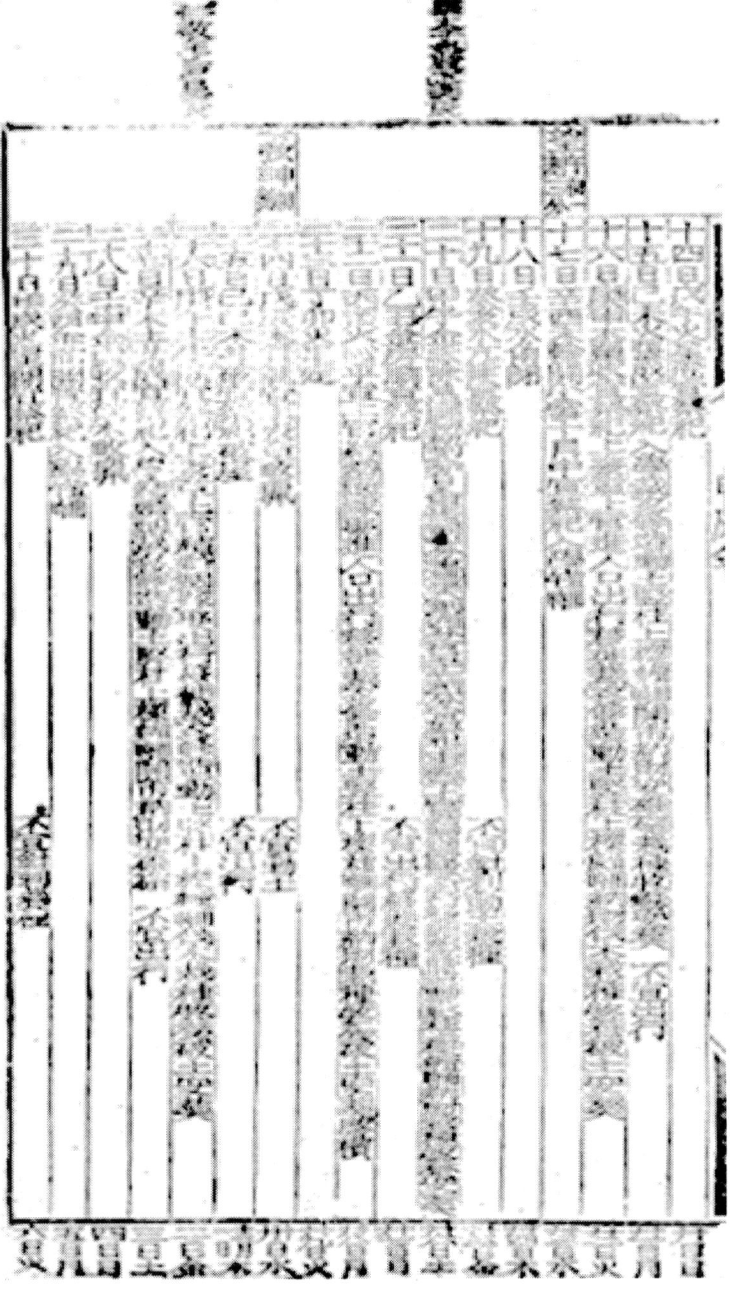

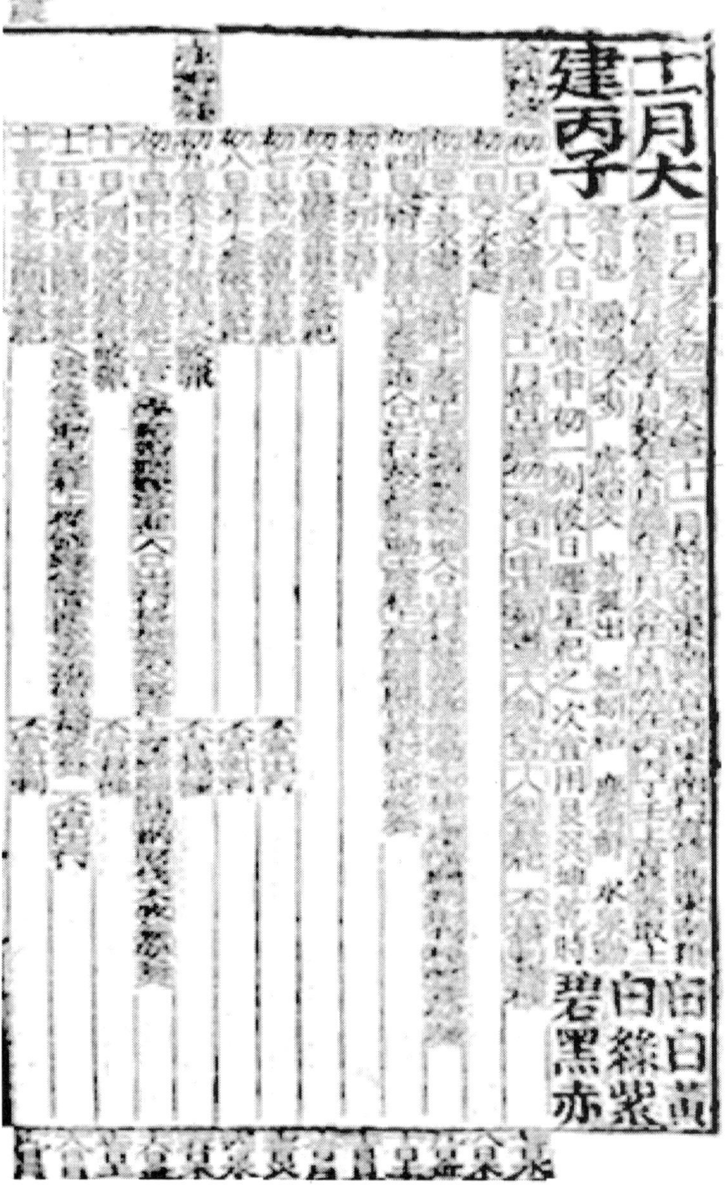

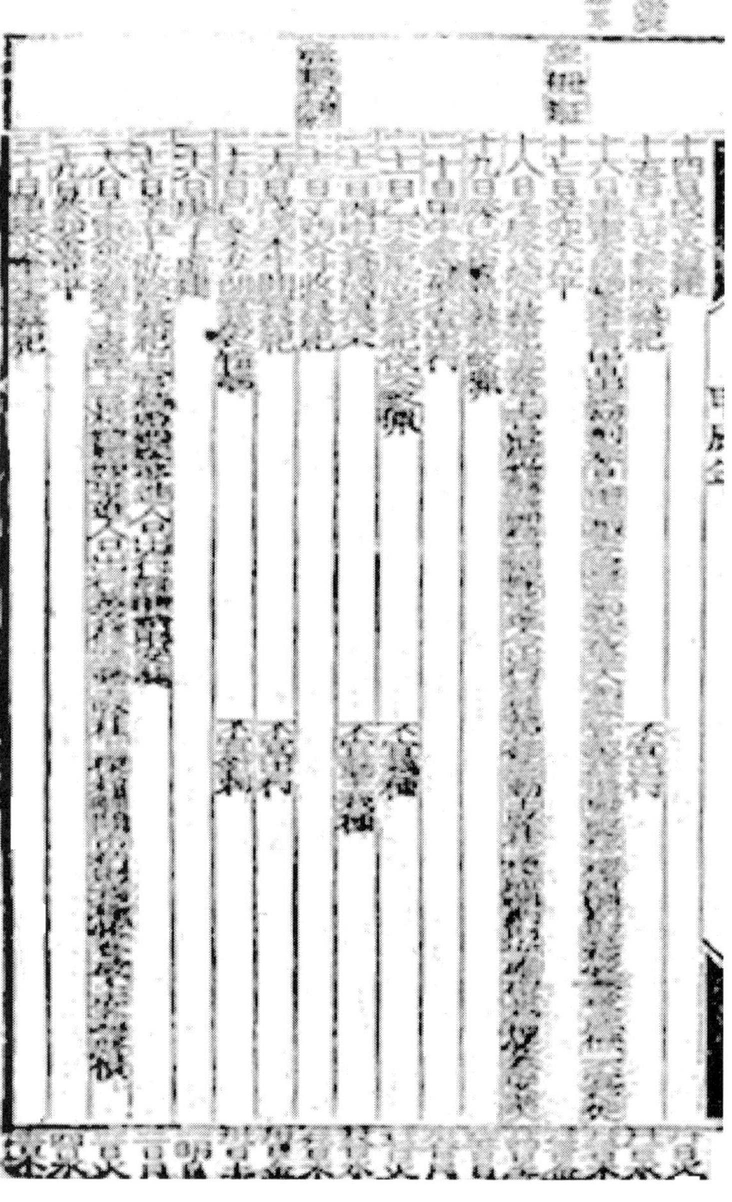

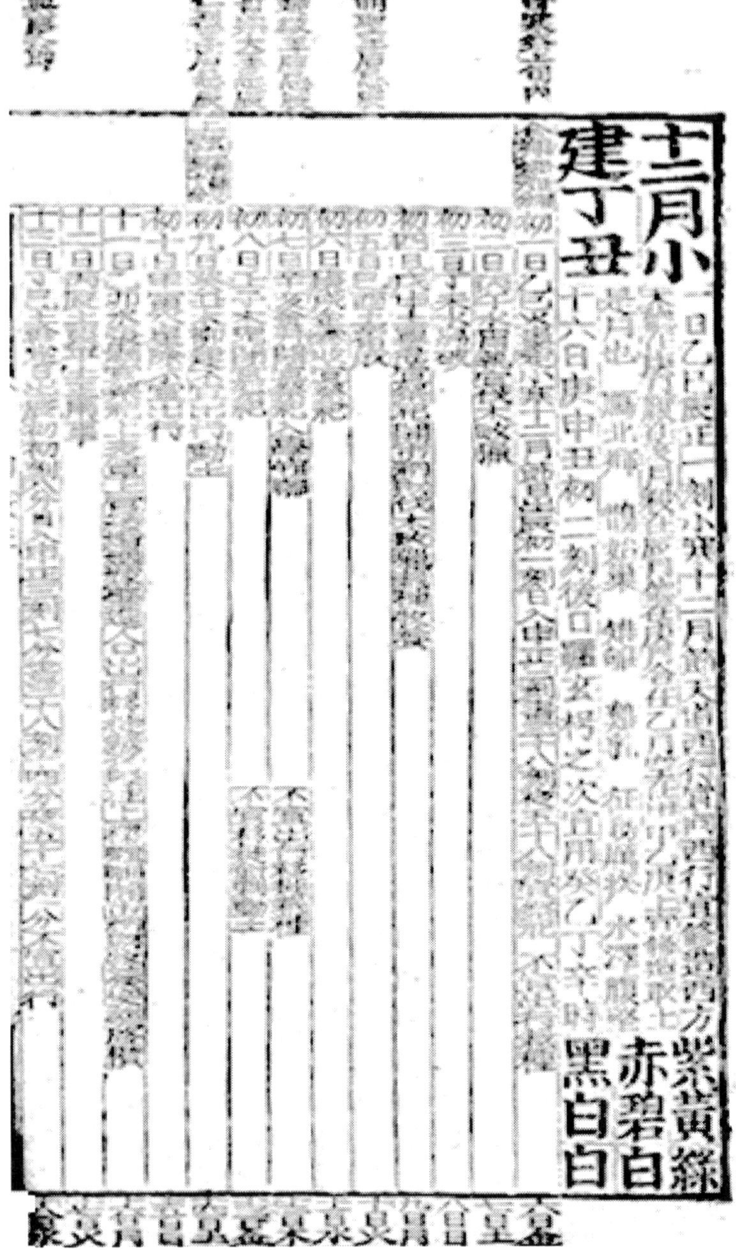
十二月小
建丁丑

紫黃綠
赤碧白
黑白白

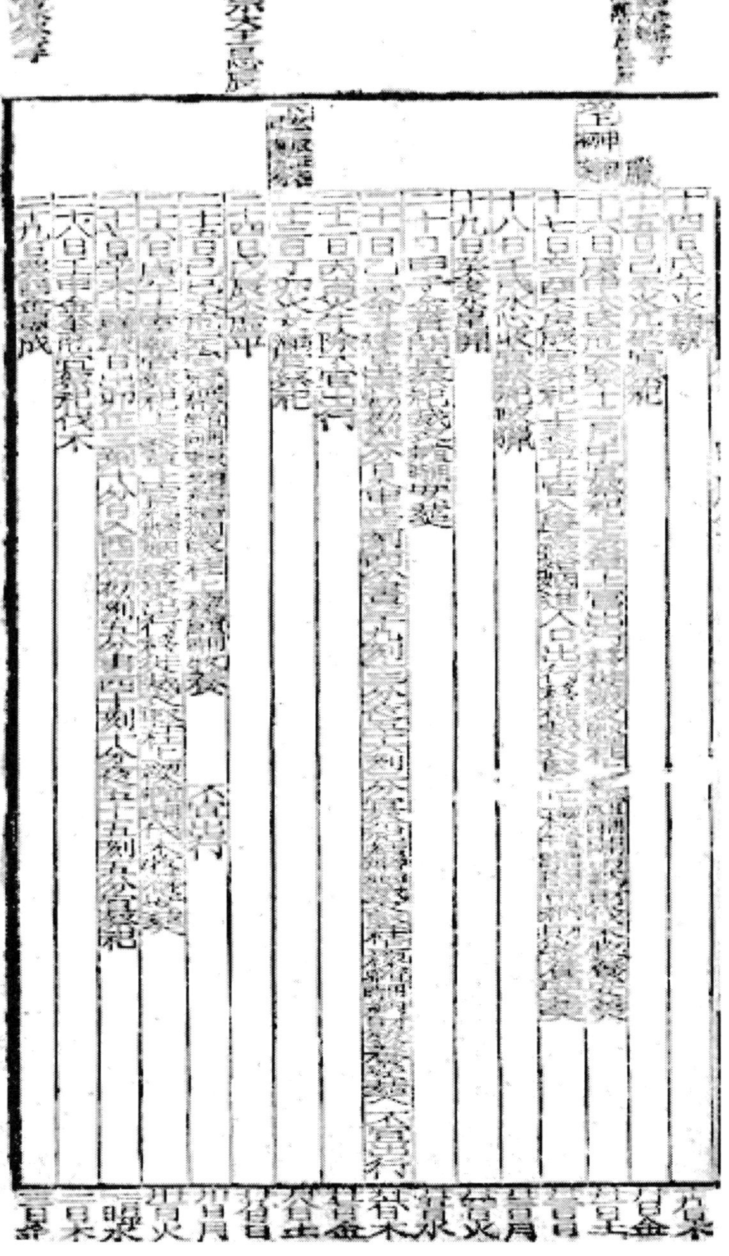

결장

결장

8 大韓光武九年明時曆(1905)

大韓光武九年明時曆

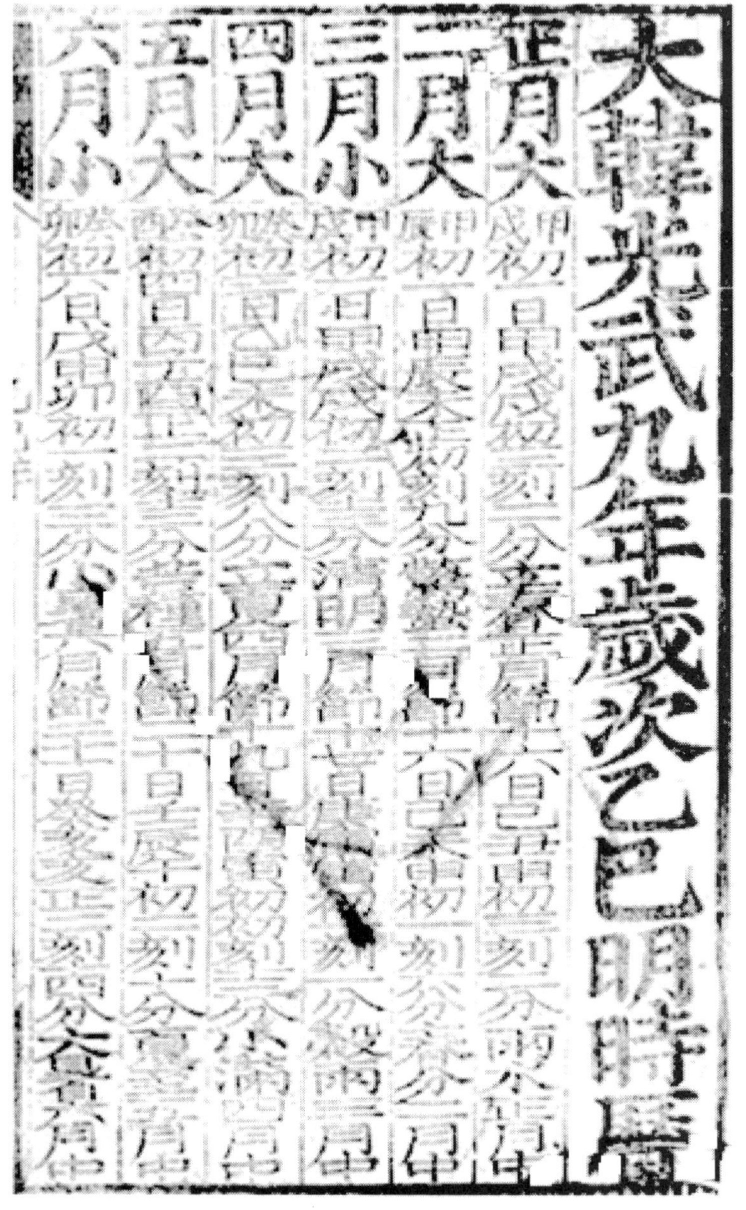

大韓光武九年歲次乙巳明時曆

正月大

二月大

三月小

四月大

五月大

六月小

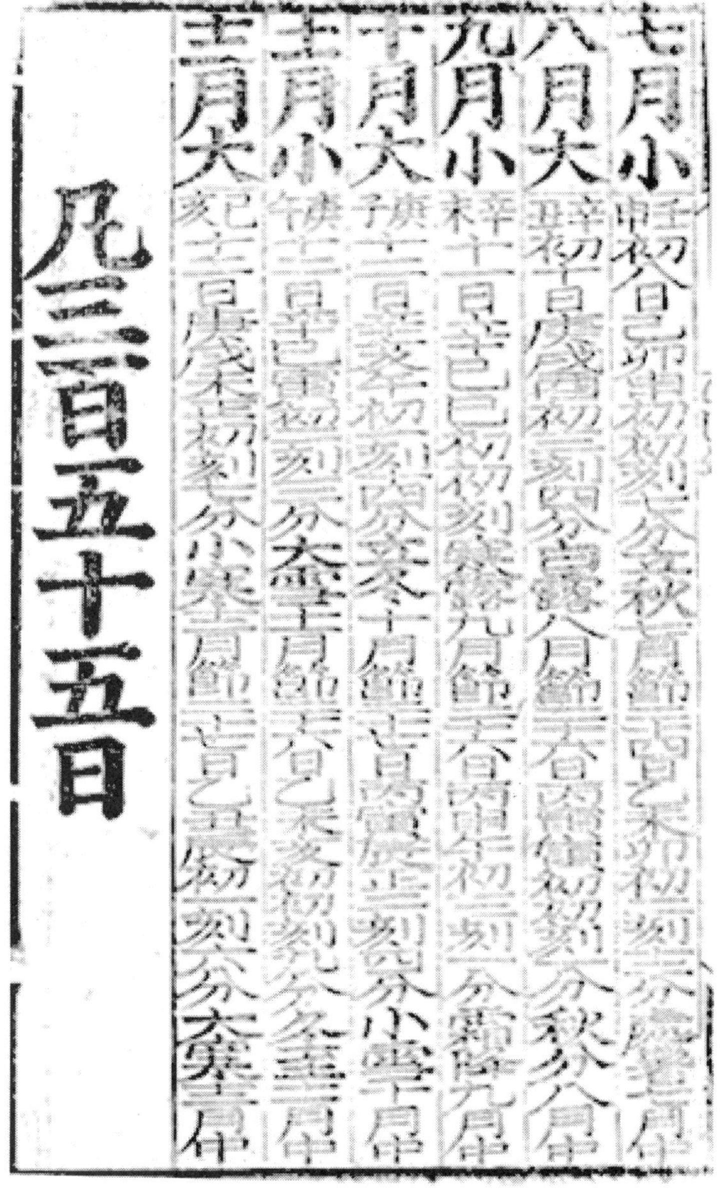

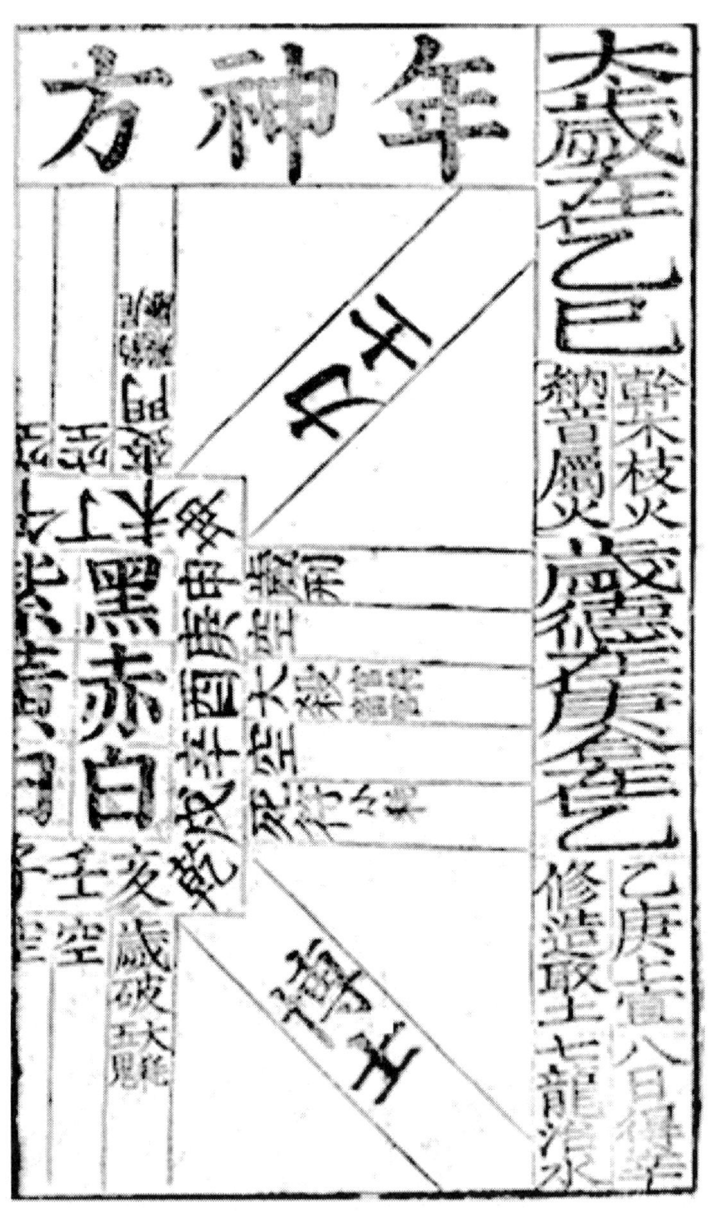
年神方
大歲在乙巳
歲德在乙
力士
博士
黑
赤
白
歲破

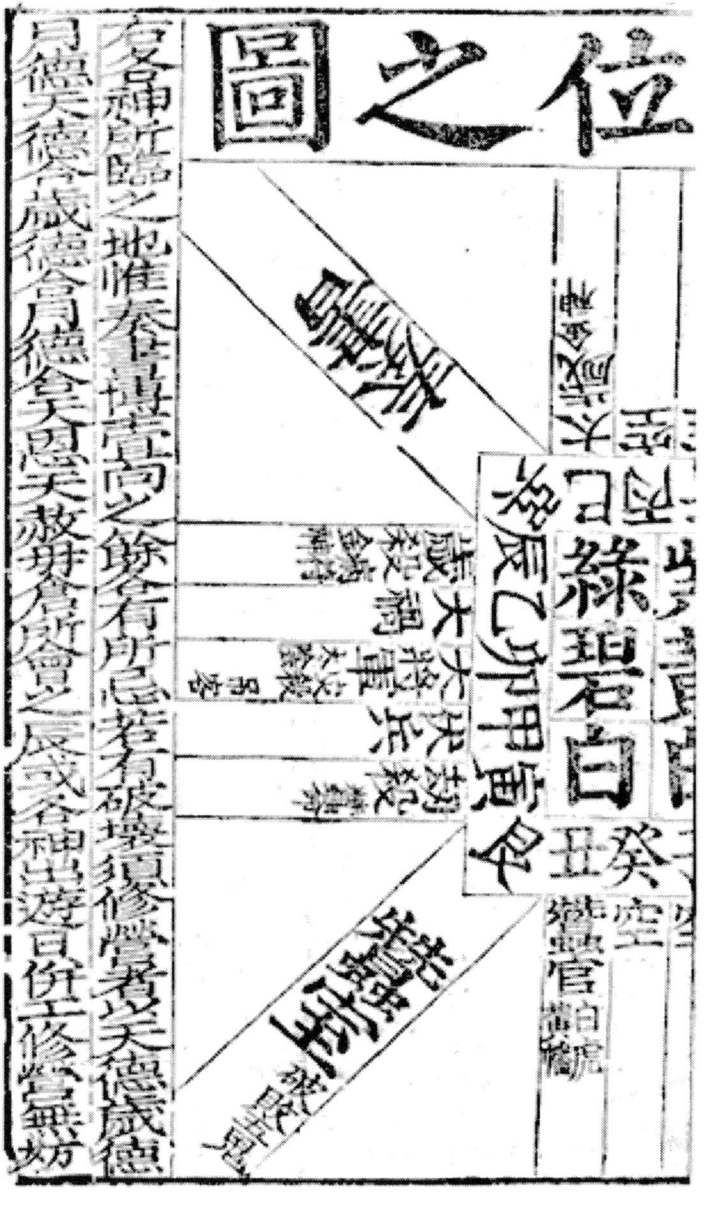

位之圖

右各神所臨之地惟奏書博士之餘皆有所忌若有破壞須修營者以天德歲德
月德天德合歲德合月德合天恩天赦並會之辰或各神出遊日併工修營無妨

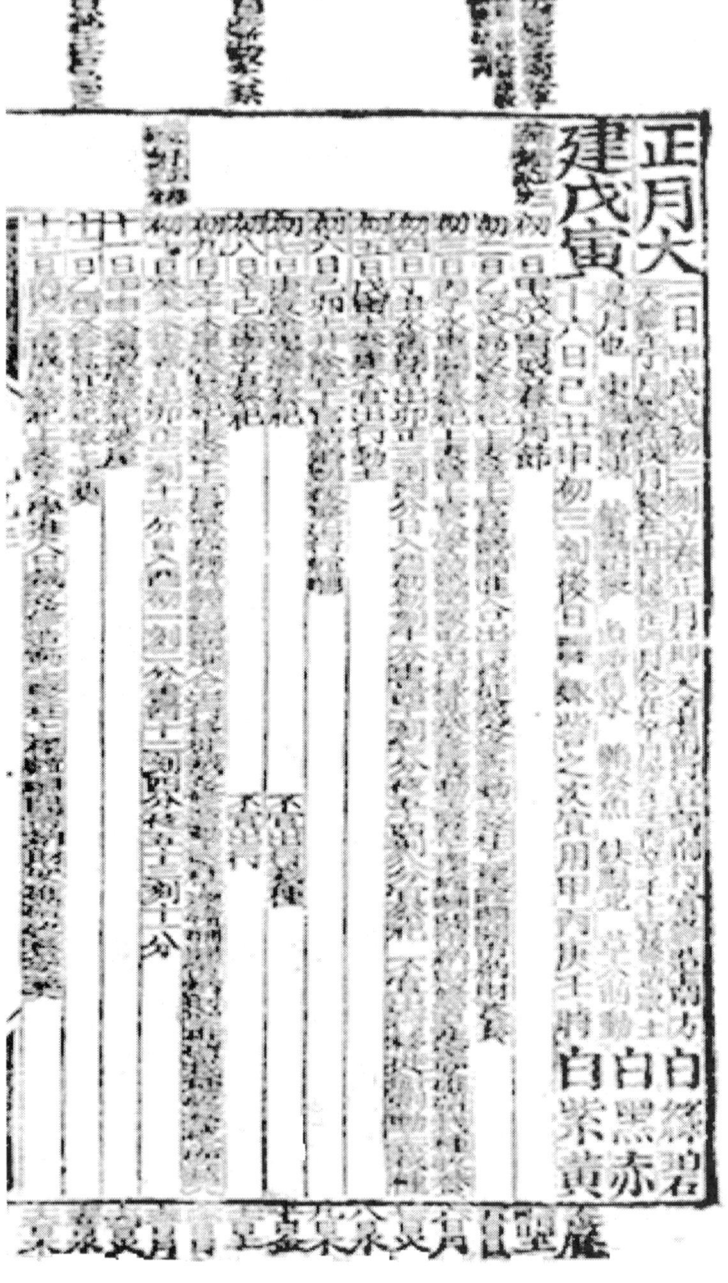

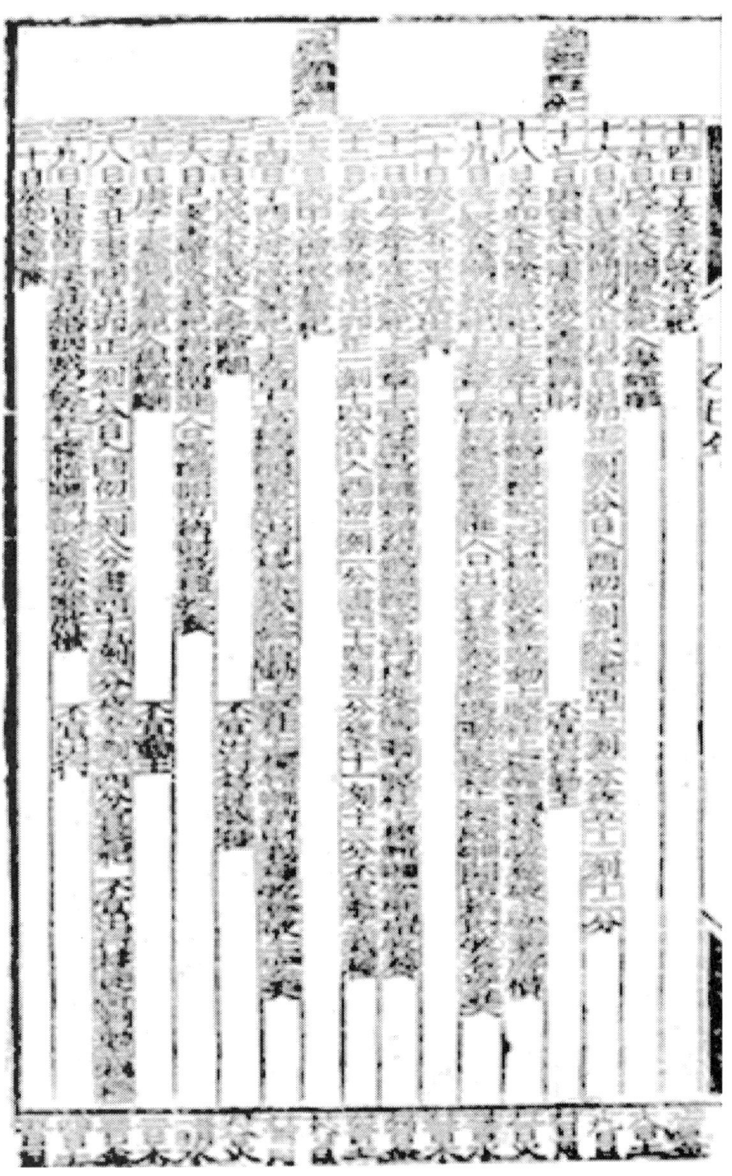

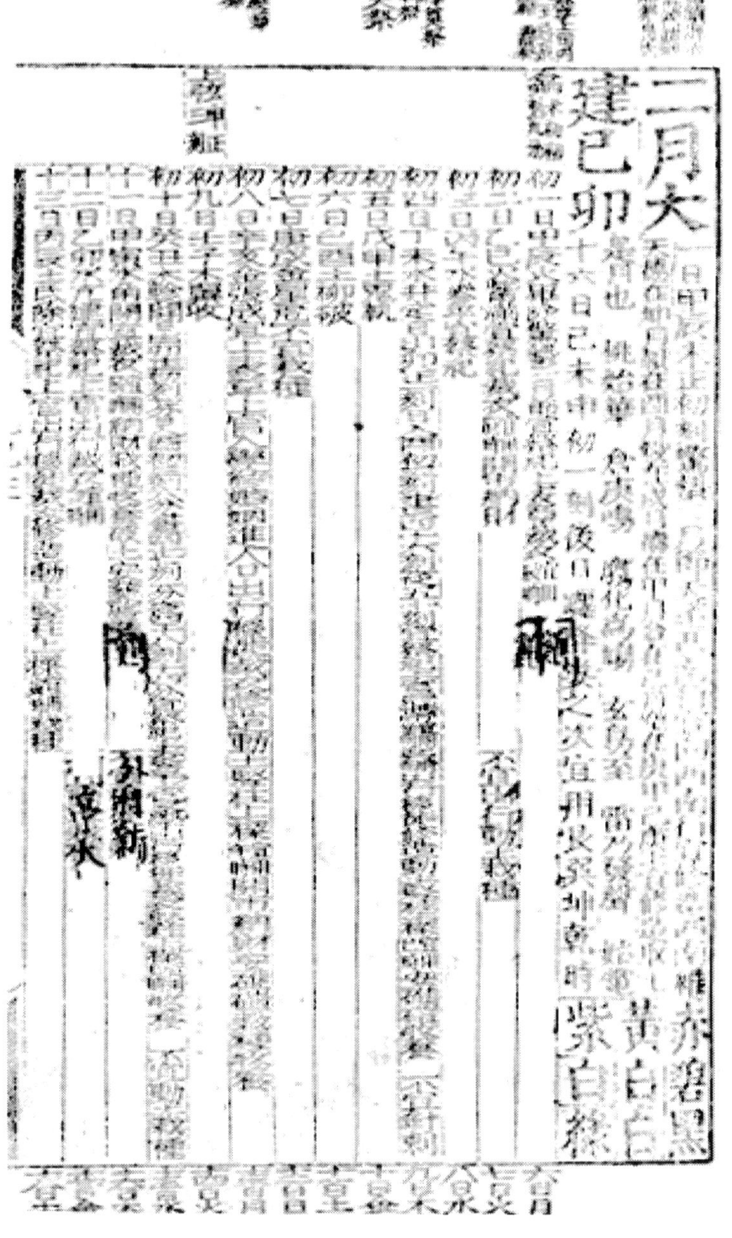

二月大

建己卯

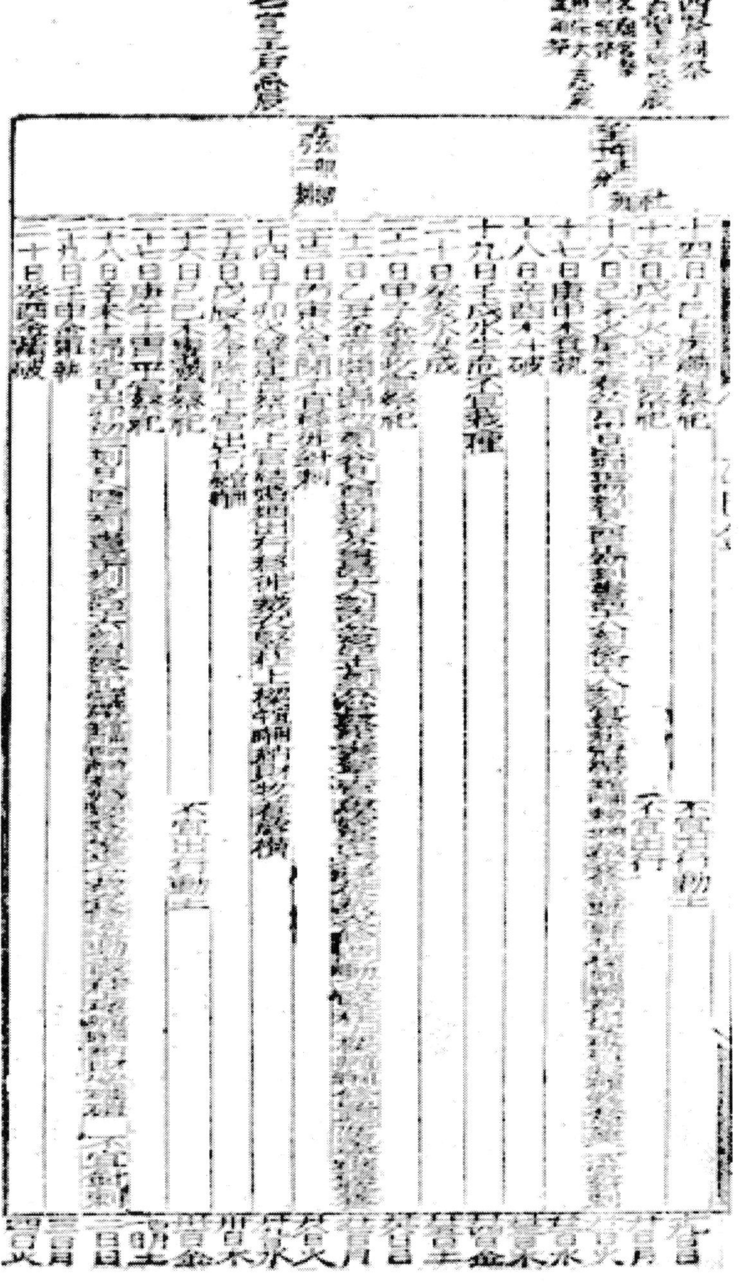

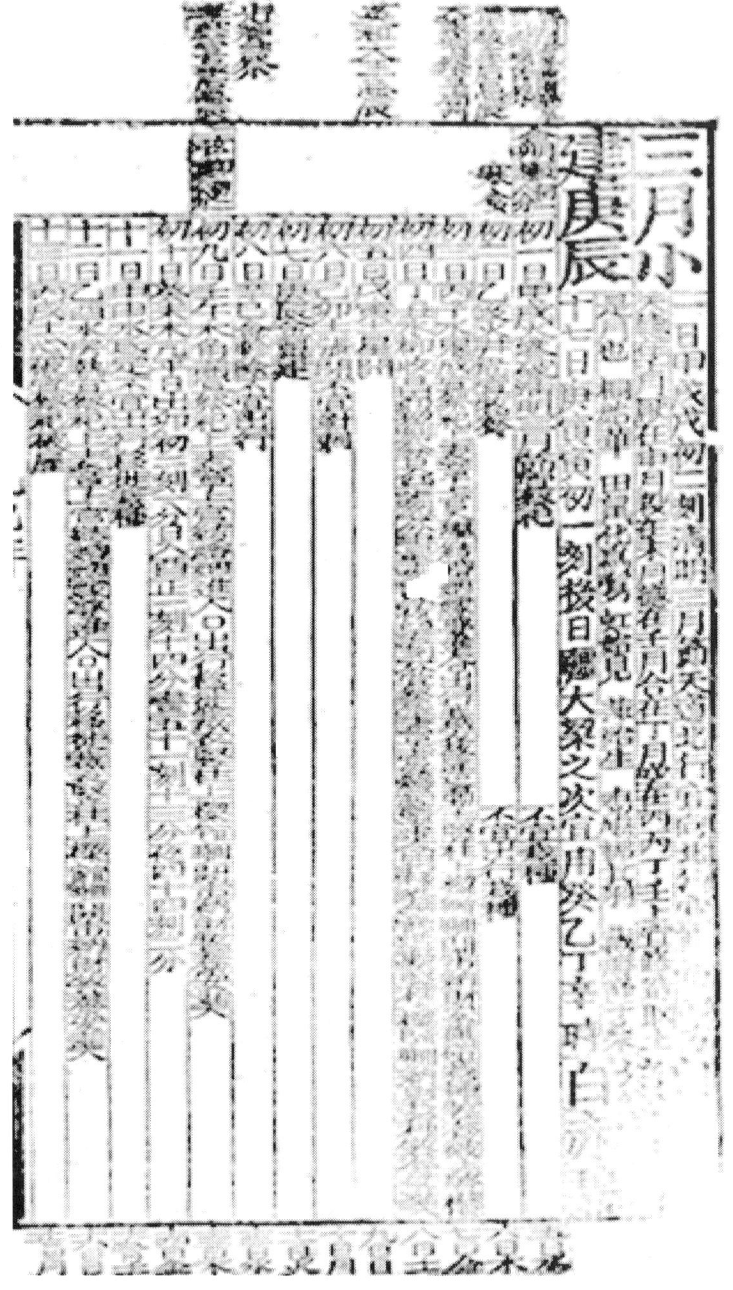

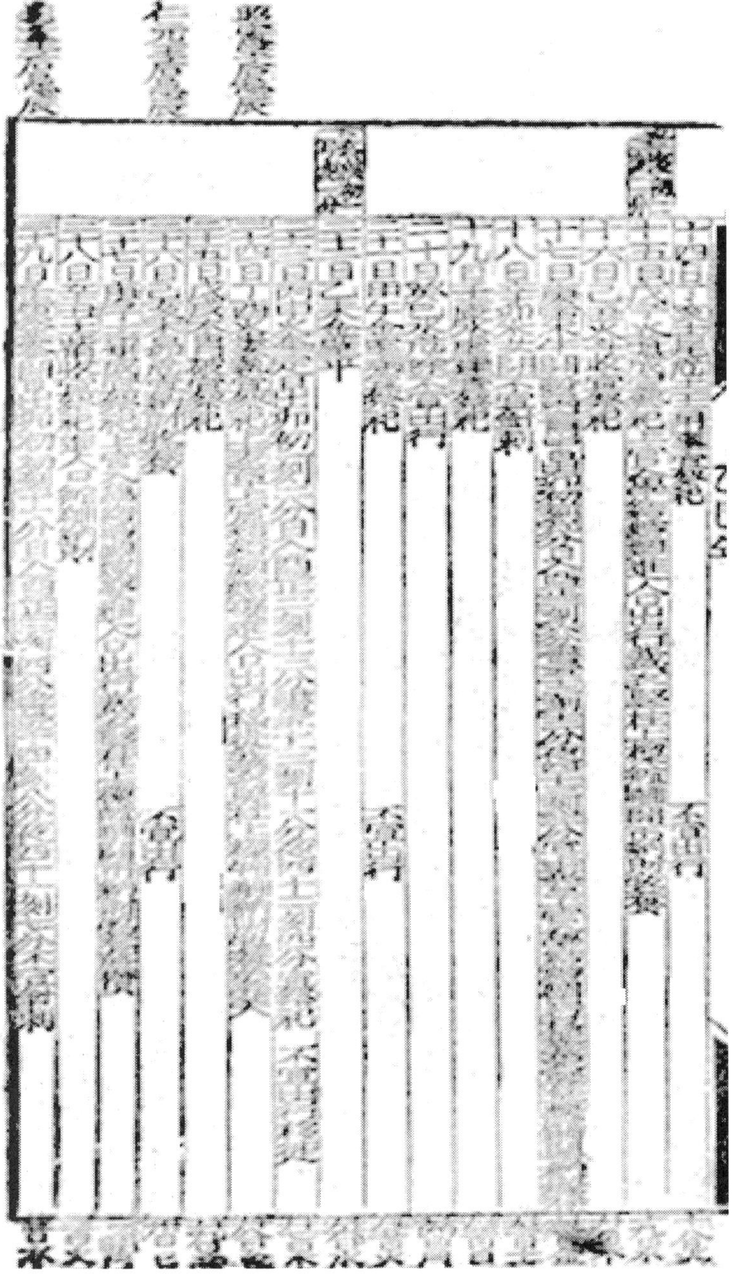

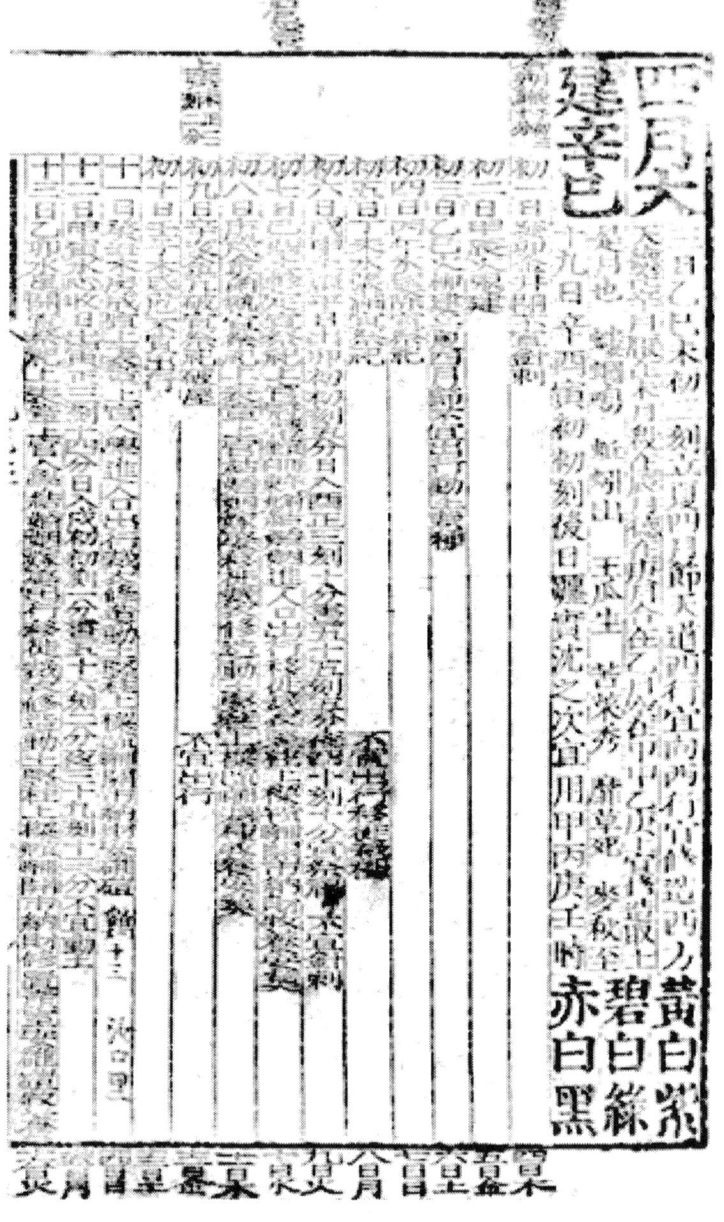
四月大 建辛巳

黃白紫
碧白綠
赤白黑

初一日
初二日
初三日
初四日
初五日
初六日
初七日
初八日
初九日
初十日
十一日
十二日
十三日

五月大

建壬午

綠紫白

黑赤碧

白黃白

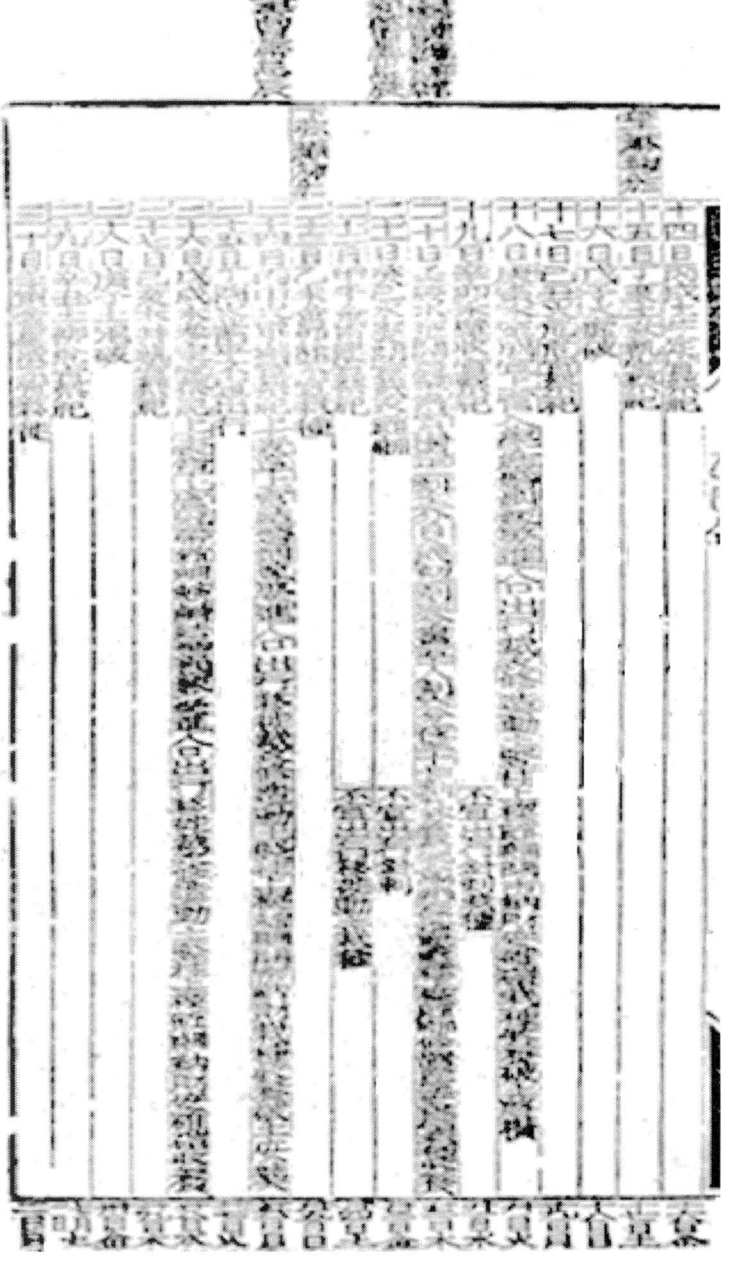

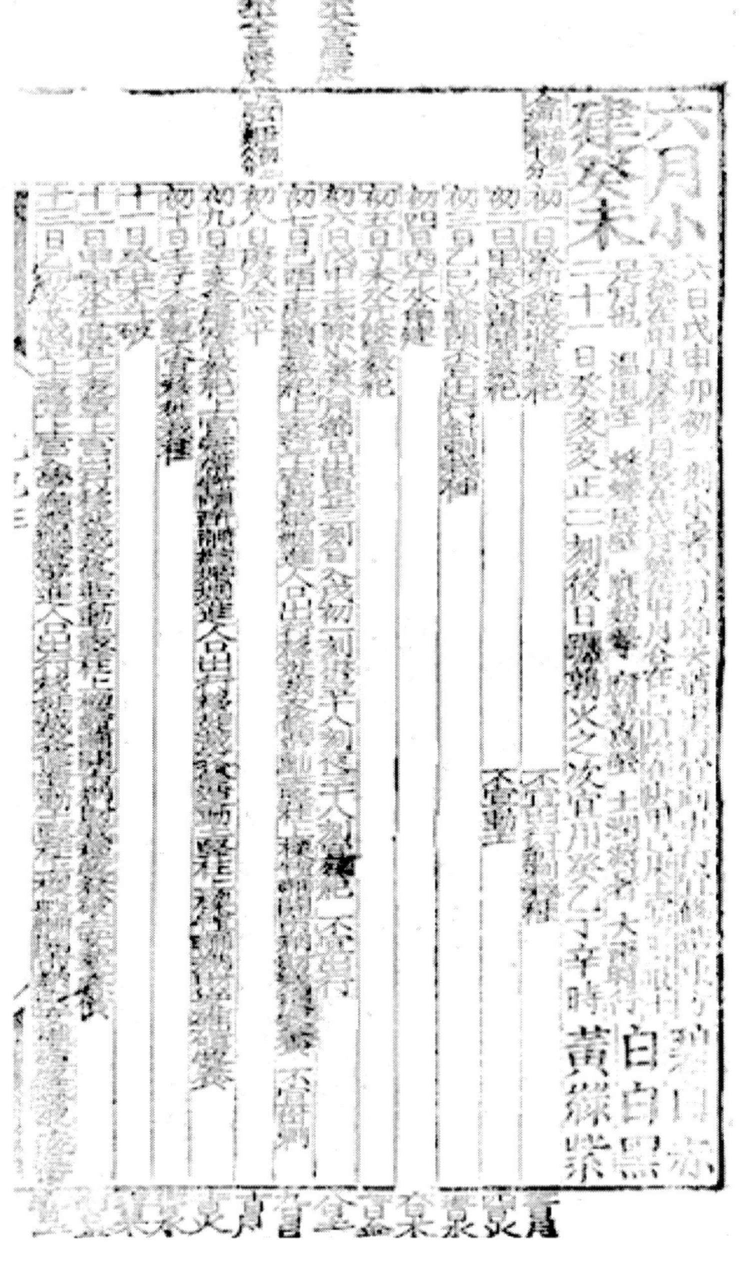

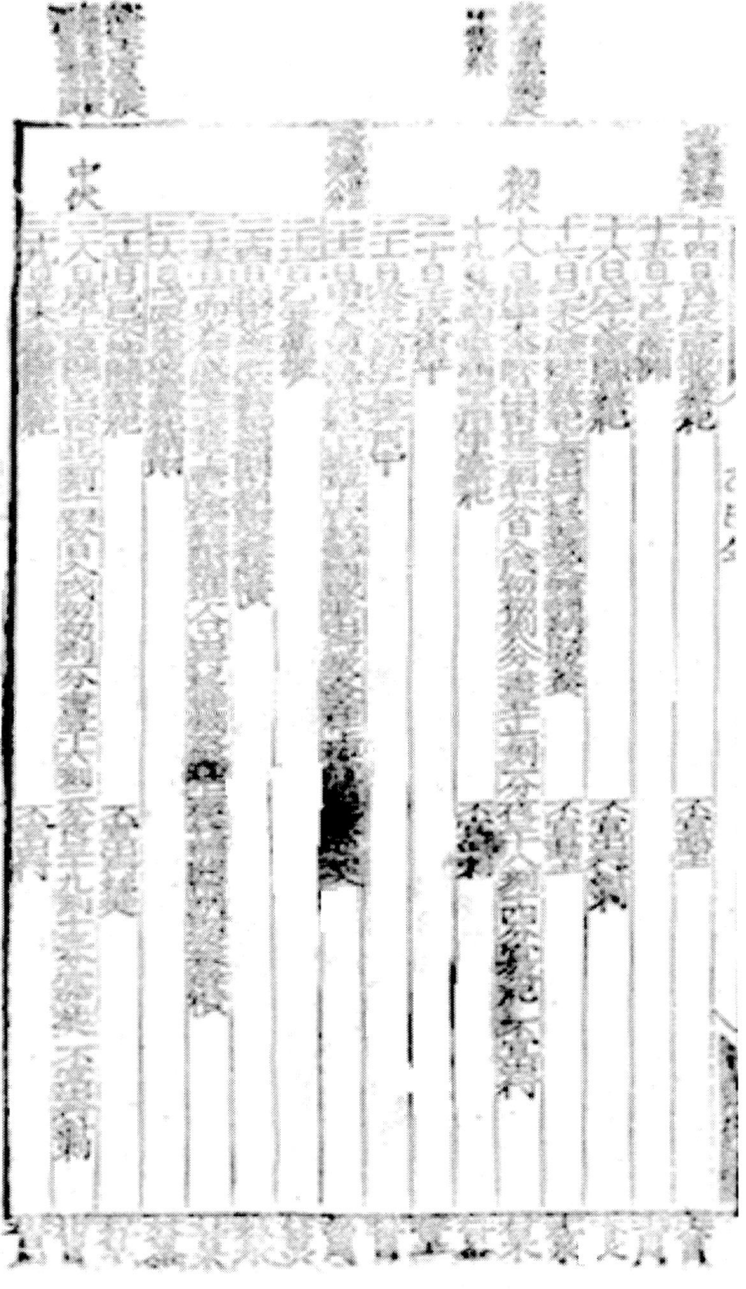

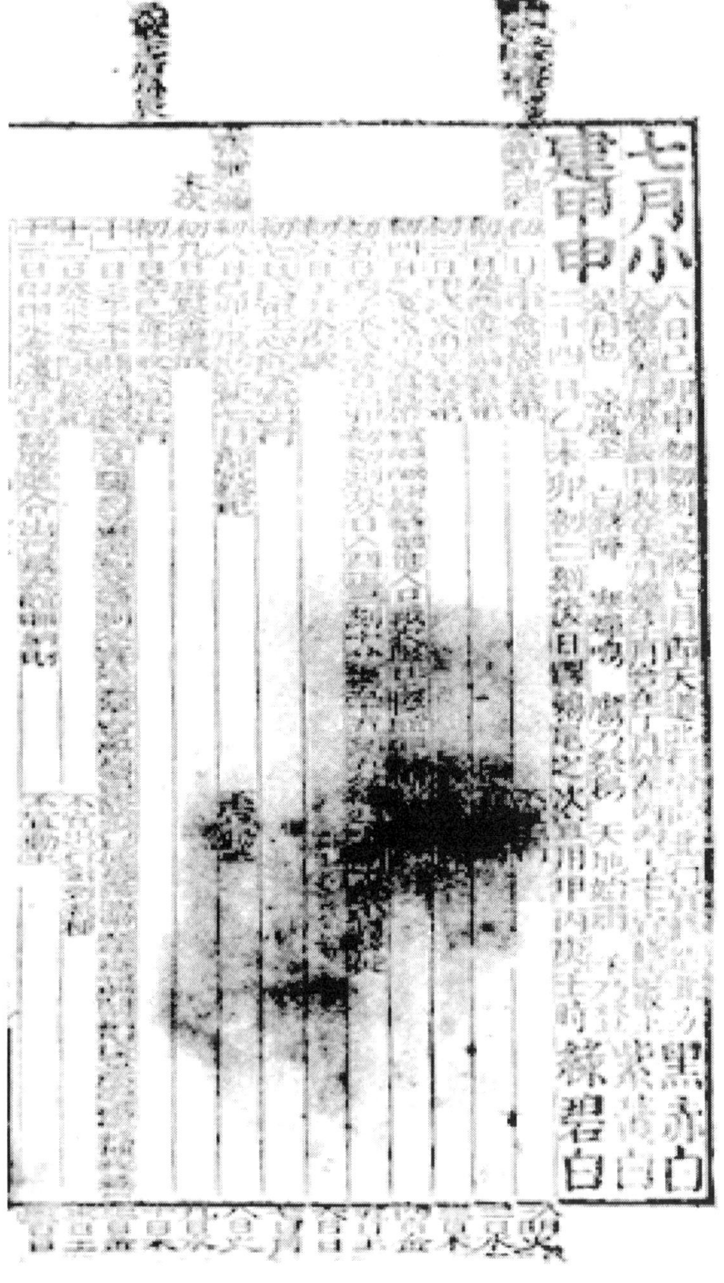

七月小
建甲申

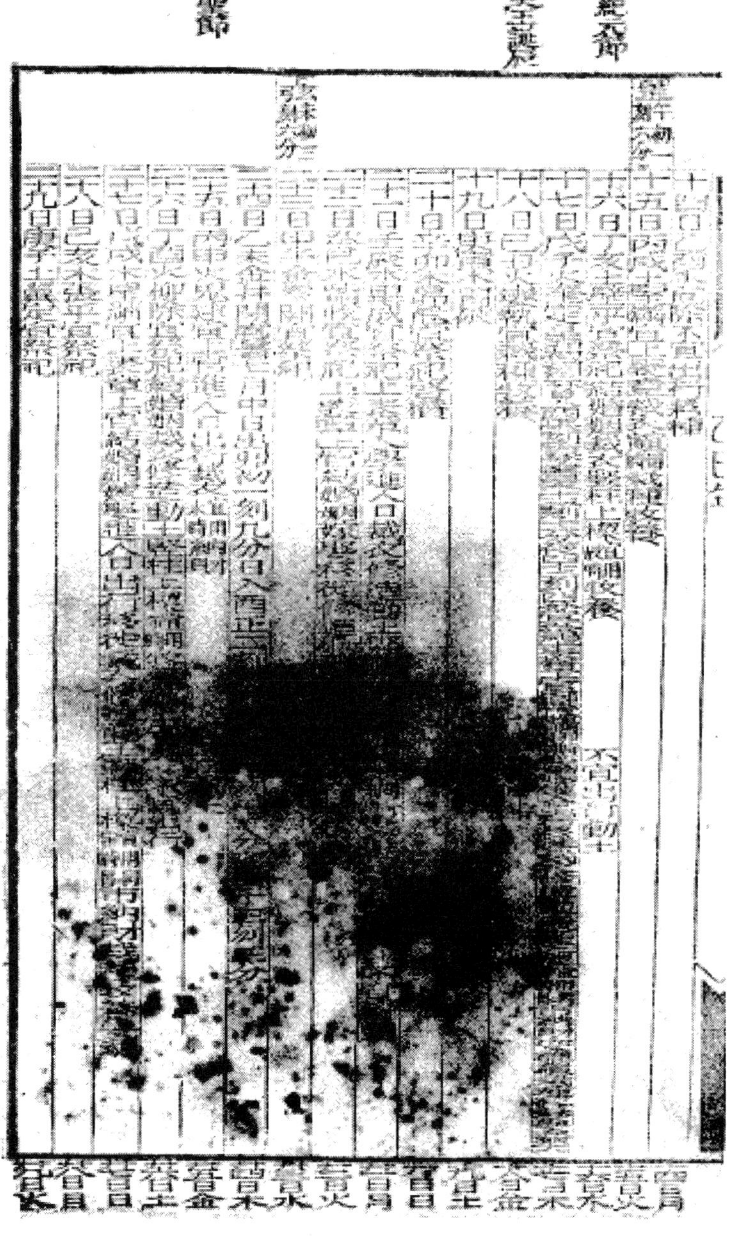

八月大
建乙酉

白白黃
白綠紫
碧黑赤

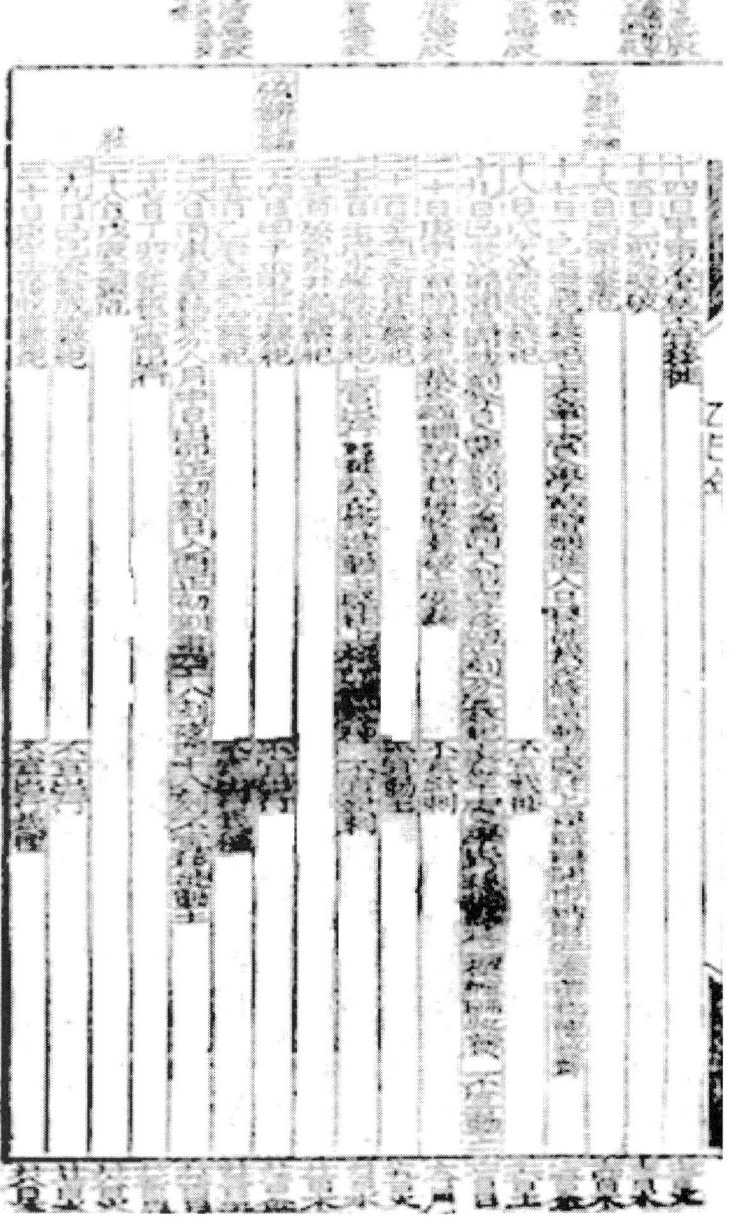

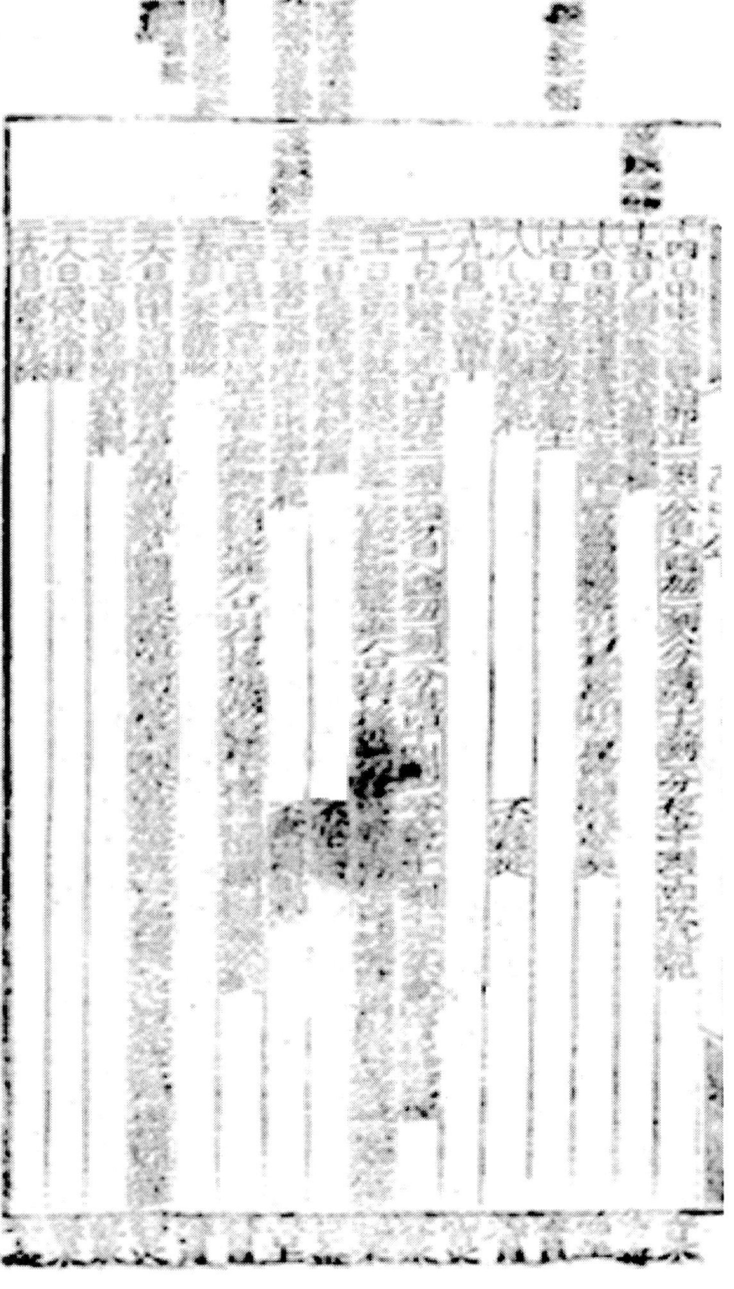

十一月大 建丁亥

白綠碧
白黑赤
白紫黃

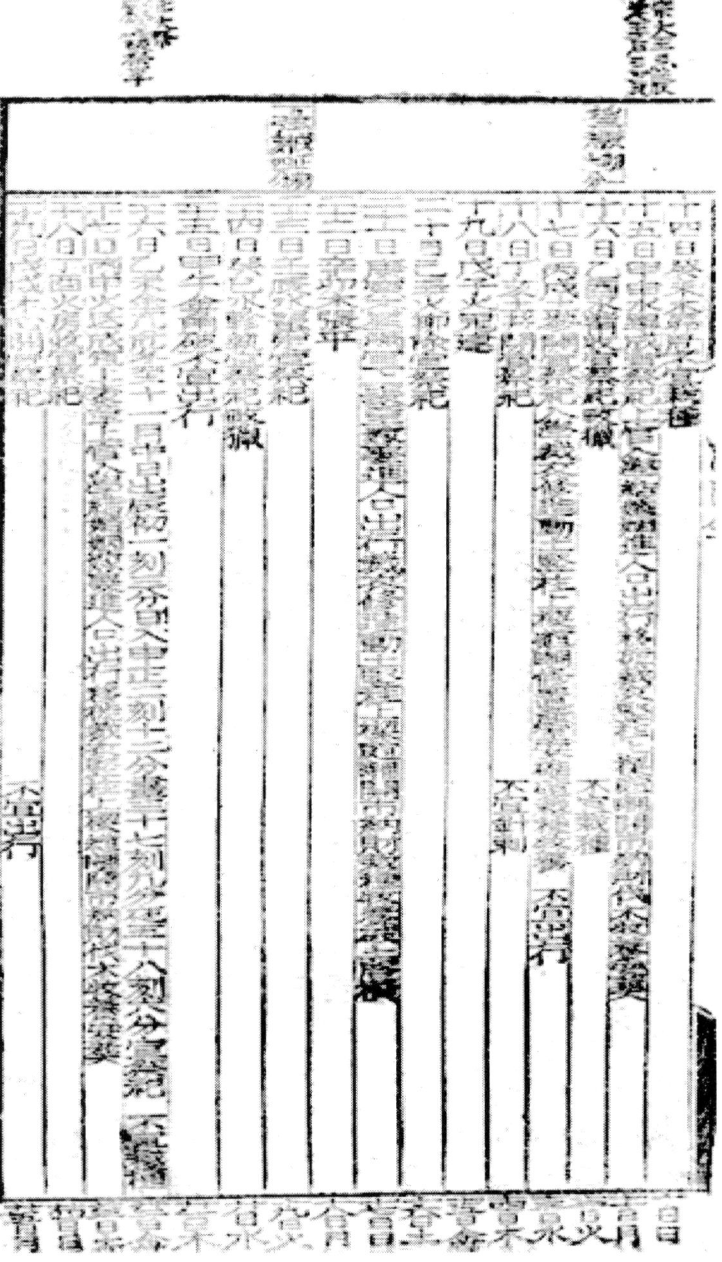

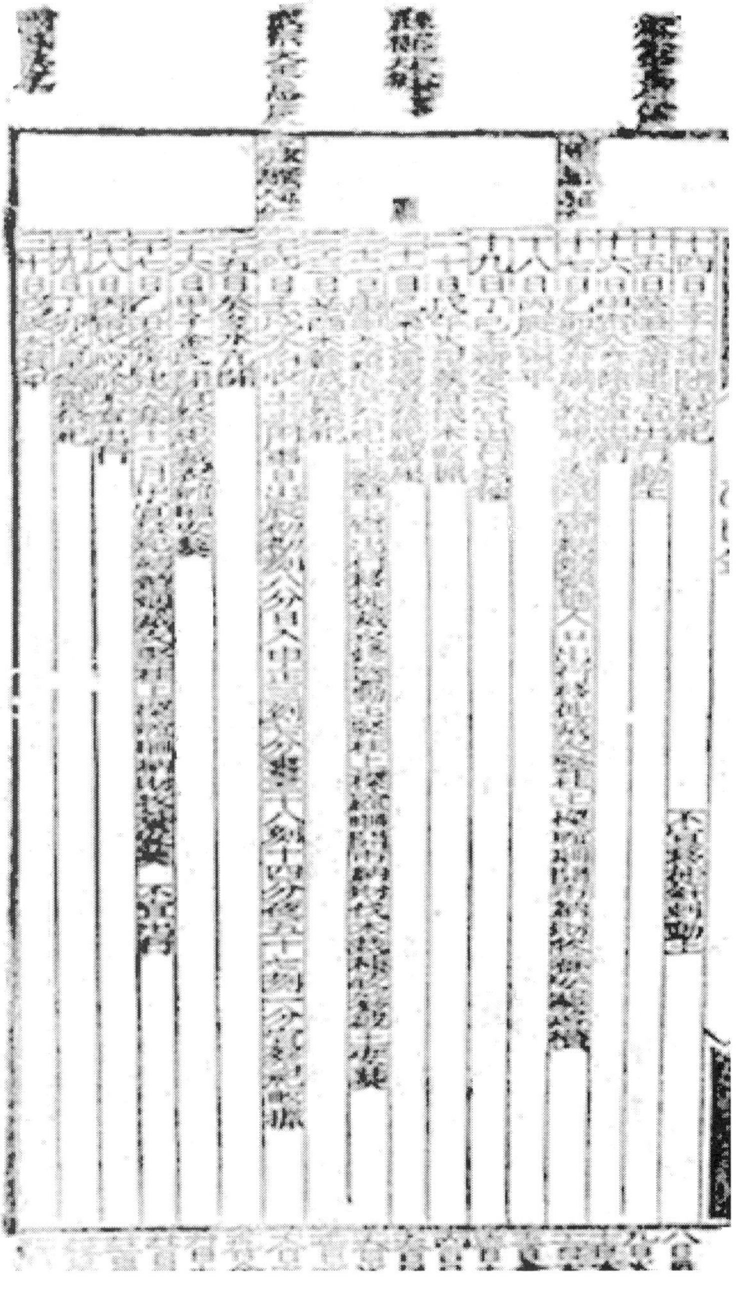

大四[illegible]日甲子乙丑丙寅丁卯戊辰己卯庚辰辛巳壬午癸未己酉庚戌辛亥[illegible]

天赦上吉日 春戊寅 夏甲午 秋戊申 冬甲子 母倉上吉日 春亥子 夏寅卯 秋辰戌丑未 冬申酉

天德合 [illegible]在壬 三月在丁 四月在丙 [illegible]六月在己 七月在戊 九月在辛 [illegible]月在乙

太歲乙卯 下[illegible] 甲子日東遊 己巳日還位 丙子日南遊 辛巳日還位 戊子日[illegible]

癸巳日還位 庚子日西遊 乙巳日還位 壬子日北遊 丁巳日還位 [illegible]

日遊神所在之方不宜安產室掃舍宇設牀帳 癸巳[illegible] 四日在房內北

戊辰己亥日在房內中 庚子辛丑壬寅日在房內南 癸卯日在房內西

甲辰乙巳丙午丁未日在房內東 戊申日在房內中 己酉日出外遊四十四日

逐日人神所在不宜針灸 一日在足大指 二日在外踝 三日在股內 四日在腰 五日在口 [illegible]

合在脘 九日在尻 十日在腰背 十一日在鼻柱 十二日在髮際 十三日在牙齒 十四日在胃脘 十五日在遍身

十六日在胸 十七日在氣衝 十八日在股內 十九日在足 二十日在內踝 二十一日在小指 二十二日在外踝 [illegible]

二十四日在手陽明 二十五日在足陽明 二十六日在胸 二十七日在膝 二十八日在陰 二十九日在膝脛 三十日在足趺

太白逐日遊方不宜迎婚嫁娶移徙修築等向 一日十一日二十一日正東 二日十二日二十二日東南

三日十三日二十三日正南 四日十四日二十四日西南 五日十五日二十五日正西 六日十六日二十六日西北

七日十七日二十七日正北 八日十八日二十八日東北 九日十九日二十九日中方 十日二十日三十日在天

天狗星日不宜祭祀賀文易服交納財 [illegible]月[illegible]日晨星 二月[illegible]四日晨星 [illegible]

大合[illegible]四日[illegible] 九日晨星 二十五日[illegible] 五月十五日晨星 二十五日[illegible] 六月[illegible]日晨星 二十七日[illegible]

[illegible]二十二日[illegible] 八月[illegible]日[illegible] 大合[illegible] 九月[illegible]日[illegible] 大合[illegible]

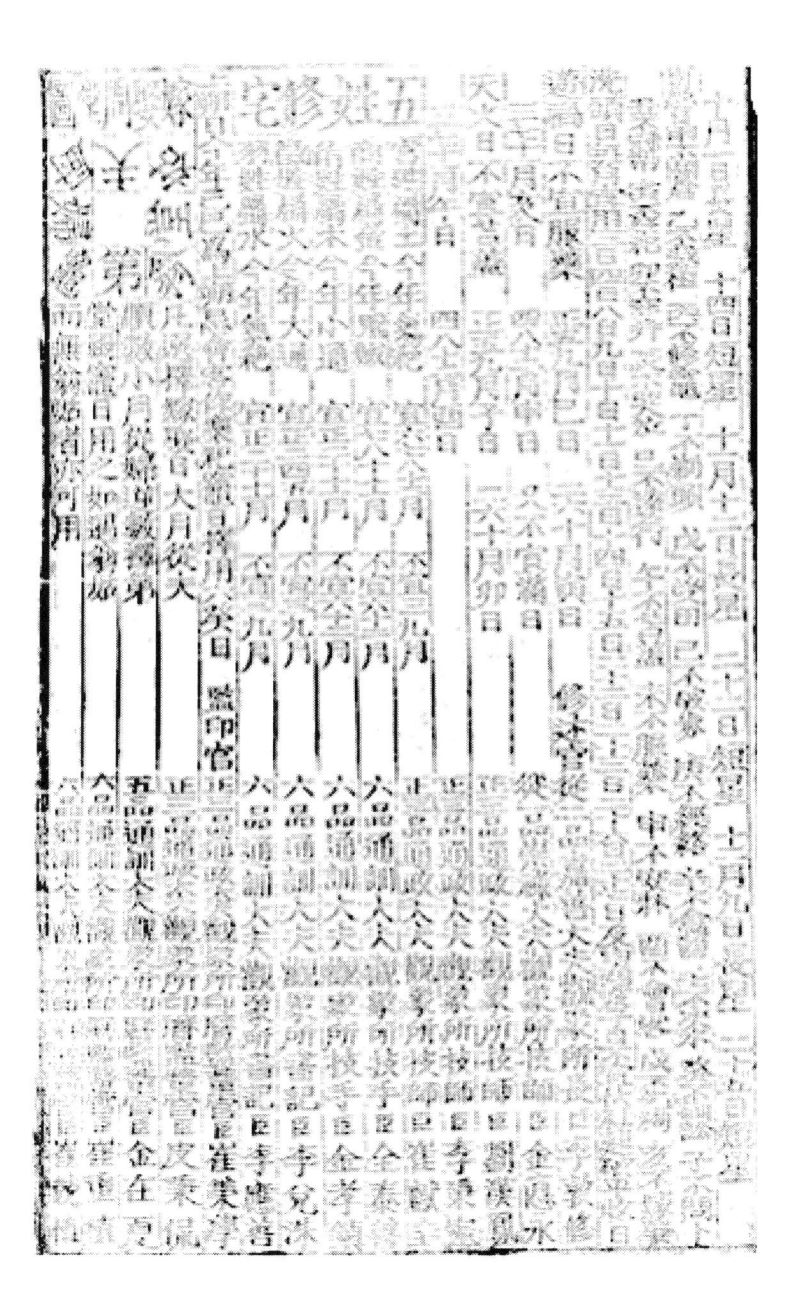

9 大韓光武十年明時曆(1906)

大韓光武十年明時曆

大韓光武十年歲次丙午明時曆

月	
正月小	己巳 十二日庚辰丑初三刻六分立春正月節 二十六日甲午亥初二刻六分雨水正月中
二月大	戊戌 十二日己酉戌初三刻六分驚蟄二月節 二十七日甲子亥初初刻十分春分二月中
三月大	戊辰 十二日己卯丑初一刻一分清明三月節 二十八日乙未巳初初刻四分穀雨三月中
四月小	戊戌 十三日庚戌戌初三刻六分立夏四月節 二十九日丙寅巳初初刻一分小滿四月中
閏四月大	丁卯 十六日壬午子正三刻芒種五月節
五月小	丁酉 初一日丁酉酉初初刻十三分夏至五月中 十七日癸丑午初初刻十分小暑六月節
六月大	丙寅 初四日己巳寅正二刻六分大暑六月中 十九日甲申戌正三刻十一分立秋七月節

七月小 丙申朔 初五日庚子午初二刻處暑七月中 二十日乙卯亥初三刻六分白露八月節
八月大 乙丑朔 初七日辛未辰正三刻四分秋分八月中 二十二日丙戌未正三刻四分寒露九月節
九月小 乙未朔 初七日辛丑酉初刻十分霜降九月中 二十二日丙辰酉初刻四分立冬十月節
十月大 甲子朔 初八日辛未亥正一刻八分小雪十月中 二十三日丙戌巳初一刻八分大雪十一月節
十一月小 甲午朔 初八日辛丑亥正二刻四分冬至十一月中 二十二日乙卯戌初二刻十三分小寒十二月節
十二月大 癸亥朔 初八日庚午未初初刻十一分大寒十二月中 二十三日乙酉巳初一刻十一分立春正月節

凡三百八十四日

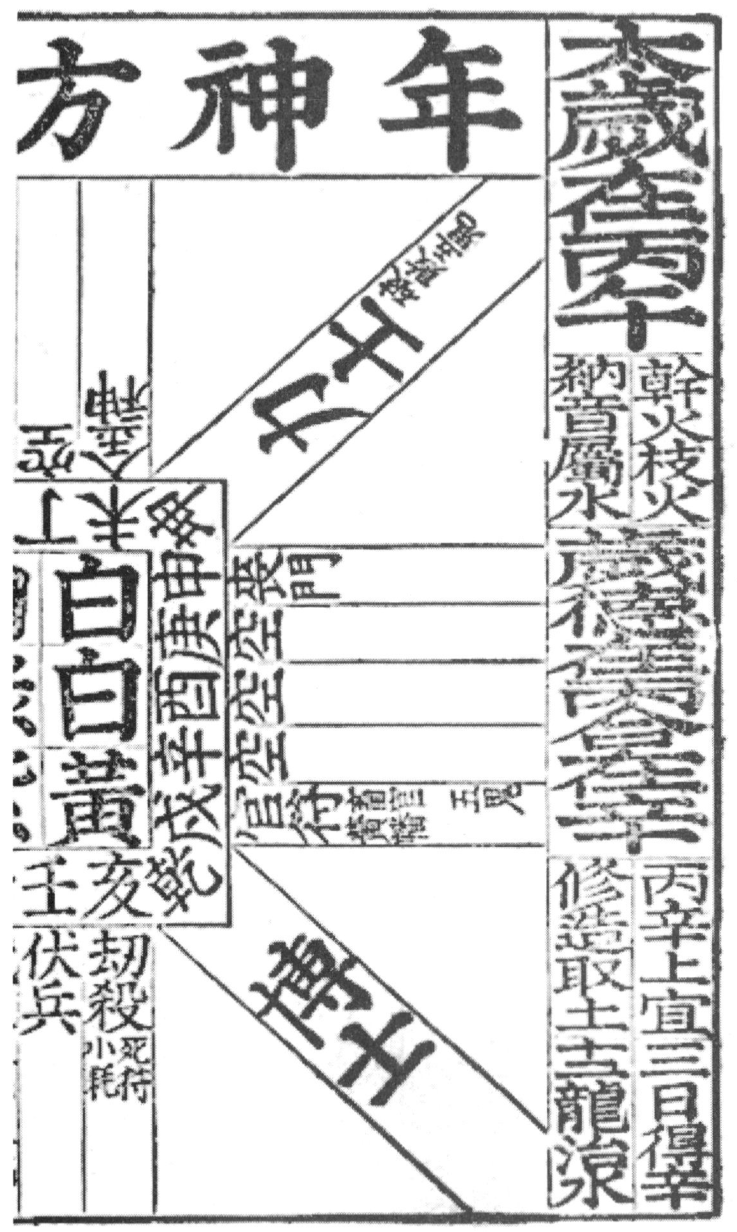
年神方
太歲丙午
乾火枝火
納音屬水
歲德在丙合在辛
丙辛上宜三日得辛
修造取土宜龍涼
力士
博士
白
白
黃
坤申庚酉辛戌乾亥
丁未
壬
劫殺
伏兵
空
空
空
空
門

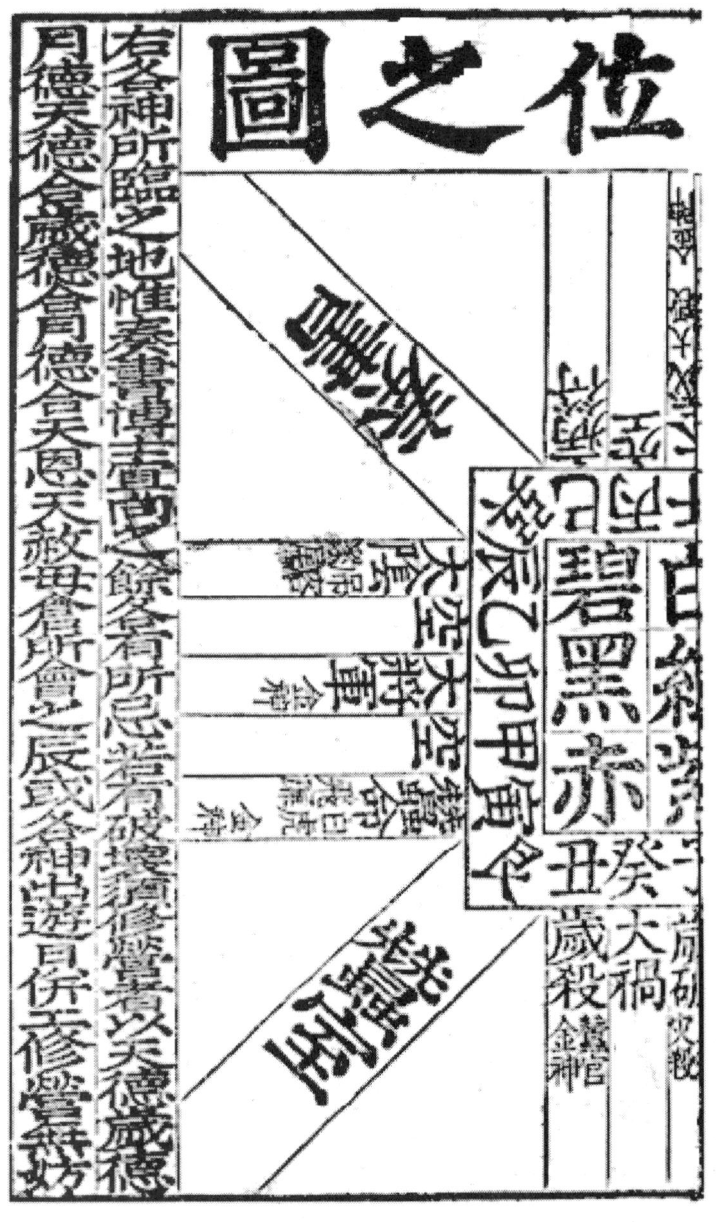

位之圖
奏書
大將軍
病符
空
歲殺

正月小 建庚寅

十二日庚辰午初二刻立春正月節 天道南行 宜向南行 [illegible]
[illegible] 月厭在戌 [illegible] 月德在丙 [illegible]
是月也 東風解凍 蟄蟲始振 魚陟負冰 獺祭魚 [illegible] 草木萌動
二十八日丙午亥初一刻後日躔娵訾之次 宜用甲丙庚壬時

黃白紫
碧白綠
赤白黑

初一日 [illegible]
初二日 [illegible]
初三日 [illegible] 破 日出卯初初刻一分 日入酉正三刻十四分 晝二十九刻十二分 夜五十六刻三分 祭祀
初四日壬申金 [illegible] 祭祀 伐木
初五日癸酉金成
初六日甲戌火 [illegible] 祭祀 [illegible]
初七日乙亥火 [illegible] 祭祀 不宜出行
初八日丙子水 [illegible] 不宜 [illegible]
初九日丁丑水 [illegible] 日出卯正三刻十分 日入酉初初刻五分 晝四十刻十分 夜五十五刻五分 不宜出行
初十日戊寅土 [illegible] 出行
十一日己卯土 [illegible] 祭祀 不宜出行
十二日庚辰金 [illegible] 立春正月節 [illegible] 不宜 [illegible]
十三日辛巳金 [illegible] 祭祀 不宜出行

二月大 建辛卯

十二日己酉戌正三刻驚蟄 [illegible]

天德在坤 月德在甲 [illegible]

是月也 桃始華 倉庚鳴 鷹化爲鳩 玄鳥至 雷乃發聲 始電

二十七日甲子亥初初刻後日躔降婁之次宜用艮巽坤乾時

綠紫白

黑赤碧

白黃白

初一日戊戌木 [illegible]

初二日己亥木 [illegible]

初三日庚子土 [illegible]

初四日辛丑土 [illegible]

初五日壬寅金 [illegible]

初六日癸卯金 [illegible]

初七日甲辰火 [illegible]

初八日乙巳火 [illegible]

初九日丙午水 [illegible]

初十日丁未水 [illegible]

十一日戊申土 [illegible]

十二日己酉土 [illegible]

十三日庚戌金 [illegible]

[illegible]

十四日[illegible]
十五日壬子天德[illegible]丑正一刻[illegible]分[illegible]
十六日癸丑[illegible] 不[illegible]
十七日甲寅[illegible] 不[illegible]
十八日乙卯[illegible] 不[illegible]
十九日丙辰[illegible]
二十日丁巳[illegible] 不[illegible]
二十一日戊午[illegible]各[illegible]刻[illegible]分[illegible]
二十二日己未[illegible] 不[illegible]
二十三日庚申大[illegible]
二十四日辛酉[illegible]
二十五日壬戌[illegible]
二十六日癸亥[illegible]
二十七日甲子[illegible]不[illegible]
二十八日乙丑[illegible]
二十九日丙寅[illegible] 不[illegible]
三十日丁卯[illegible] 不[illegible]

三月大

建壬辰

二十八日乙未巳初初刻後日躔入戌之次宜用癸乙丁辛時

碧白赤

白白黑

黃綠紫

四月小 建癸巳

十三日庚戌戌初二刻立夏四月節天道西行宜向西行宜修造西方

天德在辛月厭在未月殺在辰月德在庚月合在乙月空在甲中乙庚上宜修造取土

是月也 螻蟈鳴 蚯蚓出 王瓜生 苦菜秀 靡草死 麥秋至

二十九日丙寅巳初初刻後日躔實沈之次宜用甲丙庚壬時

黑赤白 紫黃白 綠碧白

初一日戊辰木室破宜祭祀

初二日己亥木壁危宜[illegible] 不宜出行

初三日庚子土奎成宜祭祀會親友[illegible] 不宜出行移徙

初四日辛丑土婁收日出卯初一刻六分日入酉正一刻十二分晝五十二刻十一分夜四十三刻四分宜祭祀[illegible]

初五日壬寅金胃開

初六日癸卯金昴閉[illegible]

初七日甲辰火畢建

初八日乙巳火觜除宜[illegible]

初九日丙午水參滿宜祭祀

初十日丁未水井平日出卯初初刻十二分日入酉正三刻四分晝五十四刻八分夜四十一刻七分宜祭祀

十一日戊申土鬼定宜出行移徙

十二日己酉土柳執宜祭祀 不宜出行

十三日庚戌金星執[illegible]四月節[illegible]祭祀

十四日辛亥金破祭祀 [illegible]	不宜出行
十五日壬子木危	望[illegible]初[illegible]刻
十六日癸丑木成 [illegible]	
十七日甲寅水收動土	
十八日乙卯水開祭祀 [illegible]	
十九日丙辰土閉祭祀	不宜針刺
二十日丁巳土建 [illegible]	不宜出行
二十一日戊午火除祭祀	
二十二日己未火滿祭祀	不宜出行
二十三日庚申木平 [illegible]	
二十四日辛酉木定 [illegible]	下弦[illegible]中[illegible]刻
二十五日壬戌水執 [illegible]	
二十六日癸亥水破	
二十七日甲子金危	
二十八日乙丑金成 [illegible]	
二十九日丙寅火收 [illegible]	

閏四月大

十六日壬午子正二刻芒種五月節以前作四月用以後作五月用

初一日丁卯 [illegible]

初二日戊辰 [illegible]

初三日己巳 [illegible]

初四日庚午 [illegible]

初五日辛未 [illegible]

初六日壬申 [illegible]

初七日癸酉 [illegible]

初八日甲戌 [illegible]

初九日乙亥 [illegible]

初十日丙子 [illegible]

十一日丁丑 [illegible]

十二日戊寅 [illegible]

十三日己卯 [illegible]

丙午年

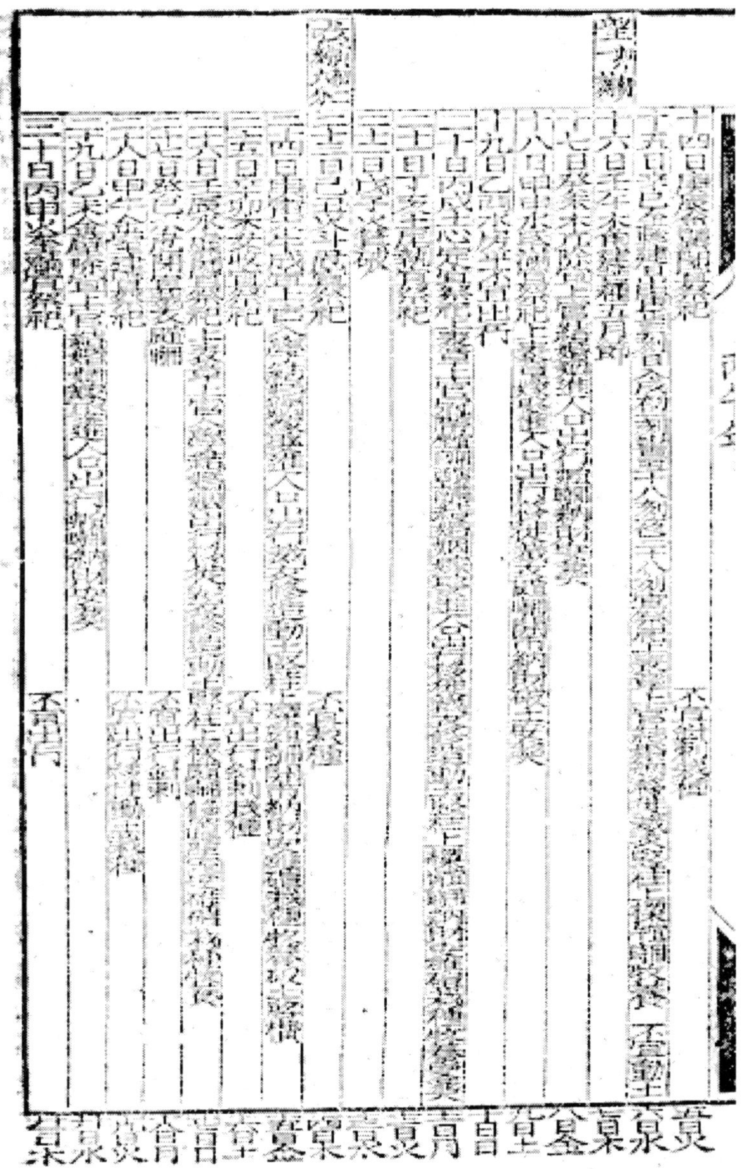

五月小 建甲午

白	白	黃
白	綠	紫
碧	黑	赤

[illegible]

一日丁酉酉初一刻後日躔鶉首之次宜用艮巽坤乾時

初一日 [illegible]

初二日 [illegible]

初三日 [illegible]

初四日 [illegible]

初五日 [illegible]

初六日 [illegible]

初七日 [illegible]

初八日 [illegible]

初九日 [illegible]

初十日 [illegible]

十一日 [illegible]

十二日 [illegible]

十三日 [illegible]

六月大 前月十七日癸丑午初初刻小暑六月節天道東行宜向東行宜修造取土 紫黃綠

建乙未 [illegible] 赤碧白

是月也 溫風至 蟋蟀居壁 鷹乃學習 腐草為螢 土潤溽暑 大雨時行

四日己巳寅正二刻後日躔鶉火之次宜用癸乙丁辛時 黑白白

初一日丙寅 [illegible]

初二日丁卯 [illegible]

初三日戊辰 [illegible]

初四日己巳 [illegible]

中伏 初五日庚午 [illegible]

初六日辛未 [illegible]

初七日壬申 [illegible]

初八日癸酉 [illegible]

初九日甲戌 [illegible]

初十日乙亥 [illegible]

十一日丙子 [illegible]

十二日丁丑 [illegible]

十三日戊寅 [illegible]

中宮祭

[illegible]

[illegible]

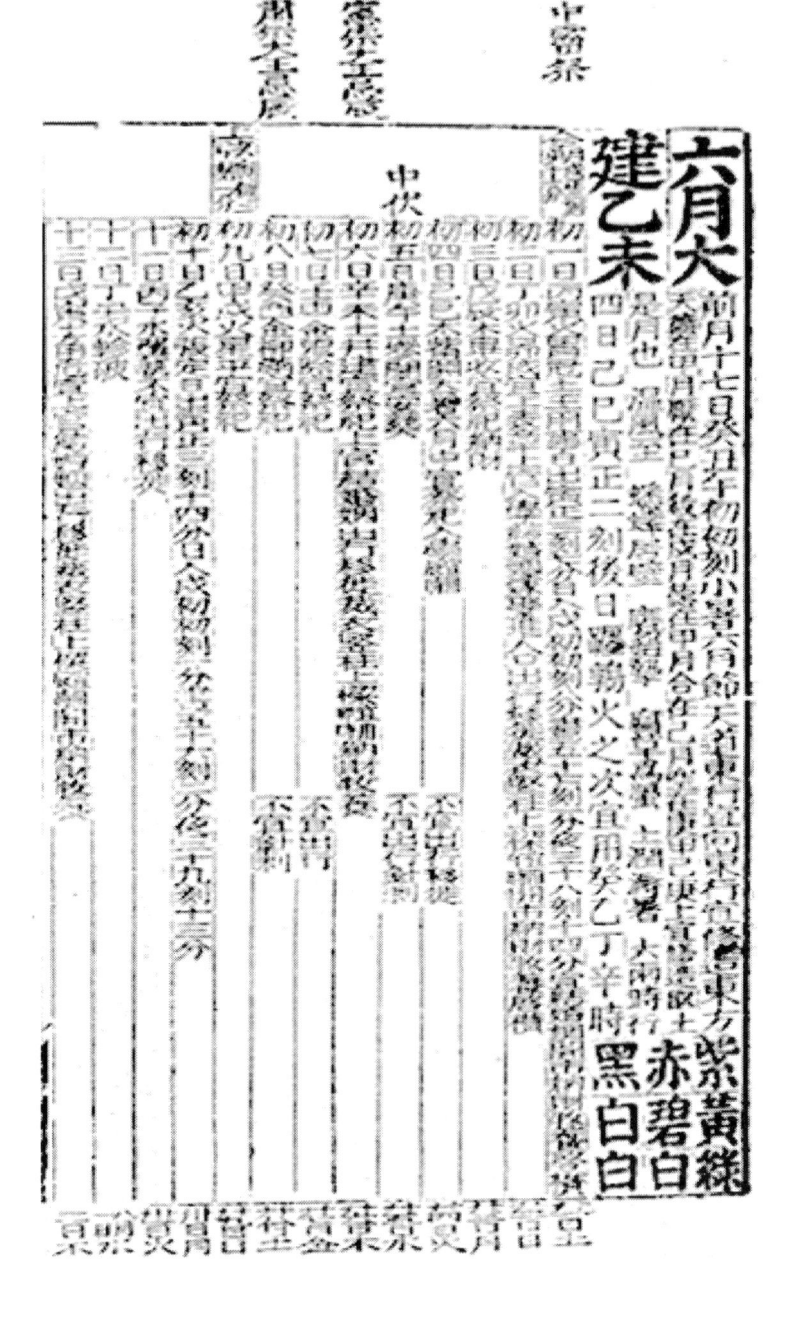

十四日己卯土[illegible]

十五日庚辰金亢[illegible]祭祀

十六日辛巳金氐[illegible]日出卯初初刻[illegible]日入酉正三刻十分 晝五十二刻[illegible]夜四十三刻[illegible]祭祀 不宜出行移徙

十七日壬午木心[illegible] 宜出行針刺

十八日癸未木尾[illegible]祭祀 [illegible]宜出行

十九日甲申水箕[illegible]秋分八月中[illegible] 宜動土

二十日乙酉水斗[illegible] 不宜出行

二十一日丙戌土牛[illegible]

二十二日丁亥土女[illegible]日出卯初[illegible]刻[illegible] 不宜動土

二十三日戊子火虛[illegible]祭祀

二十四日己丑火危[illegible] 不宜[illegible]

二十五日庚寅木室[illegible]

二十六日辛卯木壁[illegible]

二十七日壬辰水奎[illegible] 不宜出行移徙針刺

二十八日癸巳水婁[illegible]

二十九日甲午金胃[illegible]日出卯初一刻[illegible]日入酉正三刻十[illegible]分 晝[illegible]十三刻十一分 夜四十二刻四分 祭祀[illegible]

三十日乙未金昴[illegible]

七月小 建丙申

白綠碧 白黑赤 白紫黃

前月十九日甲申戌正三刻立秋七月節 天道北行宜向北行宜修造北方

天德在癸 月德在壬 月合在丁 月空在丙 丁壬上宜修造取土

是月也 凉風至 白露降 寒蟬鳴 鷹乃祭鳥 天地始肅 禾乃登

五日庚子午初二刻後日躔鶉尾之次宜用甲丙庚壬時

初一日丙申火[illegible] 合朔[illegible] 不宜動土

初二日丁酉火[illegible] 不宜[illegible]

初三日戊戌木[illegible]

初四日己亥木[illegible]

初五日庚子土[illegible] [illegible]

初六日辛丑土[illegible]

初七日壬寅金[illegible]

初八日癸卯金[illegible]

初九日甲辰火[illegible]

初十日乙巳火[illegible]

十一日丙午水[illegible]

十二日丁未水[illegible]

十三日戊申土[illegible]

萬壽聖節

開國紀元節

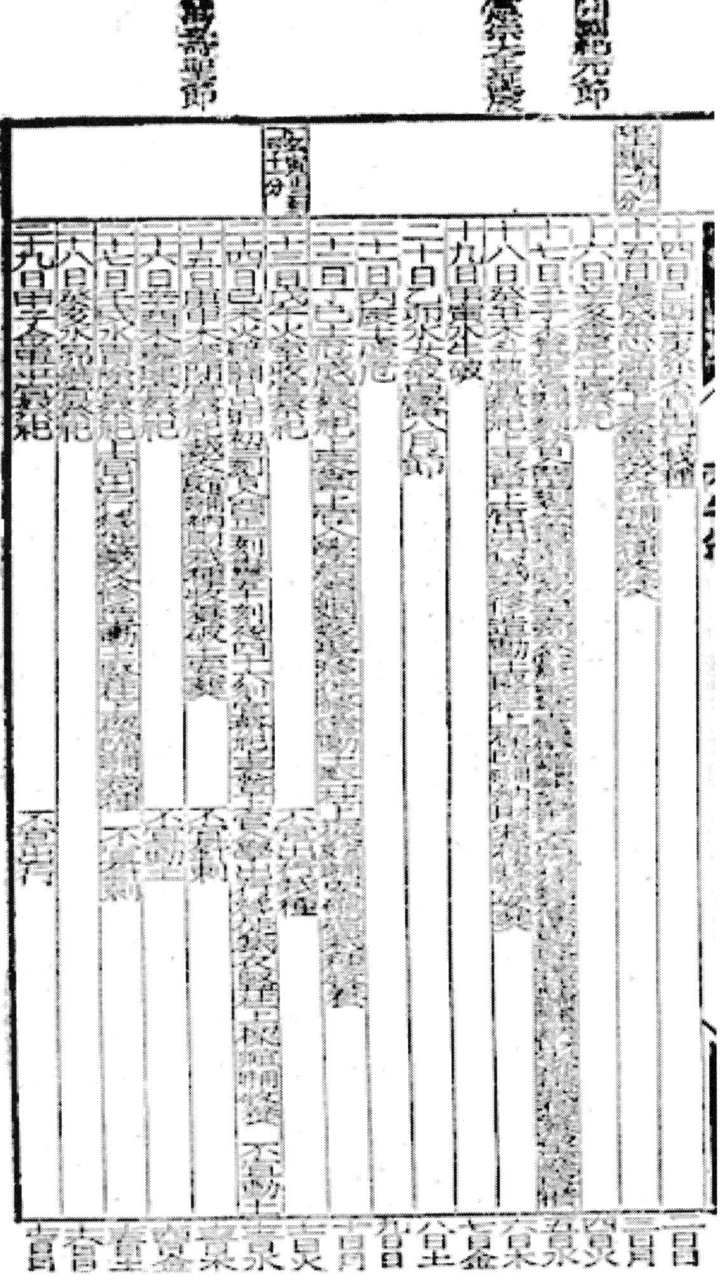

八月大
建丁酉

赤	碧	黑
黃	白	白
紫	白	綠

九月小 建戊戌

前月二十二日戊戌未正三刻交寒露九月節 天道南行宜向南行宜修造南方 [illegible]

天德在丙 月德在丙 月空在壬 月合在辛 [illegible]

[illegible] 日躔大火之次 宜用癸乙丁辛時

白黑白
綠紫黃
白赤碧

初一日乙亥[illegible]

初二日丙子[illegible]

初三日丁丑[illegible]

初四日戊寅[illegible]

初五日己卯[illegible]

初六日庚辰[illegible]

初七日辛巳[illegible] 九月中日出卯正二刻[illegible]

初八日壬午[illegible]

初九日癸未[illegible]

初十日甲申[illegible]

十一日乙酉[illegible]

十二日丙戌[illegible]

十三日丁亥[illegible]

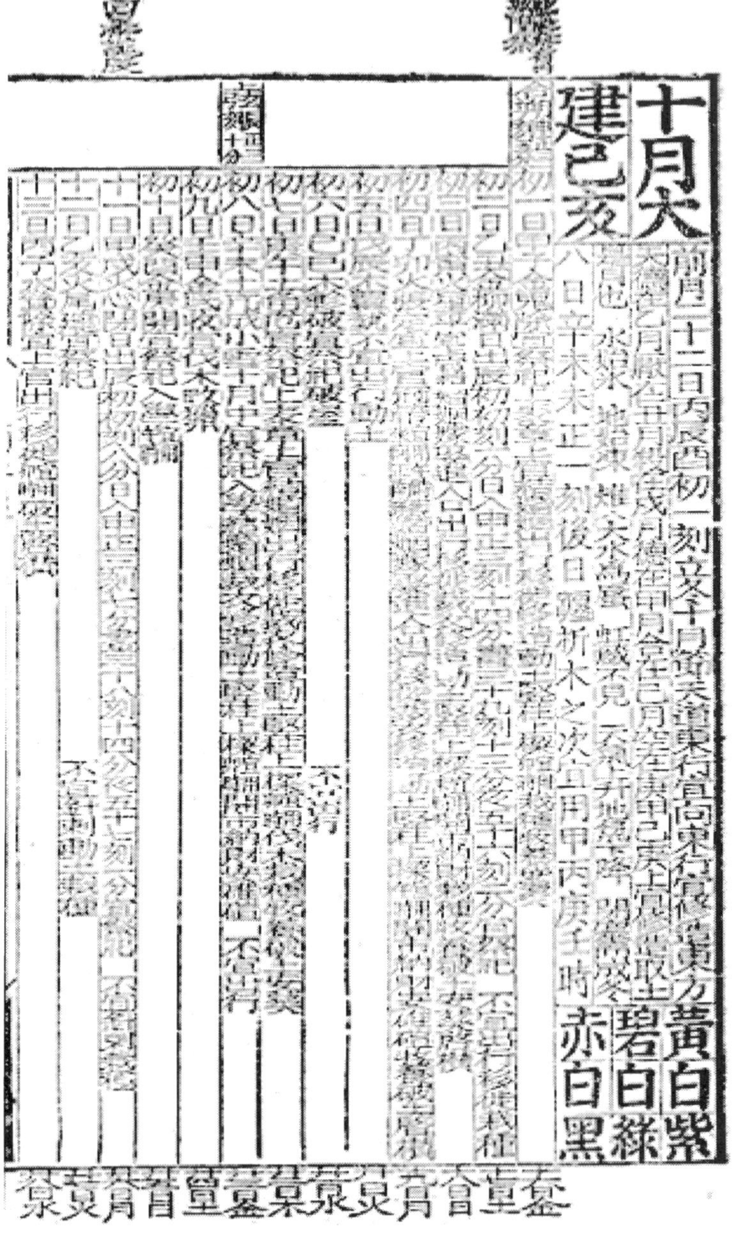

十月大
建己亥

黃白紫
碧白綠
赤白黑

十一月小 建庚子

前月二十三日丙戌巳初初刻大雪十一月節天道東南行宜向東南行宜修造東南維

天德在巽 月德在壬 月合在丁 月空在丙 丙丁壬上宜修造取土

是月也 鶡鴠不鳴 虎始交 荔挺出 蚯蚓結 麋角解 水泉動

八日辛丑丑正三刻後日躔星紀之次宜用艮巽坤乾時

綠紫白
黑赤碧
白黃白

初一日甲午金虛破

初二日乙未金危危 祭祀 [illegible] 不宜祭祀

初三日丙申火室成 [illegible] 不宜動土

初四日丁酉火壁收 祭祀

初五日戊戌木奎開 祭祀 不宜出行

初六日己亥木婁閉 [illegible] 不宜[illegible]

初七日庚子土胃建 不宜出行

初八日辛丑土昴除 冬至十一月中 日出辰初一刻六分 日入申正三刻九分 晝三十九刻六分 夜五十六刻九分 宜祭祀 納財 安葬

初九日壬寅金畢滿 [illegible]

初十日癸卯金觜平

十一日甲辰火參定 祭祀

十二日乙巳火井執 祭祀 不宜出行

十三日丙午水鬼破

十二月大 建辛丑

前月二十一日乙卯戌初三刻八分小寒十二月節天道西行宜向西行宜修造西方

天德在庚[illegible]在乙月德在庚月合在乙月空在甲[illegible]宜修[illegible]取土

是月也 雁北鄉 鵲始巢 雉雊 雞乳 征鳥厲疾 水澤腹堅

八日庚午未初初刻後日躔玄枵之次宜用癸乙丁辛時

碧白赤 白白黑 黃綠紫

初一日癸亥水張開

初二日甲子金翼閉[illegible]

初三日乙丑金軫建[illegible] 不宜出行

初四日丙寅火角除不宜出行

初五日丁卯火亢滿[illegible]用事[illegible]大寒十二月中[illegible]

初六日戊辰木氐平

初七日己巳木房定[illegible]

初八日庚午土心執大寒十二月中[illegible]

初九日辛未土尾破[illegible]

初十日壬申金箕危[illegible]

十一日癸酉金斗成[illegible]

十二日甲戌火牛收[illegible]

十三日乙亥火女開[illegible] 不宜出行[illegible]

[illegible]

[illegible]

[illegible]

十四日丙戌[illegible]

十五日丁亥[illegible]

十六日戊子[illegible]

十七日己丑[illegible]

十八日庚寅[illegible]

十九日辛卯[illegible]

二十日壬辰[illegible]

二十一日癸巳[illegible]

二十二日甲午[illegible]

二十三日乙未[illegible]

二十四日丙申[illegible]

二十五日丁酉[illegible]

二十六日戊戌[illegible]

二十七日己亥[illegible]閉

二十八日庚子[illegible]

二十九日辛丑[illegible]

三十日壬寅[illegible]不宜[illegible]

大恩上吉日 甲子乙丑丙寅丁卯戊辰己卯庚辰辛巳壬午癸未己酉庚戌辛亥壬子癸丑
天赦上吉日 春戊寅 夏甲午 秋戊申 冬甲子 母倉上吉日 春亥子 夏寅卯 秋辰戌丑未 冬申酉 土王後巳午
天德合 正月在壬 三月在丁 四月在丙 六月在己 七月在戊 九月在辛 十月在庚 十二月在乙
太歲已下神殺出遊日 甲子日東遊 己巳日還位 丙子日南遊 辛巳日還位 戊子日遊中宮
癸巳日還位 庚子日西遊 乙巳日還位 壬子日北遊 丁巳日還位
日遊神所在之方不宜安產室掃舍宇設牀帳 每遇癸巳甲午乙未丙申丁酉日在房內北
戊戌己亥日在房內中 庚子辛丑壬寅日在房內南 癸卯日在房內西
甲辰乙巳丙午丁未日在房內東 戊申日在房內中 己酉日出外遊四十四日
逐日人神所在不宜針灸 一日在足大指 二日在外踝 三日在股內 四日在腰 五日在口 六日在手 七日在內踝
八日在腕 九日在尻 十日在腰背 十一日在鼻柱 十二日在髮際 十三日在牙齒 十四日在胃脘 十五日在遍身
十六日在胸 十七日在氣衝 十八日在股內 十九日在足 二十日在內踝 二十一日在小指 二十二日在外踝 二十三日在肝及足
二十四日在手陽明 二十五日在足陽明 二十六日在胸 二十七日在膝 二十八日在陰 二十九日在膝脛 三十日在足趺
太白逐日遊方不宜迎婚嫁娶移徙來抵向 一日十一日二十一日正東 二日十二日二十二日東南
三日十三日二十三日正南 四日十四日二十四日西南 五日十五日二十五日正西 六日十六日二十六日西北
七日十七日二十七日正北 八日十八日二十八日東北 九日十九日二十九日中方 十日二十日三十日在天
長短星日不宜市貿交易栽衣納財 正月七日長星 二十一日短星 二月四日長星 十九日短星 三月一日長星
十六日短星 四月九日長星 二十五日短星 五月十五日長星 二十五日短星 六月十日長星 二十日短星
七月八日長星 二十二日短星 八月二日五日長星 十八日十九日短星 九月三日四日長星 十六日十七日短星

十一月□日長星 十四日短星 十一月十二日長星 二十二日短星 十二月八日長星 二十五日短星

値日忌 乙不栽植 丙不修竈 丁不剃頭 戊不受田 己不破券 庚不經絡 辛不合醬 壬不泱水 癸不詞訟 子不問卜

丑不冠帶 寅不祭祀 卯不穿井 辰不哭泣 巳不遠行 午不苫蓋 未不服藥 申不安床 酉不會客 戌不乞狗 亥不嫁娶

洗頭吉日 是月八日九日十一日十四日十五日二十二日二十三日二十四日二十五日 [illegible]

遊禍日不宜服藥 正五九月巳日 二六十月寅日 三七十一月亥日 四八十二月申日 又不宜祈禱

天火日不宜苫蓋 正五九月子日 二六十月卯日 三七十一月午日 四八十二月酉日

五姓修宅

宮姓屬土 今年白虎 宜六八十一月 不宜二九月

商姓屬金 今年鬼賊 宜六十一月 不宜七十二月

角姓屬木 今年小通 宜三五十二月 不宜七十二月

徵姓屬火 今年大通 宜三四月 不宜二九月

羽姓屬水 今年白虎 宜三七月 不宜二九月

嫁娶周堂圖

今年乙亥爲頭 良會客依者 婚日擇用癸日

婦	竈	第
翁	堂	夫
廚		姑

凡選擇嫁娶日 大月從夫順數 小月從婦逆數 擇第堂廚竈日用之 如遇翁姑 而無翁姑者亦可用

修曆官 從二品嘉善大夫觀象所長臣李敦修

從二品崇祿大夫觀象所技師臣金惠永

正三品通政大夫觀象所技師臣劉漢鳳

正三品通政大夫觀象所技師臣李秉憲

正三品通政大夫觀象所技師臣崔獻圭

六品通訓大夫觀象所技手臣全泰善

六品通訓大夫觀象所技手臣金孝鎭

六品通訓大夫觀象所書記臣李兌洙

六品通訓大夫觀象所書記臣李應善

監印官 正三品通政大夫觀象所印曆監董官臣任容圭

正三品通政大夫觀象所印曆監董官臣金東杓

六品通訓大夫觀象所印曆監董官臣金相熙

六品通訓大夫觀象所印曆監董官臣金悳煐

六品通訓大夫觀象所印曆監董官臣崔榮老

10 大韓光武十一年明時曆(1907)

大韓光武十一年明時曆

大韓光武十一年歲次丁未明時曆

正月小 癸巳 初八日庚子寅初一刻十分雨水正月中 二十三日乙卯亥初三刻六分驚蟄二月節

二月大 壬戌 初九日庚午子正三刻六分春分二月中 二十四日乙酉丑初一刻十四分清明三月節

三月小 壬辰 初九日庚子未正三刻一分穀雨三月中 二十五日丙辰丑初一刻五分立夏四月節

四月大 辛酉 十一日辛未未正三刻六分小滿四月中 二十七日丁亥亥正一刻四分芒種五月節

五月小 辛卯 十三日癸卯寅初初刻一分夏至五月中 二十八日戊午申正三刻六分小暑六月節

六月大 庚申 十五日甲戌巳正一刻九分大暑六月中

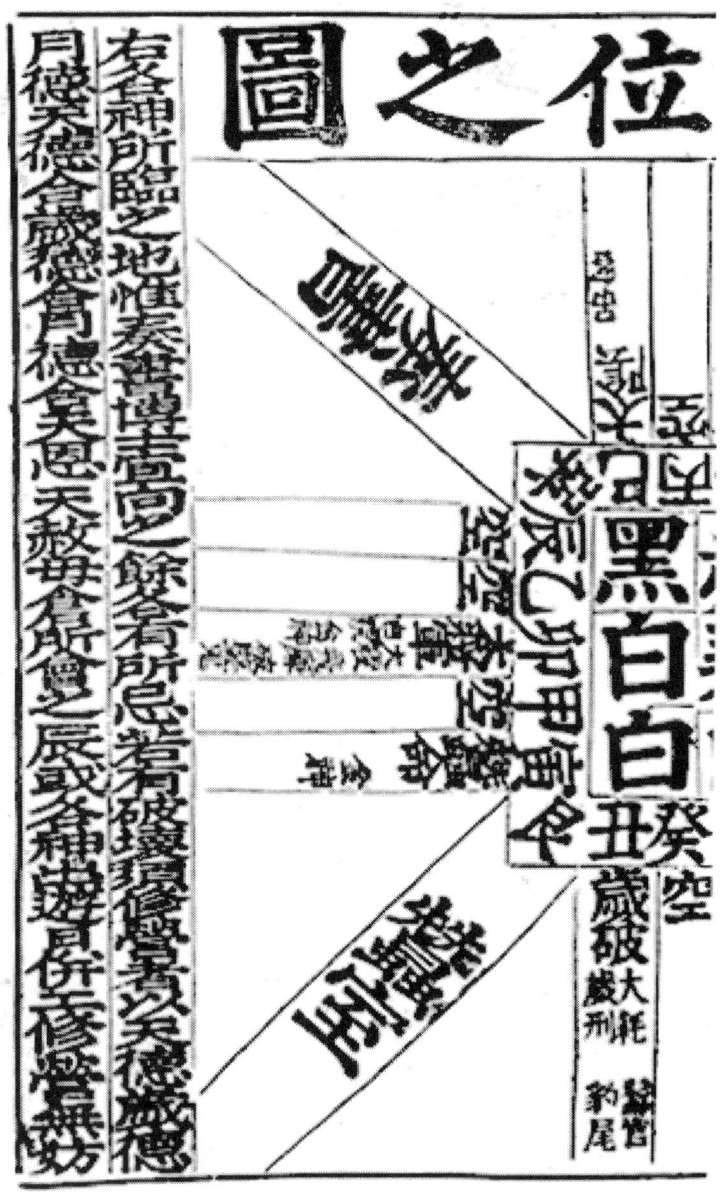
位之圖

正月小 黑赤白

建壬寅 紫黃白 綠碧白

八日庚子酉初一刻後日躔娵訾之次宜用甲丙庚壬時

初一日癸巳水 [illegible]

初二日甲午金 [illegible]

初三日乙未金 [illegible]

初四日丙申火 [illegible]

初五日丁酉火 [illegible]

初六日戊戌木 [illegible]

初七日己亥木 [illegible]

初八日庚子土 [illegible]

初九日辛丑土 [illegible]

初十日壬寅金 [illegible]

十一日癸卯金 [illegible]

十二日甲辰火 [illegible]

十三日乙巳火 [illegible]

[illegible]

[illegible]

十四日丙午 [illegible]

十五日丁未 [illegible]

十六日戊申 [illegible]

十七日己酉 [illegible]

十八日庚戌 [illegible]

十九日辛亥 [illegible]

二十日壬子 [illegible]

二十一日癸丑 [illegible]

二十二日甲寅 [illegible]

二十三日乙卯 [illegible]

二十四日丙辰 [illegible]

二十五日丁巳 [illegible]

二十六日戊午 [illegible]

二十七日己未 [illegible]

二十八日庚申 [illegible]

二十九日辛酉 [illegible]

先農祭

千秋慶節

社稷大祭

馬祖祭

二月大 建癸卯

二十三日乙卯[illegible]驚蟄二月節[illegible]

[illegible]

凡日庚午丑正三刻後日躔降婁之次宜用艮巽坤乾時

白	白	黃
白	綠	紫
碧	黑	赤

初一日壬戌水危 不宜[illegible]

初二日癸亥水成

初三日甲子金收 日出卯正初刻[illegible]日入酉初[illegible]刻[illegible]

初四日乙丑金開[illegible]

初五日丙寅火閉 不宜[illegible]

初六日丁卯火建[illegible]

初七日戊辰木除[illegible]

初八日己巳木滿[illegible]

初九日庚午土平 春分二月中[illegible]

初十日辛未土定[illegible] 不宜[illegible]

十一日壬申金執

十二日癸酉金破

十三日甲戌火危[illegible]

十四日乙亥 [illegible]

十五日丙子 [illegible]

十六日丁丑 [illegible]

十七日戊寅 [illegible]

十八日己卯 [illegible]

十九日庚辰 [illegible]

二十日辛巳 [illegible]

二十一日壬午 [illegible]

二十二日癸未 [illegible]

二十三日甲申 [illegible]

二十四日乙酉 [illegible]

二十五日丙戌 [illegible]

二十六日丁亥 [illegible]

二十七日戊子 [illegible]

二十八日己丑 [illegible]

二十九日庚寅 [illegible]

三十日辛卯 [illegible]

三月小 建甲辰

前月二十四日乙酉辰初一刻清明三月節天道北行宜向北行宜修造北方

天德在壬月德在壬月空在丙月合在丁[illegible]丙壬上宜修造取土

[illegible]桐始華 田鼠化爲駕 虹始見 萍始生 鳴鳩拂其羽 戴勝降于桑

九日庚子未正三刻後日躔大梁之次宜用癸乙丁辛時

紫	黃	綠
赤	碧	白
黑	白	白

初一日壬辰水建[illegible] 不宜動土

初二日癸巳水除不宜針刺

初三日甲午金滿日出卯初二刻[illegible]

初四日乙未金平

初五日丙申火定[illegible]

初六日丁酉火執[illegible]

初七日戊戌木破[illegible]

初八日己亥木危[illegible]

初九日庚子土成[illegible]

初十日辛丑土收[illegible]

十一日壬寅金開[illegible]

十二日癸卯金閉不宜針刺

十三日甲辰火建

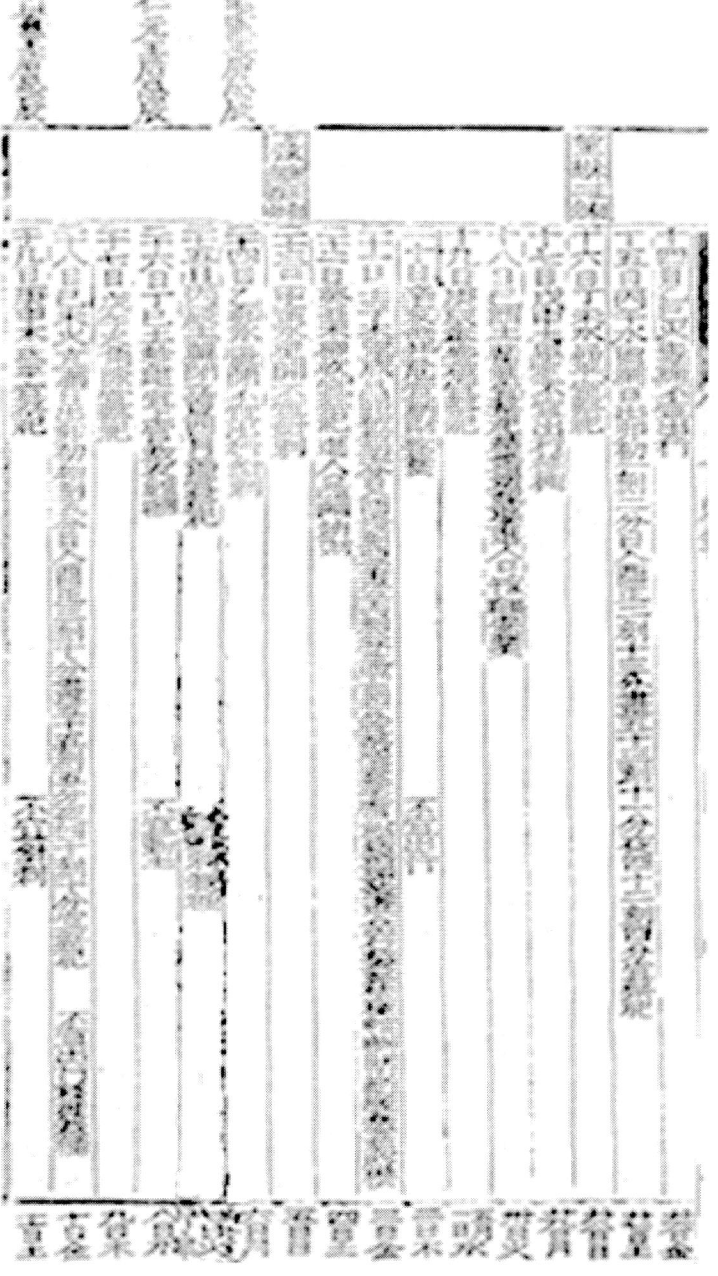

四月大 建乙巳

白綠碧 白黑赤 白紫黃

四月二十五日丙戌[illegible]初二刻立夏四月節 天道西行 [illegible]

是月也 螻蟈鳴 蚯蚓出 王瓜生 苦菜秀 靡草死 麥秋至

十一日辛未未正三刻後日躔實沈之次 宜用甲丙庚壬時

初一日辛酉木[illegible]

初二日壬戌水收

初三日癸亥水開 不宜出

初四日甲子金閉

初五日乙丑金建[illegible]

初六日丙寅火除[illegible]

初七日丁卯火滿[illegible]

初八日戊辰木[illegible]

初九日己巳木[illegible]

初十日庚午土[illegible]

十一日辛未土[illegible]

十二日壬申金[illegible]

十三日癸酉金[illegible]

[illegible]皇后忌辰

[illegible]皇后誕辰

十四日甲戌火胃執 日出卯正三刻六分 日入戌初初刻八分 晝四十六刻[illegible] 夜四十九刻[illegible] 不宜出行

十五日乙亥火昴破 宜破屋 不宜出行

十六日丙子水畢危 宜祭祀上表章上官出行移徙[illegible]修造動土竪柱上樑[illegible]栽種牧養

十七日丁丑水觜成 宜上表章上官[illegible]結婚姻[illegible]進人口出行移徙修造動土竪柱上樑[illegible]開市[illegible]

十八日戊寅土參收 不宜動土 [illegible]三更

十九日己卯土井開 宜祭祀入學[illegible] 不宜動土

二十日庚辰金鬼閉 宜祭祀 不宜針刺[illegible]

二十一日辛巳金柳建 宜祭祀 不宜出行動土

二十二日壬午木星除 宜祭祀宜出行[illegible] 不宜出行移徙[illegible]

二十三日癸未木張滿 宜祭祀 不宜[illegible]

二十四日甲申水翼平 宜祭祀 不宜[illegible]

二十五日乙酉水軫定 宜祭祀上表章上官[illegible]結婚姻[illegible]出行移徙修造動土竪柱上樑[illegible]牧養[illegible]

二十六日丙戌土角執 宜祭祀[illegible] 不宜動土

二十七日丁亥土亢破 霜降九月中 日出卯正三刻[illegible] 日入戌初[illegible]刻[illegible] 夜五十八刻[illegible]

二十八日戊子火氐危

二十九日己丑火房成 宜祭祀 不宜[illegible]

三十日庚寅木心收 不宜[illegible]

[illegible]

五月小

建丙午

赤碧黑
黃白白
紫白綠

初七日丁亥卯正一刻芒種五月節 天道西北行 宜向西北 宜修造西北維

蟷螂生 鵙始鳴 反舌無聲 鹿角解 蜩始鳴 半夏生

十二日壬寅夜子初一刻後日躔鶉首之次宜用艮巽坤乾時

初一日辛卯木危 不宜出行
初二日壬辰水成
初三日癸巳水收
初四日甲午金開 不宜出行
初五日乙未金閉
初六日丙申火建 不宜出行
初七日丁酉火除
初八日戊戌木定
初九日己亥木執 上弦
初十日庚子土破
十一日辛丑土危
十二日壬寅金成
十三日癸卯金收

孝宗大王忌辰
仁祖大王忌辰
太宗大王忌辰

十四日甲辰火翼開 宜祭祀 不宜動土

十五日乙巳火軫閉 不宜出行 剃頭

十六日丙午水角建

十七日丁未水亢除 宜祭祀上表章[illegible]

十八日戊申土氐滿 宜祭祀上表章[illegible]

十九日己酉土房平 宜祭祀 不宜出行

二十日庚戌金心定 宜祭祀上表章[illegible]

二十一日辛亥金尾執 宜祭祀

二十二日壬子木箕破

二十三日癸丑木斗危 宜祭祀 不宜栽種

二十四日甲寅水牛成 宜[illegible]

二十五日乙卯水女收 宜祭祀 不宜出行剃頭

二十六日丙辰土虛開 宜祭祀上表章[illegible]

二十七日丁巳土危閉 宜祭祀[illegible] 不宜出行剃頭

二十八日戊午火室閉 小暑六月節[illegible]

二十九日己未火壁建 宜祭祀 不宜動土

六月大
建丁未

[illegible]

十五日甲戌巳正一刻後日躔鶉火之次 宜用[illegible]

白	黑	白
綠	紫	黃
白	赤	碧

初一日庚申木 [illegible]
初二日辛酉木 [illegible]
初三日壬戌水 [illegible]
初四日癸亥水 [illegible]
初五日甲子金 [illegible]
初六日乙丑金 [illegible]
初七日丙寅火 [illegible]
初八日丁卯火 [illegible]
初九日戊辰木 [illegible]
初十日己巳木 [illegible]
十一日庚午土 [illegible]
十二日辛未土 [illegible]
十三日壬申金 [illegible]

十四日 [illegible]	十五日 [illegible]	十六日 [illegible]	十七日 [illegible]	十八日 [illegible]	十九日 [illegible]	二十日 [illegible]	二十一日 [illegible]	二十二日 [illegible]	二十三日 [illegible]	二十四日 [illegible]	二十五日 [illegible]	二十六日 [illegible]	二十七日 [illegible]	二十八日 [illegible]	二十九日 [illegible]	三十日 [illegible]

七月大 建戊申

[illegible]

一日庚寅丑正三刻立秋七月節 天道北行宜向北行宜修造北方
天德在癸月德在壬月合在丁月空在丙丙丁壬上宜修造取土
是月也 涼風至 白露降 寒蟬鳴 鷹乃祭鳥 天地始肅 禾乃登
十六日乙巳酉初一刻 後日躔鶉尾之次宜用甲丙庚壬時

黃白紫
碧白綠
赤白黑

初一日庚寅木破 立秋七月節
初二日辛卯木危 宜祭祀 [illegible]
初三日壬辰水成 宜祭祀上表章會親友進人口裁衣修造動土竪柱上樑 [illegible] 不宜針刺
初四日癸巳水收 [illegible]
初五日甲午金開 宜祭祀
初六日乙未金閉
初七日丙申火建 不宜動土
初八日丁酉火除 宜祭祀結婚姻修造動土竪柱上樑 [illegible] 破土安葬 不宜出行
初九日戊戌木滿 不宜出行
初十日己亥木平 日出卯初初刻二分日入酉正三刻十三分 晝五十二刻十一分 夜四十三刻四分 宜祭祀
十一日庚子土定 宜祭祀上表章 [illegible] 進人口移徙裁衣修造動土竪柱上樑 [illegible] 安葬
十二日辛丑土執 不宜移徙動土
十三日壬寅金破

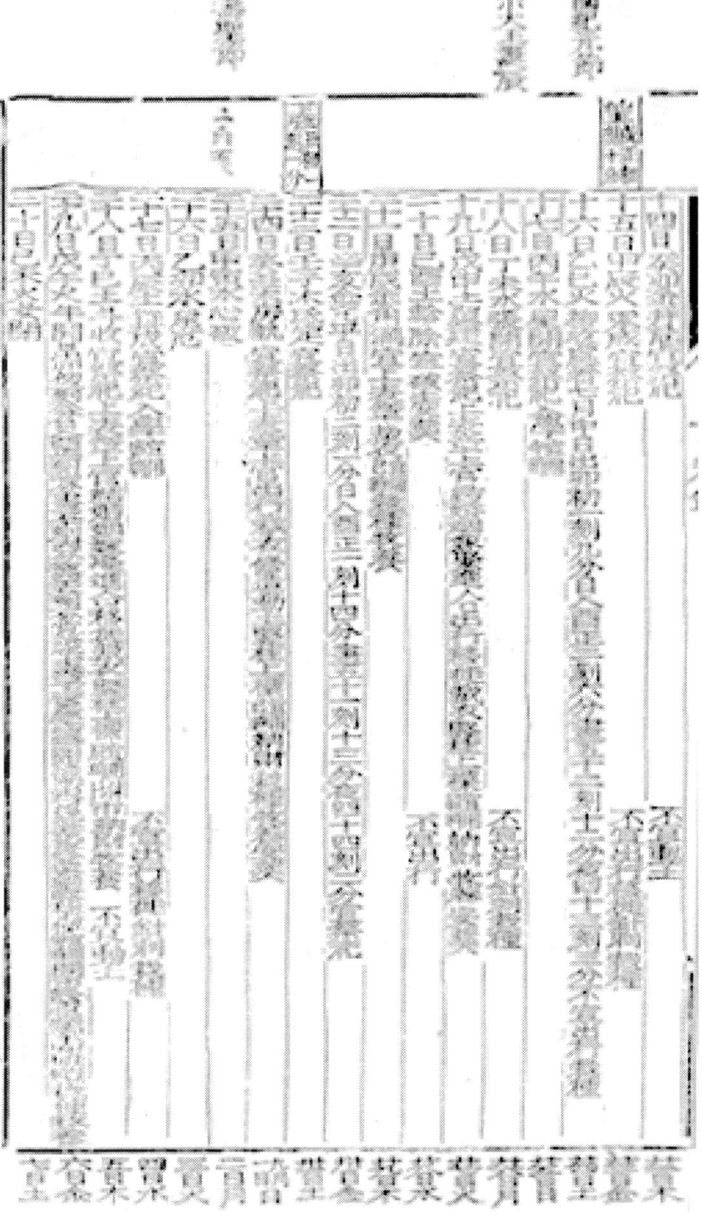

[illegible]

八月小 建己酉

綠紫白
黑赤碧
白黃白

一日辛酉卯初一刻白露八月節 天道東北行宜向東北行宜修造東北維

天德在寅 月厭在卯 月殺在辰 月德在寅 月合在乙 月空在甲 申乙庚上宜修造取土

是月也 鴻雁來 玄鳥歸 羣鳥養羞 雷始收聲 蟄蟲坏戶 水始涸

十七日丙子未正二刻後日躔壽星之次宜用艮巽坤乾時

初一日庚申木虛建 [illegible] 不宜動土

初二日辛酉木危除 白露八月節 不宜動土

初三日壬戌水室滿 祭祀 [illegible] 不宜針刺

初四日癸亥水壁平 [illegible]

初五日甲子金奎定 日出卯初三刻 [illegible] 不宜出行

初六日乙丑金婁執 祭祀 [illegible]

初七日丙寅火胃破 [illegible]

初八日丁卯火昴危 [illegible]

初九日戊辰木畢成 [illegible]

初十日己巳木觜收 [illegible]

十一日庚午土參開 [illegible] 不宜栽種

十二日辛未土井閉 祭祀 [illegible] 不宜動土

十三日壬申金鬼建 祭祀 不宜針刺

丁未年

九月大 庚戌

三日辛卯戌正二刻寒露九月節天道南行宜向南行宜修造南方

天德在丙月德在丙天德合在辛月德合在辛月空在壬 [illegible]

十八日丙午亥子初一刻霜降九月中 [illegible] 日躔大火之次宜用癸乙丁辛時

碧白赤
白白黑
黃綠紫

初一日己丑火 [illegible]

初二日庚寅木 [illegible] 不宜栽種

初三日辛卯木 [illegible]

初四日壬辰水 [illegible] 不宜栽種

初五日癸巳水 [illegible] 不宜栽種

初六日甲午金 [illegible]

初七日乙未金 [illegible]

初八日丙申火 [illegible]

世祖大王忌辰

初九日丁酉火 [illegible] 不宜針刺

初十日戊戌木 [illegible]

十一日己亥木 [illegible]

十二日庚子土 [illegible] 戌正一刻十四分 [illegible] 不宜移徙

十三日辛丑土 [illegible] 不宜動土

英祖大王忌辰

丁未年

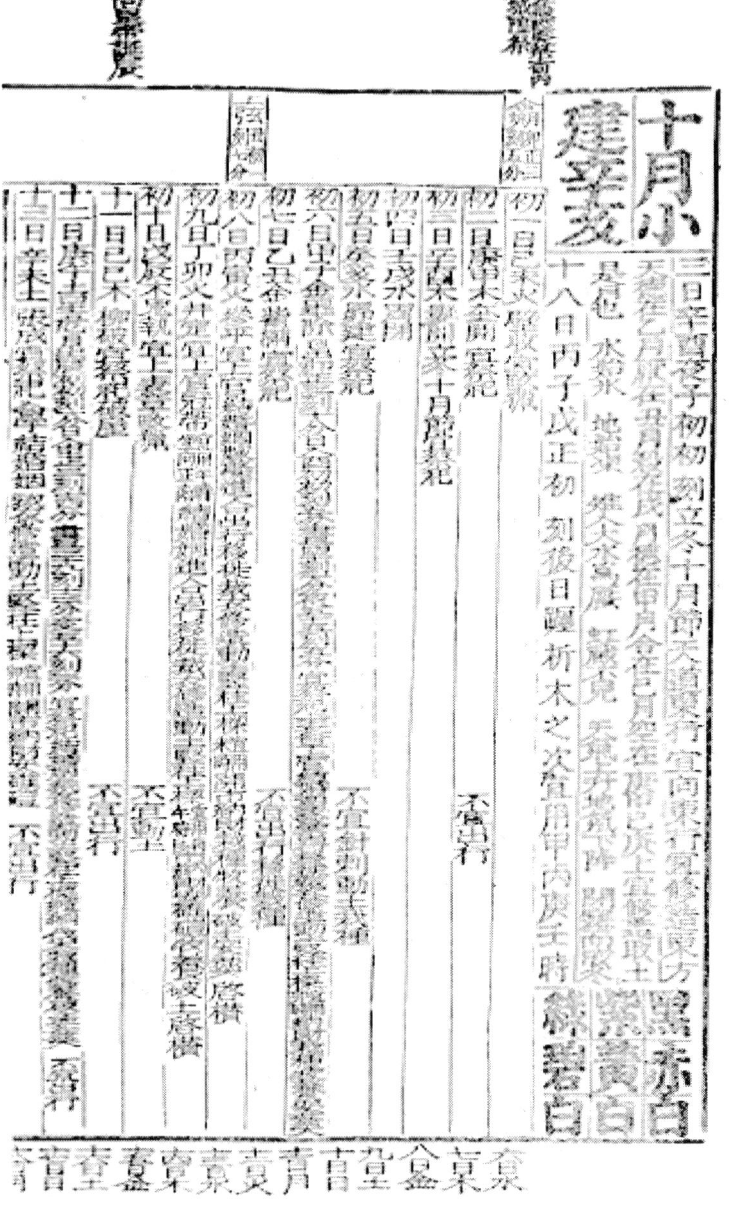
十月小 建辛亥

十八日丙子戌正初刻後日躔析木之次宜用甲丙庚壬時

丁未年

十四日壬申金 [illegible]
十五日癸酉金 [illegible]
十六日甲戌火 [illegible]
十七日乙亥火 [illegible]
十八日丙子水 [illegible]
十九日丁丑水 [illegible]
二十日戊寅土 [illegible]
二十一日己卯土 [illegible]
二十二日庚辰金 [illegible]
二十三日辛巳金 [illegible]
二十四日壬午木 [illegible]
二十五日癸未木 [illegible]
二十六日甲申水 [illegible]
二十七日乙酉水 [illegible]
二十八日丙戌土 [illegible]
二十九日丁亥土 [illegible]

十二月大 建壬子

四日辛卯申初初刻大雪十一月節 [illegible]
[illegible]
十九日丙午辰正三刻後日躔星紀之次 宜用艮巽坤乾時

白	白	黃
白	綠	紫
碧	黑	赤

初一日戊子火 [illegible]

初二日己丑火 [illegible]

初三日庚寅木 [illegible]

初四日辛卯木 [illegible]

初五日壬辰水 [illegible]

初六日癸巳水 [illegible]

初七日甲午金 [illegible]

初八日乙未金 [illegible]

初九日丙申火 [illegible]

初十日丁酉火 [illegible]

十一日戊戌木 [illegible]

十二日己亥木 [illegible]

十三日庚子土 [illegible]

十二月小 建癸丑

四日辛酉[illegible]初三刻小寒十二月節天道西行宜向西行宜修造西方

[illegible]

是月也 鴈北鄉 鵲始巢 雉雊 雞乳 征鳥厲疾 水澤腹堅

十八日乙亥戌初初刻後日躔玄枵之次宜用癸乙丁辛時

紫黃綠

赤碧白

黑白白

初一日戊午[illegible]

初二日[illegible] 不宜栽植

初三日[illegible]

初四日[illegible]

初五日壬戌[illegible]

初六日癸亥[illegible]

初七日甲子[illegible]

初八日乙丑[illegible] 不宜出行

初九日丙寅[illegible]

初十日丁卯[illegible]

十一日戊辰[illegible]

十二日己巳[illegible]

十三日庚午[illegible]

十四日辛未 [illegible]

十五日壬申 [illegible]

十六日癸酉 [illegible]

十七日甲戌 [illegible]

十八日乙亥 [illegible]

十九日丙子 [illegible]

二十日丁丑 [illegible]

廿一日戊寅 [illegible]

廿二日己卯 [illegible]

廿三日庚辰 [illegible]

廿四日辛巳 [illegible]

廿五日壬午 [illegible]

廿六日癸未 [illegible]

廿七日甲申 [illegible]

廿八日乙酉 [illegible]

廿九日丙戌 [illegible]

天恩上吉日 甲子乙丑丙寅丁卯戊辰己卯庚辰辛巳壬午癸未己酉庚戌辛亥壬子癸丑

天赦上吉日 春戊寅夏甲午秋戊申冬甲子 母倉上吉日 春亥子夏寅卯秋辰戌丑未冬申酉 土王用事後巳午

天德合 正月在壬 三月在丁 四月在丙 六月在己 七月在戊 九月在辛 十月在庚 十二月在乙

太歲已下神殺出遊日 甲子日東遊 己巳日還位 丙子日南遊 辛巳日還位 戊子日遊中宮

癸巳日還位 庚子日西遊 乙巳日還位 壬子日北遊 丁巳日還位

日遊神所在之方不宜安產室掃舍宇設床帳 癸巳甲午乙未丙申丁酉在房內北

戊戌己亥在房內中 庚子辛丑壬寅在房內南 癸卯在房內西

甲辰乙巳丙午丁未在房內東 戊申在房內中 己酉日出外遊四十四日

逐日人神所在不宜針灸 一日在足大指 二日在外踝 三日在股內 四日在腰 五日在口 六日在手 七日在內踝

八日在腕 九日在尻 十日在腰背 十一日在鼻柱 十二日在髮際 十三日在牙齒 十四日在胃脘 十五日在遍身

十六日在胸 十七日在氣衝 十八日在股內 十九日在足 二十日在內踝 二十一日在手小指 二十二日在外踝 二十三日在肝及足

二十四日在手陽明 二十五日在足陽明 二十六日在胸 二十七日在膝 二十八日在陰 二十九日在膝脛 三十日在足趺

太白紫白所在方不宜移徙嫁娶遠行 一日十一日二十一日正東 二日十二日二十二日東南

三日十三日二十三日正南 四日十四日二十四日西南 五日十五日二十五日正西 六日十六日二十六日西北

七日十七日二十七日正北 八日十八日二十八日東北 九日十九日二十九日中方 十日二十日三十日在天

長短星日不宜市買交易納財 正月七日長星 二十一日短星 二月四日長星 十九日短星 三月一日長星

十六日短星 四月九日長星 二十五日短星 五月十五日長星 二十五日短星 六月十日長星 二十日短星

七月八日長星 二十二日短星 八月二日五日長星 十八日十九日短星 九月三日四日長星 十六日十七日短星

丁未年

11 大韓隆熙二年明時曆(1908)

大韓隆熙二年明時曆
戊申

大韓隆熙二年歲次戊申明時曆

正月大 丁亥 初四日庚寅[illegible]立春正月節 十九日乙巳[illegible]雨水正月中

二月小 丁巳 初四日[illegible]驚蟄二月節 十九日[illegible]春分二月中

三月小 丙戌 初四日[illegible]清明三月節 二十日[illegible]穀雨三月中

四月大 乙卯 初[illegible]立夏四月節 二十[illegible]小滿四月中

五月大 乙酉 初[illegible]芒種五月節 二十[illegible]夏至五月中

六月小 乙卯 初[illegible]小暑六月節 二十[illegible]大暑六月中

七月大 甲申 十二日辰正三刻六分立秋七月節 二十八日辰初初刻六分處暑七月中

八月小 甲寅 十三日寅初初刻十四分白露八月節 二十八日辰正三刻七分秋分八月中

九月大 癸未 十五日酉正三刻十六分寒露九月節 二十九日卯初初刻十二分霜降九月中

十月大 癸丑 十五日卯正三刻五分立冬十月節 三十日子初初刻一分小雪十月中

十一月小 癸未 十四日戌初初刻八分大雪十一月節 二十九日未正二刻一分冬至十一月中

十二月大 壬子 十五日寅初三刻七分小寒十二月節 三十日巳正三刻六分大寒十二月中

凡三百五十五日

歲在戊申
年神方
幹土枝金
納音屬土
歲德在戊合在癸
戊癸上宜
修造取土
奏書
力士
太歲
乾亥
壬
白
碧
綠
申
庚
酉
辛
戌
空

位之圖

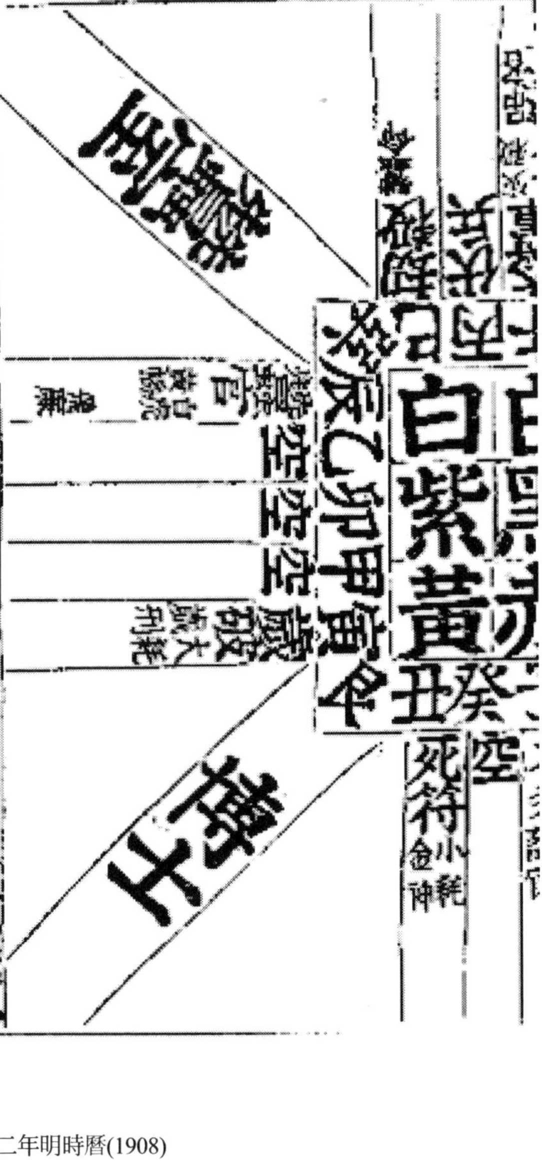

右歲神所臨之地惟奏書博士之外餘各有所忌若有破壞須修營者宜遇天德歲德月德天德合歲德合月德合天恩天赦母倉所會之辰或諸神並遊宜修營無妨

奏書

博士

巽辰乙卯甲寅艮

癸丑

白

紫

黃

巳丙

劫殺

伏兵

歲破

空 空 空

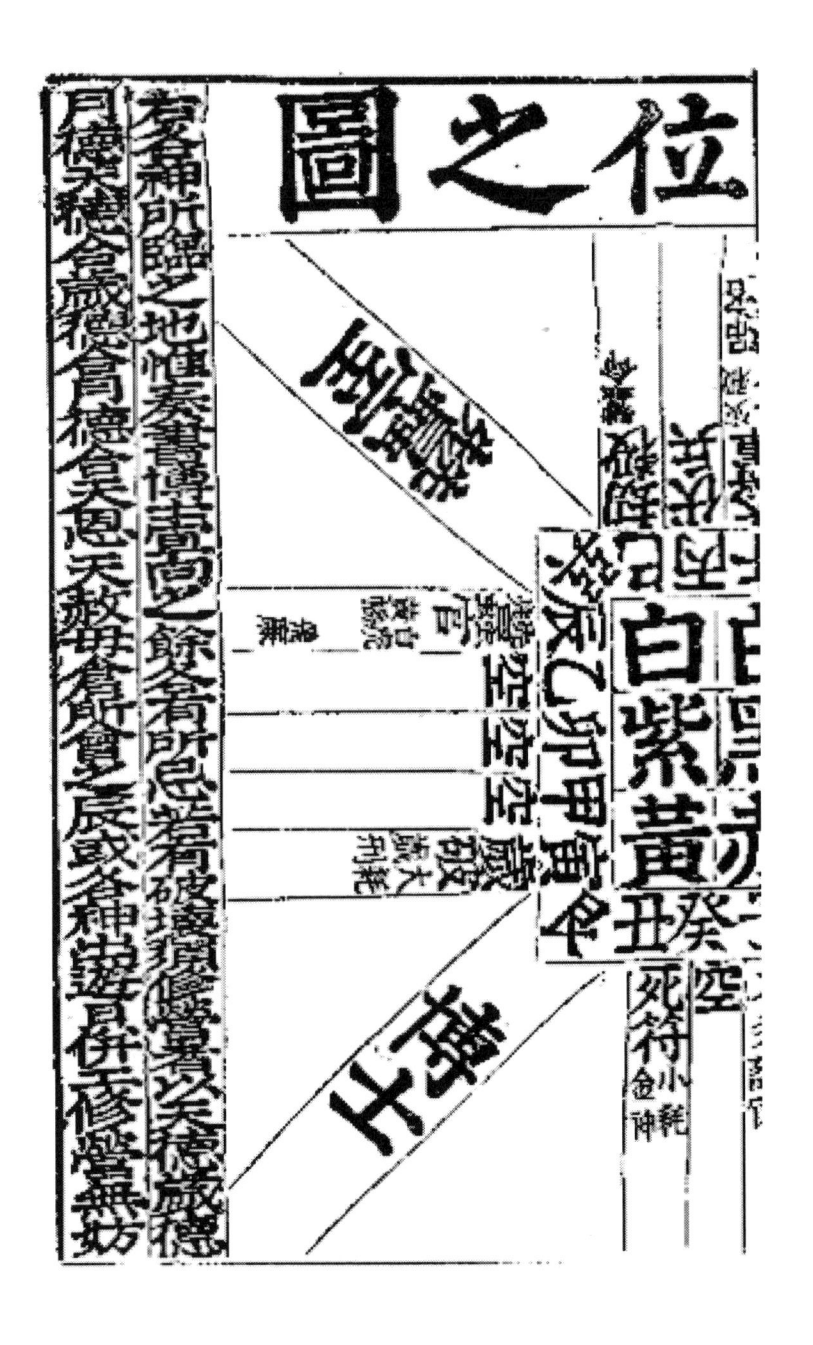

正月大 建甲寅

初四日庚寅未初一刻立春正月節 天道南行 宜向南行宜修造南方 白綠碧

天德在丁月厭在戌月殺在丑月德在丙月合在辛月空在壬丙辛壬上宜修造取土 白黑赤

是月也 東風解凍 蟄蟲始振 魚陟負氷 獺祭魚 侯雁北 草木萌動 白紫黃

十九日乙巳巳初一刻後日躔娵訾之次宜用甲丙庚壬時

初一日丁亥土 [illegible] 宜祭祀 [illegible] 不宜出行

初二日戊子火 [illegible] 宜祭祀 不宜栽種

初三日己丑火 [illegible] 不宜出行

初四日庚寅木 [illegible] 立春正月節 宜裁衣 [illegible] 納財 不宜出行動土

初五日辛卯木 [illegible] 宜祭祀

初六日壬辰水 [illegible] 宜祭祀上表章 [illegible] 嫁娶進人口出行 [illegible] 修造動土竪柱上梁 [illegible] 開市納財 [illegible] 安葬

初七日癸巳水 [illegible] 日出卯正三刻 [illegible] 日入酉初初刻十一分 晝四十一刻七分夜五十四刻八分 不宜出行

初八日甲午金 [illegible] 宜祭祀上表章 [illegible] 嫁娶進人口 [illegible] 修造動土 [illegible] 安碓磑 [illegible]

初九日乙未金 [illegible] 不宜動土栽種

初十日丙申火 [illegible] 宜 [illegible] 不宜出行

十一日丁酉火 [illegible] 宜祭祀上表章 [illegible] 嫁娶 出行 [illegible] 修造動土竪柱上梁 [illegible] 納財 [illegible] 破土安葬

十二日戊戌木 [illegible] 不宜出行 [illegible]

十三日己亥木 [illegible] 宜 [illegible] 嫁娶進人口 [illegible] 開市納財 [illegible] 安葬

宗廟 [illegible] 永寧殿 [illegible]

國立祈穀大祭

貞純王后忌辰

十四日庚午土氐開 宜祭祀 不宜動土

十五日辛未土房閉 宜祭祀 不宜出行移徙[illegible]動土栽種

十六日壬申金心建 宜[illegible]結婚姻移徙[illegible]財[illegible] 不宜出行

十七日癸酉金尾除 宜上官結婚姻出行[illegible]破土啓欑

十八日甲戌火箕滿 宜祭祀上表章襲爵[illegible] 不宜栽種

十九日乙亥火斗平 雨水正月中 日出卯正三刻六分 日入酉初一刻九分 晝四十三刻八分 夜五十二刻七分 不宜出行

二十日丙子水牛定 宜祭祀上表章[illegible]結婚姻[illegible]進人口移徙[illegible]破土安葬

二十一日丁丑水女執 宜祭祀上表章上官出行移徙修造動土豎柱上梁[illegible]栽種[illegible]

二十二日戊寅土虛破 宜破屋壞垣

二十三日己卯土危危 宜祭祀

二十四日庚辰金室成 宜[illegible]臨政 不宜出行移徙栽種

二十五日辛巳金壁收 宜[illegible]

二十六日壬午木奎開 宜[illegible]

二十七日癸未木婁閉 [illegible]

二十八日甲申水胃建 宜[illegible] 不宜出行動土

二十九日乙酉水昴除 宜[illegible]破土啓欑

三十日丙戌土畢滿 宜祭祀 不宜栽種

山川[illegible]
[illegible]

社稷大祭

關帝廟祭

先農祭

乾元節

四[illegible]祠祭

二月小 建乙卯

赤碧黑 黃白白 紫白綠

四日庚申辰初二刻驚蟄二月節 天道西南行宜向西南行宜修造西南維

天德在坤 月厭在酉 月殺在戌 月德在申 月合在巳 月空在寅 庚申巳庚上宜修造取土

是月也 桃始華 倉庚鳴 鷹化爲鳩 玄鳥至 雷乃發聲 始電

十九日乙亥辰正三刻後日躔降婁之次宜用艮巽坤乾時

初一日[illegible]卯正二刻[illegible]日入酉初一刻[illegible]晝[illegible]刻[illegible]夜[illegible]刻[illegible] 宜祭祀 不宜出行

初二日[illegible]

初三日[illegible]

初四日[illegible]

初五日[illegible]

初六日壬戌水[illegible]不宜[illegible]

初七日癸亥水[illegible]卯正一刻[illegible]日入酉初二刻[illegible]晝四十六刻[illegible]夜[illegible]十刻

初八日甲子金[illegible]

初九日乙丑金[illegible]

初十日丙寅火[illegible]

十一日丁卯火[illegible]

十二日戊辰木[illegible]

十三日己巳木[illegible] 不宜出行動土

十四日庚午土心平 [illegible]
十五日辛未土尾定 [illegible]
十六日壬申金箕執 [illegible]
十七日癸酉金斗破 [illegible]
十八日甲戌火牛危 [illegible]
十九日乙亥火女成 [illegible]
二十日丙子水虛收 [illegible]
二十一日丁丑水危開 [illegible]
二十二日戊寅土室閉 [illegible]
二十三日己卯土壁建 [illegible]
二十四日庚辰金奎除 [illegible]
二十五日辛巳金婁滿 [illegible]
二十六日壬午木胃平 [illegible]
二十七日癸未木昴定 [illegible]
二十八日甲申水畢執 [illegible]
二十九日乙酉水觜破 [illegible]

先農祭

[illegible]

三月小 建丙辰

初五日庚寅未初初刻清明三月節天道北行宜向北行宜修造北方

天德在壬 月德在壬 月空在丙 [illegible]

[illegible]

二十日乙巳戌正三刻穀日躔大梁之次宜用癸乙丁辛時

白 黑 白
綠 紫 黃
白 赤 碧

寒食

初一日丙戌土危 [illegible] 宜祭祀

初二日丁亥土室 [illegible] 日出卯初 [illegible] 刻 [illegible] 日入酉正一刻 [illegible] 晝 [illegible] 十刻 [illegible] 夜 [illegible] 十 [illegible] 刻 [illegible]

初三日戊子火壁 [illegible]

初四日己丑火奎 [illegible] 宜祭祀 不宜 [illegible]

初五日庚寅木婁 [illegible] 不宜 [illegible]

初六日辛卯木胃 [illegible] 不宜針刺

初七日壬辰水昴 [illegible] 宜祭祀 不宜動土

初八日癸巳水畢 [illegible] 除 日出卯初三刻八分 日入酉正一刻七分 晝五十刻十四分 夜四十五刻一分 不宜出行

初九日甲午金觜 [illegible] 宜祭祀

初十日乙未金參 [illegible]

十一日丙申火井 [illegible] 宜祭祀 不宜出行 [illegible]

十二日丁酉火鬼 [illegible] 宜祭祀上表章 [illegible] 出行 [illegible]

十三日戊戌木柳 [illegible]

[illegible]

貞[illegible]王后忌辰

仁元王后忌辰

明[illegible]王后忌辰 [illegible]

望[illegible]十[illegible]分

十四日己亥木危 日出卯初二刻一分 日入酉正一刻十四分 晝五十一刻十三分 夜四十四刻二分 不宜出行

十五日庚子土成 [illegible]

十六日辛丑土收 [illegible]

十七日壬寅金開 [illegible] 不宜針刺

十八日癸卯金閉 [illegible] 不宜針刺

十九日甲辰火建 [illegible]

二十日乙巳火除 [illegible] 不宜出行

二十一日丙午水滿 [illegible]

二十二日丁未水平 [illegible]

二十三日戊申土定 不宜出行 [illegible]

二十四日己酉土執 [illegible]

二十五日庚戌金破 [illegible] 不宜出行

二十六日辛亥金危 日出卯初一刻[illegible]分 日入酉正二刻十三分 晝五十三刻十一分 夜四十二刻四分 [illegible] 不宜出行

二十七日壬子木成 [illegible]

二十八日癸丑木收 [illegible]

二十九日甲寅水開 不宜針刺

[illegible]

四月大 建丁巳

七日辛酉辰初一刻立夏四月節 天道西行宜向西行[illegible]四方

天德在辛 月德在庚 月[illegible]在庚 月合在乙 月空在甲 甲乙庚[illegible]

是月也 螻蟈鳴 蚯蚓出 王瓜生 苦菜秀 靡草死 麥秋至

二十二日丙子戌正二刻後日躔實沈之次宜用甲丙庚壬時

黃白紫 碧白綠 赤白黑

初一日乙卯水 [illegible] 不宜[illegible]

初二日丙辰土 [illegible]

初三日丁巳土 [illegible]

初四日戊午火 [illegible]

初五日己未火 [illegible]

初六日庚申木 [illegible] 不宜出行[illegible]

初七日辛酉木 [illegible]

初八日壬戌水 [illegible]

初九日癸亥水 [illegible]

初十日甲子金 [illegible]

十一日乙丑金 [illegible]

十二日丙寅火 [illegible] 不宜動土

十三日丁卯火 [illegible]

[illegible]皇后忌辰

[illegible]皇后忌辰

十四日戊辰木 [illegible]

十五日己巳木 [illegible]

十六日庚午土 [illegible]

十七日辛未土 [illegible]

十八日壬申金 [illegible]

十九日癸酉金 [illegible]

二十日甲戌火 [illegible]

二十一日乙亥火 [illegible]

二十二日丙子水 [illegible]

二十三日丁丑水 [illegible]

二十四日戊寅土 [illegible]

二十五日己卯土 [illegible]

二十六日庚辰金 [illegible]

二十七日辛巳金 [illegible]

二十八日壬午木 [illegible]

二十九日癸未木 [illegible]

三十日甲申水 [illegible]

孝宗大王忌辰
[illegible]忌辰
仁祖大王忌辰
太宗大王忌辰
哲仁王后忌辰

五月大 建戊午

入日壬辰午正初刻芒種五月節 天道西北行宜向西北行宜修造西北維

天德在乾月德在丙月合在辛月空在壬丙辛壬上宜取土

是月也 螳螂生 鵙始鳴 反舌無聲 鹿角解 蜩始鳴 半夏生

二十四日戊申卯初初刻後日躔鶉首之次宜用艮巽坤乾時

綠紫白 黑赤碧 白黃白

合朔[illegible] 初一日乙酉水柳定[illegible]

初二日丙戌土星執[illegible] 不宜動土

初三日丁亥土張破宜療病 不宜出行

初四日戊子火翼危祭祀[illegible]

初五日己丑火軫成[illegible] 不宜栽種

初六日庚寅木角收[illegible]

初七日辛卯木亢開[illegible]

初八日壬辰水氐開[illegible]

上弦[illegible] 初九日癸巳水房閉[illegible] 不宜出行針刺

初十日甲午金心建[illegible]祭祀 不宜出行栽種動土

十一日乙未金尾除[illegible]

十二日丙申火箕滿[illegible]祭祀上[illegible]

十三日丁酉火斗平不宜出行

十四日土 十五日日 十六日月 十七日火 十八日水 十九日木 二十日金 廿一日土 廿二日日 廿三日月 廿四日火 廿五日水 廿六日木

[illegible]

[illegible]

十四日戊戌木牛定 [illegible]

十五日己亥木女執 [illegible]

十六日庚子土虛破

十七日辛丑土危危 [illegible]

十八日壬寅金室成 [illegible]

十九日癸卯金壁收 [illegible]

二十日甲辰火奎開 [illegible]

二十一日乙巳火婁閉 [illegible]

二十二日丙午水胃建 [illegible]

二十三日丁未水昴除 [illegible]

二十四日戊申土畢滿 [illegible]

二十五日己酉土觜平 [illegible]

二十六日庚戌金參定 [illegible]

二十七日辛亥金井執 [illegible]

二十八日壬子木鬼破

二十九日癸丑木柳危 [illegible]

三十日甲寅水星成 [illegible]

六月小 建己未

九日癸亥亥正二刻小暑六月節 天道東行宜向東行宜修造東方

天德在甲 月厭在巳 月殺在戌 月德在甲 月合在己 月空在庚 甲己庚上宜修造取土

是月也 溫風至 蟋蟀居壁 鷹始擊 腐草爲螢 土潤溽暑 大雨時行

二十五日己卯申正初刻後日躔鶉火之次 宜用癸乙丁辛時

碧白赤
白白黑
黃綠紫

初一日乙亥火張收 宜祭祀 [illegible] 不宜出行 [illegible]

初二日丙子水翼開 宜祭祀上表章 [illegible]

初三日丁丑水軫閉 宜[illegible] 不宜出行[illegible]

初四日戊寅土角建

初五日己卯土亢除 宜祭祀

初六日庚辰金氐滿 宜祭祀上表章 [illegible] 移徙 [illegible] 開市 納財 破土 安葬

初七日辛巳金房平 宜[illegible]

初八日壬午木心定 宜祭祀上表章 [illegible] 不宜動土

初九日癸未木尾執 小暑六月節 亥正二刻 [illegible]

初十日甲申水箕破 宜祭祀上表章 [illegible] 出行 [illegible]

十一日乙酉水斗破

十二日丙戌土牛危 宜[illegible]

十三日丁亥土女成 宜[illegible]

純祖肅皇帝忌辰

中霤祭

懿仁王后忌辰
莊獻世子忌辰

寒露 酉初三刻

霜降 戌正三刻八分

中伏

十四日戊辰木軫 收 宜祭祀 不宜動土

十五日己巳木角 開 宜祭祀 會親 嫁娶 不宜出行 栽種

十六日庚午土亢 閉 宜破屋 安葬 不宜出行 針刺

十七日辛未土氐 建 宜祭祀 上表章 襲爵 受封 會親友 出行 上官 赴任 上樑 開市 納財 安葬 不宜動土

十八日壬申金房 除 宜祭祀 不宜出行

十九日癸酉金心 滿 宜祭祀 不宜針刺

二十日甲戌火尾 平 宜祭祀 不宜動土 栽種

二十一日乙亥火箕 定 宜祭祀 上表章 襲爵 受封 結婚姻 進人口 裁衣 修造 動土 豎柱 上樑 開市 納財 安葬

二十二日丙子水斗 執 日出卯正三刻七分 日入酉初初刻八分 晝五十七刻一分 夜三十八刻十四分 不宜栽種

二十三日丁丑水牛 破 宜求醫療病

二十四日戊寅土女 危 宜祭祀 上表章 襲爵 受封 結婚姻 出行 移徙 裁衣 豎柱 上樑 開市 納財 安葬

二十五日己卯土虛 成 宜祭祀 上表章 上官 結婚姻 進人口 出行 移徙 裁衣 豎柱 上樑 開市 納財 安葬

二十六日庚辰金危 收 宜祭祀 進人口 納財 安葬

二十七日辛巳金室 開 宜祭祀 不宜出行 栽種

二十八日壬午木壁 閉 宜安葬 不宜出行 針刺

二十九日癸未木奎 建 宜祭祀

七月大 建庚申

十二日乙未辰正二刻立秋七月節 天道北行 宜向北行 宜修造北方

天德在[illegible] 月厭在[illegible] 月殺在未 月德在壬 月合在丁 月空在丙 丙丁壬上宜修造取土

[illegible]月也 涼風至 白露降 寒蟬鳴 鷹乃祭鳥 天地始肅 禾乃登

二十七日庚戌夜子初初刻後日躔鶉尾之次宜用甲丙庚壬時

黑 赤 白
紫 黃 白
綠 碧 白

初一日甲申水[illegible]

初二日乙酉水[illegible]晝[illegible]正三刻[illegible]入戌初初刻[illegible] 不宜針刺

初三日丙戌土[illegible]不宜[illegible]

初四日丁亥土[illegible]

初五日戊子火[illegible] 不宜栽植

初六日己丑火[illegible]

初七日庚寅木[illegible]

初八日辛卯木[illegible]

初九日壬辰水[illegible]

初十日癸巳水[illegible] 不宜出行栽植

十一日甲午金[illegible] 不宜出行

十二日乙未金[illegible]立秋七月節

十三日丙申火[illegible]不宜動土

八月小 建辛酉

吉 丙寅午初初刻白露八月節 天道東北行 宜向東北行 宜修造東北維

天德在[illegible] 月德在[illegible] 月合在[illegible] 月空在[illegible]

二十八日辛巳戌正一刻後日躔壽星之次 宜用艮巽坤乾時

白白黃 白綠紫 碧黑赤

初一日[illegible]

初二日乙[illegible]

初三日丙[illegible] 不宜[illegible]

初四日丁[illegible] 不宜動土

初五日[illegible]

初六日[illegible]

初七日[illegible] 不宜動土

初八日[illegible] 不宜[illegible]

初九日[illegible]

初十日[illegible]

十一日甲[illegible]

十二日乙[illegible] 不宜[illegible]

十三日丙[illegible] 八月[illegible] 不宜[illegible]

十四日丁卯 [illegible]

十五日戊辰 [illegible]

十六日己巳 [illegible]

十七日庚午 [illegible]

十八日辛未 [illegible]

十九日壬申 [illegible]

二十日癸酉 [illegible]

廿一日甲戌 [illegible]

廿二日乙亥 [illegible]

廿三日丙子 [illegible]

廿四日丁丑 [illegible]

廿五日戊寅 [illegible]

廿六日己卯 [illegible]

廿七日庚辰 [illegible]

廿八日辛巳 [illegible]

廿九日壬午 [illegible]

九月大
建壬戌

十五日丁酉丑正一刻[illegible]露九月節天道南行宜向南行宜修造南方
天德在丙月德在寅[illegible]宜[illegible]取土
是也 [illegible]
三十日壬子卯初初刻後日躔大火之次宜用癸乙丁辛時

紫黃綠 赤碧白 黑白白

初一日癸未[illegible]
初二日甲申[illegible]
初三日乙酉[illegible]
初四日丙戌[illegible]
初五日丁亥[illegible]
初六日戊子[illegible]
初七日己丑[illegible]
初八日庚寅[illegible]
初九日辛卯[illegible]
初十日壬辰[illegible]
十一日癸巳[illegible]
十二日甲午[illegible]
十三日乙未[illegible]

繼天紀元節

[illegible]誕辰

千秋慶節

[illegible]

[illegible]

望[illegible]

下弦[illegible]

十四日丙申火奎開[illegible]宜祭祀[illegible]

十五日丁酉火婁閉[illegible]不宜針刺

十六日戊戌木胃建[illegible]

十七日己亥木昴除[illegible]不宜動土

十八日庚子土畢滿[illegible]

十九日辛丑土觜平[illegible]宜祭祀

二十日壬寅金參定[illegible]

二十一日癸卯金井執[illegible]

二十二日甲辰火鬼破[illegible]

二十三日乙巳火柳危宜祭祀[illegible]

二十四日丙午水星成[illegible]

二十五日丁未水張收

二十六日戊申土翼開[illegible]

二十七日己酉土軫閉[illegible]不宜針刺

二十八日庚戌金角建[illegible]

二十九日辛亥金亢除[illegible]

三十日壬子木氐滿[illegible]

十月大 建癸亥

十五日丁卯寅正三刻 立冬十月節 [illegible]

天德在乙 [illegible]

三十日壬午丑正初刻 [illegible]

白綠碧 白黑赤 白紫黃

初一日癸未 [illegible]

初二日甲申 [illegible]

初三日乙酉 [illegible]

初四日丙戌 [illegible]

初五日丁亥 [illegible]

初六日戊子 [illegible]

初七日己丑 [illegible]

初八日庚寅 [illegible]

初九日辛卯 [illegible]

初十日壬辰 [illegible]

十一日癸巳 [illegible]

十二日甲午金 [illegible]

十三日乙未金 [illegible]

十一月小 建甲子

初一日內中亥初初刻大雪十一月節天道東南行宜修造東南維

天德在巽 月德在壬 月德合在丁 月空在丙 [illegible] 宜修造取土

是月也 鶡鴠不鳴 虎始交 茘挺出 [illegible] 麋角解 水泉動

二十九日辛亥未正二刻後日躔星紀之次宜用艮巽坤乾時

赤	碧	黑
黃	白	白
紫	白	綠

初一日癸[illegible] [illegible] 不宜出行

初二日甲[illegible] [illegible]

初三日乙[illegible] [illegible]

初四日丙[illegible]

初五日丁[illegible] [illegible] 不宜針刺動土栽種

初六日戊[illegible]

初七日己[illegible] [illegible] 不宜出行栽種

初八日庚[illegible] [illegible]

初九日辛[illegible] [illegible]

初十日壬[illegible] [illegible]

十一日癸[illegible] [illegible] 不宜動土

十二日甲[illegible] [illegible] 不宜出行

十三日乙[illegible] [illegible] 不宜出行

[illegible]

十四日甲戌火[illegible] [illegible]十一月中日出[illegible]初[illegible]刻日入申[illegible]刻晝三十八刻夜五十八刻宜[illegible] 不宜[illegible]

十五日乙亥[illegible] 不宜[illegible]

十六日丙子[illegible] 不宜[illegible]

十七日丁丑[illegible] 不宜[illegible]

十八日戊寅土[illegible]

十九日己卯[illegible]入[illegible]

二十日庚辰[illegible]

二十一日辛巳[illegible]

二十二日壬午[illegible] 不宜[illegible]

二十三日癸未[illegible]

二十四日甲申[illegible]

二十五日乙酉[illegible] 不宜[illegible]

二十六日丙戌[illegible]

二十七日丁亥[illegible]

二十八日戊子[illegible] 不宜[illegible]

二十九日己丑[illegible]十二月[illegible]日出[illegible]刻日入申[illegible]刻晝[illegible]刻夜五十八刻[illegible]

[illegible]

明聖王后忌辰

十二月大 建乙丑

十五日丙寅辰初二刻小寒十二月節天道西行宜向西行宜修造西方
[illegible]
是月也 鴈北鄉 鵲始巢 雉雊 雞乳 征鳥厲疾 水澤腹堅
三十日辛巳子正三刻後日躔玄枵之次宜用癸乙丁辛時

白黑白
綠紫黃
白赤碧

初一日壬子木 [illegible]
初二日癸丑木 [illegible]
初三日甲寅水 [illegible]
初四日乙卯水 [illegible]
初五日丙辰土 [illegible]
初六日丁巳土 [illegible]
初七日戊午火 [illegible]
初八日己未火 [illegible]
初九日庚申木 [illegible]
初十日辛酉木 [illegible]
十一日壬戌水 [illegible]
十二日癸亥水 [illegible]
十三日甲子金 [illegible]

十四日乙丑金 [illegible]

十五日丙寅火 [illegible]

十六日丁卯火 [illegible]

十七日戊辰木 [illegible]

十八日己巳木 [illegible]

十九日庚午土 [illegible]

二十日辛未土 [illegible]

二十一日壬申金 [illegible]

二十二日癸酉金 [illegible]

二十三日甲戌火 [illegible]

二十四日乙亥火 [illegible]

二十五日丙子水 [illegible]

二十六日丁丑水 [illegible]

二十七日戊寅土 [illegible]

二十八日己卯土 [illegible]

二十九日庚辰金 [illegible]

三十日辛巳金 [illegible]

天恩上吉日 甲子乙丑丙寅丁卯戊辰己卯庚辰辛巳壬午癸未己酉庚戌辛亥壬子癸丑

大赦上吉日 春戊寅 夏甲午 秋戊申 冬甲子 [illegible]

天德合 正月在壬 三月在丁 四月在丙 六月在己 七月在戊 九月在辛 十月在庚 十二月在乙

太歲已下神殺出遊日 甲子日東遊 己巳日還位 丙子日南遊 辛巳日還位 戊子日遊中宮

癸巳日還位 庚子日西遊 乙巳日還位 壬子日北遊 丁巳日還位

日遊神所在之方不宜安置產室掃舍宇設牀帳 癸巳甲午乙未丙申丁酉日在房內北

戊戌己亥日在房內中 庚子辛丑壬寅日在房內南 癸卯日在房內西

甲辰乙巳丙午丁未日在房內東 戊申日在房內中 己酉日出外遊四十四日

逐日人神所在不宜針灸 一日在足大指 二日在外踝 三日在股內 四日在腰 五日在口 六日在手 七日在內踝

八日在腕 九日在尻 十日在腰背 十一日在鼻柱 十二日在髮際 十三日在牙齒 十四日在胃脘 十五日在遍身

十六日在胸 十七日在氣衝 十八日在股內 十九日在足 二十日在內踝 二十一日在手小指 二十二日在外踝 二十三日在肝及足

二十四日在手陽明 二十五日在足陽明 二十六日在胸 二十七日在膝 二十八日在陰 二十九日在膝脛 三十日在足趺

太白殺日遊方不宜向此方興修及遠行抵向 一日十一日二十一日正東 二日十二日二十二日東南

三日十三日二十三日正南 四日十四日二十四日西南 五日十五日二十五日正西 六日十六日二十六日西北

七日十七日二十七日正北 八日十八日二十八日東北 九日十九日二十九日中方 十日二十日三十日在天

長短星日不宜市買交易及納財 正月七日八日長星 二十一日短星 二月四日長星 十九日短星 三月一日長星

十七日短星 四月九日長星 二十五日短星 五月十五日長星 二十五日短星 六月十日長星 二十日短星

七月八日長星 二十二日短星 八月二日五日長星 十八日十九日短星 九月三日四日長星 十六日十七日短星

十月一日長星 十四日短星 十一月十二日長星 二十二日短星 十二月九日長星 二十五日短星

百忌日 甲不開倉 乙不栽植 丙不修竈 丁不剃頭 戊不受田 己不破券 庚不經絡 辛不合醬 壬不汲水 癸不詞訟 子不問卜

丑不冠帶 寅不祭祀 卯不穿井 辰不哭泣 巳不遠行 午不苫蓋 未不服藥 申不安牀 酉不會客 戌不乞狗 亥不[illegible]

洗頭日 [illegible]日 初[illegible]日 初九日 十日 十一日 十二日 十四日 十五日 二十二日 二十三日 [illegible]

遊禍日不宜服藥 正五九月巳日 二六十月寅日 修[illegible]日從一品[illegible]大夫觀象所長臣李敦修

三七十一月亥日 四八十二月申日 又不宜補日 從[illegible]品[illegible]大夫觀象所技師臣金直永

天火日不宜苫蓋 正五九月子日 二六十月卯日 從[illegible]品[illegible]大夫觀象所技師臣崔獻圭

三七十一月午日 四八十二月酉日 正三品通政大夫觀象所技師臣[illegible]

五姓修宅

宮姓屬土 今年小通 宜六八十二月 不宜三九月 六品通訓大夫觀象所技手臣全泰善

商姓屬金 今年大通 宜六八十一月 不宜三十二月 六品通訓大夫觀象所技手臣金孝鎮

角姓屬木 今年[illegible] 宜三五十一月 不宜三十二月 六品通訓大夫觀象所書記臣李應善

徵姓屬火 今年[illegible] 宜正四十二月 不宜九月 九品從仕郎觀象所書記臣金永善

羽姓屬水 今年小通 宜正十二月 不宜九月 [illegible] [illegible]臣金東柄

右戊申年丁亥[illegible] [illegible]合日 [illegible]臣全相[illegible]

嫁娶周堂圖 凡嫁娶[illegible]日大月從夫 [illegible]臣全泰[illegible]

小月從婦 [illegible]臣金[illegible]

[illegible]日用之[illegible] [illegible]臣[illegible]老

[illegible]亦可用 九品從仕郎觀象所[illegible]臣[illegible]

12 大韓隆熙三年曆(1909)

大韓隆熙三年曆

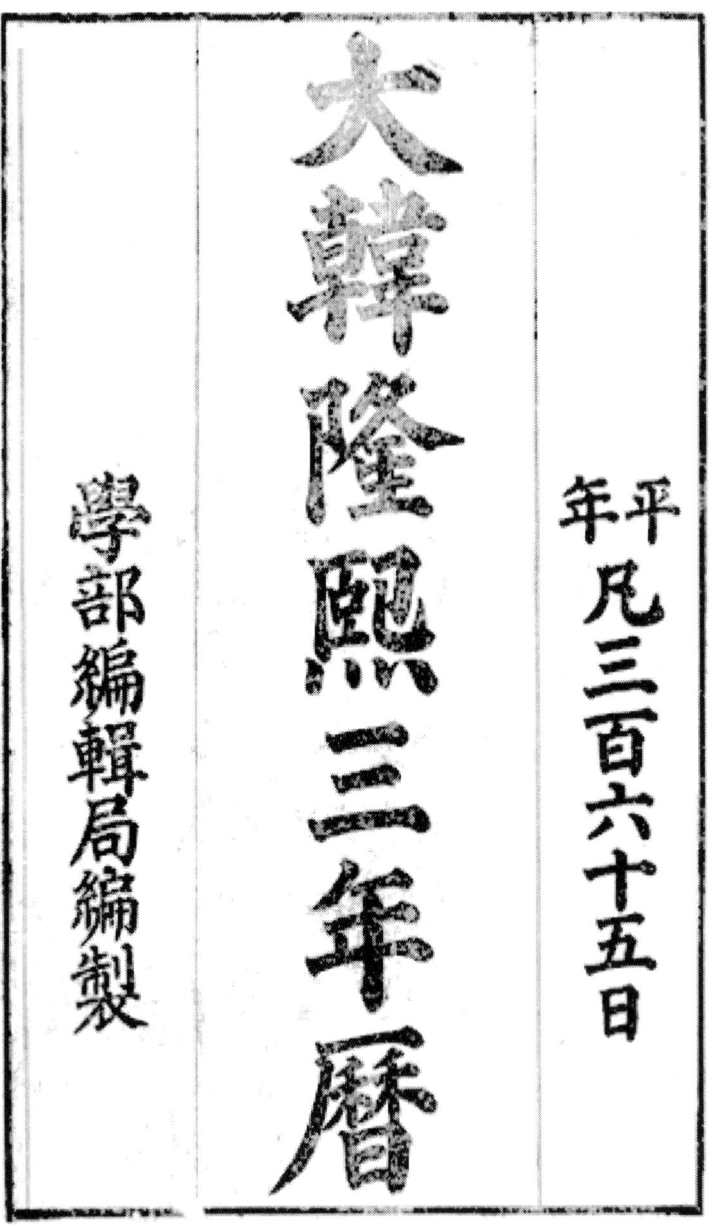

平年 凡三百六十五日

大韓隆熙三年曆

學部編輯局編製

月表

一月大 二月平 三月大 四月小
五月大 六月小 七月大 八月大
九月小 十月大 十一月小 十二月大

日曜表

一月三日十日十七日廿四日卅一日 七月四日十一日十八日廿五日
二月七日十四日廿一日廿八日 八月一日八日十五日廿二日廿九日
三月七日十四日廿一日廿八日 九月五日十二日十九日廿六日
四月四日十一日十八日廿五日 十月三日十日十七日廿四日卅一日
五月二日九日十六日廿三日卅日 十一月七日十四日廿一日廿八日
六月六日十三日廿日廿七日 十二月五日十二日十九日廿六日

閏表

陽曆閏每在陰曆甲子庚年百年一
次閏爲平年四百年一次閏爲閏年
不足之數至八千年爲一日二時四
十分 開國二百九年庚子閏爲閏年 光武四年庚子閏爲平年

六月四日月食

食分十一分四十九秒
初虧午前八時三十三分
食既午前九時三十七分
食甚午前十時○九分
生光午前十時四十二分
復圓午前十一時五十五分

六月十八日日食

食分四分二十四秒
初虧午前五時四十七分 初虧西北
食甚午前六時三十六分 食甚正北
復圓午前七時二十八分 復圓東北

十一月二十七日月食

食分十三分四十六秒
初虧午後四時○三分 初虧正東
食既午後五時○六分
食甚午後五時四十七分
生光午後六時二十八分
復圓午後七時三十一分 復圓正西

一月大三十一日　舊曆

陰十二月大初十日辛酉木室收宜[illegible]

一日	金	陰十二月大初十日辛酉木室收[illegible]
二日	土	十一壬戌水開宜[illegible]
三日	日	十二癸亥水閉
四日	月	十三甲子金建
五日	火	十四乙丑金除
六日	水○望午後二時○分	十五丙寅火滿小寒十二月節

小寒午前七時三十六分

舊十二月節　日出七時十五分　日入四時四十五分　晝九時三十分　夜十四時三十分

七日	木	十六丁卯火平
八日	金	十七戊辰木定
九日	土	十八己巳木執[illegible]
十日	日	十九庚午土破[illegible]
十一日	月　臘	二十辛未土危[illegible]
十二日	火	廿一壬申金成[illegible]
十三日	水	廿二癸酉金收[illegible]
十四日	木	廿三甲戌火開

十五日金 ◐下弦午前四時五十六分　廿四乙亥火開 宜會親友裁衣動土結婚開市納財
十六日土　廿五丙子水閉 [illegible]
十七日日　廿六丁丑水建 宜[illegible]
十八日月　廿七戊寅土除
十九日火　廿八己卯土滿
二十日水　廿九庚辰金平
二十一日木　三十辛巳金定 大寒十二月中

大寒午前○時五十三分

二十二日金 ●合朔午前六時四十五分　初一壬午木執 宜祭祀[illegible]

舊十二月大 日出七時○六分 日入四時五十四分 晝九時四十八分 夜十四時十二分

二十三日土　初二癸未木破
二十四日日　初三甲申水危 宜[illegible]
二十五日月　初四乙酉水成 宜[illegible]
二十六日火　初五丙戌土收
二十七日水　初六丁亥土開
二十八日木 ◑上弦午後十時五十六分　初七戊子火閉
二十九日金　初八己丑火建
三十日土　初九庚寅木除 宜[illegible]
三十一日日　初十辛卯木滿

二月平二十八日

一日月 十一壬辰水畢平

二日火 十二癸巳水觜定宜冠帶結婚姻嫁娶裁衣上樑宜用巳時納財

三日水 十三甲午金參執宜捕捉

四日木 十四乙未金井執立春正月節

立春午後七時〇五分 舊正月節 日出六時五十二分 晝十一時十六分 日入五時〇八分 夜十二時四十四分

五日金 〇望午後四時〇九分 十五丙申火鬼破宜破屋

六日土 十六丁酉火柳危宜上官嫁娶移徙裁衣動土上樑宜用午時納財栽種安葬

七日日 十七戊戌木星成

八日月 十八己亥木張收宜開市納財栽種

九日火 十九庚子土翼開宜入學

十日水 二十辛丑土軫閉

十一日木 廿一壬寅金角建宜上樑宜用卯時安葬啓攢

十二日金 廿二癸卯金亢除宜上官啓攢

十三日土 ◐下弦午後八時二十一分 廿三甲辰火氐滿

十四日日 廿四乙巳火房平

十五日	月		廿五丙午水心定宜[illegible]
十六日	火		廿六丁未水尾執宜[illegible]動土[illegible]納[illegible]種安葬
十七日	水		廿七戊申土箕破宜破屋
十八日	木		廿八己酉土斗危宜安葬
十九日	金		廿九庚戌金牛成雨水正月中

雨水午後三時○四分　舊正月中　日出六時三十六分　日入五時二十四分　晝十一時四十八分　夜十二時十二分

二十日	土	●合朔午後四時[illegible]	正月大 初一辛亥金女收宜[illegible]
二十一日	日		初二壬子木虛開宜[illegible]
二十二日	月		初三癸丑木危閉
二十三日	火		初四甲寅水室建
二十四日	水		初五乙卯水壁除
二十五日	木		初六丙辰土奎滿宜[illegible]
二十六日	金		初七丁巳土婁平
二十七日	土	◐上弦午前七時四十六分	初八戊午火胃定宜[illegible]
二十八日	日		初九己未火昴執

三月大三十一日

日		
一日月		初十庚申木畢破
二日火		十一辛酉木觜危
三日水		十二壬戌水參成宜入學裁衣動土上樑立券開市納財安葬
四日木		十三癸亥水井收
五日金		十四甲子金鬼開
六日土		十五乙丑金柳閉驚蟄二月節
驚蟄午後一時三十六分		舊二月節 日出六時十八分 晝十一時二十四分 日入五時四十二分 夜十二時三十六分
七日日	○望午前八時四十六分	十六丙寅火星閉宜裁衣納財栽種
八日月		十七丁卯火張建宜上官移徙裁衣上樑立券納財栽種
九日火		十八戊辰木翼除宜會
十日水		十九己巳木軫滿宜上樑立柱
十一日木		二十庚午土角平
十二日金		廿一辛未土亢定宜冠帶嫁娶移徙裁衣動土上樑開市納財
十三日土		廿二壬申金氐執
十四日日		廿三癸酉金房破

乾元節

十五日月◐下弦午前十一時五十三分	廿四甲戌火心危宜嫁娶移徙裁衣動土上樑開市納財栽種安葬
十六日火	廿五乙亥火尾成宜嫁娶入宅移徙裁衣動土上樑補垣
十七日水	廿六丙子水箕收
十八日木	廿七丁丑水斗開宜嫁娶入宅移徙動土上樑補垣
十九日金 社	廿八戊寅土牛閉宜裁衣納財栽種安葬
二十日土	廿九己卯土女建
二十一日日	三十庚辰金虛除春分二月中

春分午後七時十三分　舊二月中　日出六時○分　日入六時○分　晝十二時○分　夜十二時○分

二十二日月●合朔午前四時○六分　閏二月小	初一辛巳金危滿宜裁衣開市納財
二十三日火	初二壬午木室平
二十四日水	初三癸未木壁定宜祭祀冠帶嫁娶入宅移徙裁衣動土上樑開市納財
二十五日木	初四甲申水奎執
二十六日金	初五乙酉水婁破
二十七日土	初六丙戌土胃危
二十八日日	初七丁亥土昴成
二十九日月◑上弦午前四時四十六分	初八戊子火畢收
三十日火	初九己丑火觜開宜嫁娶入宅移徙裁衣動土上樑開市納財
三十一日水	初十庚寅木參閉宜裁衣納財栽種安葬

四月小三十日

一日	木		十一辛卯木井建宜上官
二日	金		十二壬辰水鬼除宜上官
三日	土		十三癸巳水柳滿
四日	日		十四甲午金星平
五日	月		十五乙未金張平 清明三月節

淸明午後六時五十八分　舊三月節　日出五時四十二分 日入六時十八分　晝十二時三十六分 夜十一時二十四分

六日	火	○望午前四時三十四分　寒食	十六丙申火翼定
七日	水		十七丁酉火軫執宜上官移徙裁衣上樑立券補垣納財安葬
八日	木		十八戊戌木角破宜破屋
九日	金		十九己亥木亢危宜納財栽種
十日	土		二十庚子土氐成宜上官冠帶結婚姻裁衣動土上樑立券開市納財栽種修倉
十一日	日		廿一辛丑土房收宜納財
十二日	月		廿二壬寅金心開宜上官冠帶結婚移徙裁衣動土上樑立券開市栽種
十三日	火	◑下弦午後十時三十八分	廿三癸卯金尾閉
十四日	水		廿四甲辰火箕建

十五日	木		廿五乙巳火斗除
十六日	金		廿六丙午水牛滿
十七日	土		廿七丁未水女平
十八日	日		廿八戊申土虛定土王用事
十九日	月		廿九己酉土危執
二十日	火	●合朔午後○時五十五分 三月小	初一庚戌金室破
二十一日	水		初二辛亥金壁危穀雨三月中宜納財

穀雨午前二時三十分　舊三月中　日出五時二十四分　晝十三時十二分　日入六時三十六分　夜十時四十八分

二十二日	木		初三壬子木奎成宜上官入學嫁娶裁衣豎柱上樑開市納財安葬啓攅
二十三日	金		初四癸丑木婁收宜納財
二十四日	土		初五甲寅水胃開
二十五日	日		初六乙卯水昴閉
二十六日	月		初七丙辰土畢建
二十七日	火	◐上弦午後四時四十三分	初八丁巳土觜除宜上官嫁娶移徙裁衣上樑破屋壞垣開市納財
二十八日	水		初九戊午火參滿
二十九日	木		初十己未火井平
三十日	金		十一庚申木鬼定

五月大三十一日

一日	土		十二辛酉木柳執
二日	日		十三壬戌水星破
三日	月		十四癸亥水張危
四日	火		十五甲子金翼成宜[illegible]
五日	水	○望午後八時○八分	十六乙丑金軫收
六日	木		十七丙寅火角開宜[illegible]
		立夏午後一時○七分	舊四月節　日出五時○八分　晝十三時四十四分　日入六時五十二分　夜十時十六分
七日	金		十八丁卯火亢開宜入學
八日	土		十九戊辰木氐閉
九日	日		二十己巳木房建
十日	月		廿一庚午土心除宜[illegible]
十一日	火		廿二辛未土尾滿
十二日	水		廿三壬申金箕平
十三日	木	◑下弦午前五時四十九分	廿四癸酉金斗定宜[illegible]
十四日	金		廿五甲戌火牛執

十五日	土		廿六乙亥火女成宜破屋
十六日	日		廿七丙子水虛危宜上官移徙裁衣動土上樑[illegible]栽種
十七日	月		廿八丁丑水危成宜上官入學裁衣動土上樑[illegible]開市納財
十八日	火		廿九戊寅土室收
十九日	水	●合朔午後九時四十六分 四月大	初一己卯土壁開宜入斂
二十日	木		初二庚辰金奎閉
二十一日	金		初三辛巳金婁建宜上官[illegible]
二十二日	土		初四壬午木胃除小滿四月中宜[illegible]

小滿午前四時二十七分

舊四月中 日出四時五十四分 日入七時〇六分 晝十四時十二分 夜九時四十八分

二十三日	日		初五癸未木昴滿
二十四日	月		初六甲申水畢平
二十五日	火		初七乙酉水觜定宜上官[illegible]
二十六日	水		初八丙戌土參執宜裁衣
二十七日	木	◐上弦午前九時二十六分	初九丁亥土井破宜療病
二十八日	金		初十戊子火鬼危宜裁衣
二十九日	土		十一己丑火柳成
三十日	日		十二庚寅木星收宜上官[illegible]
三十一日	月		十三辛卯木張開宜上官入學[illegible]

六月小三十日

一日	火		十四壬辰水翼閉
二日	水		十五癸巳水軫建
三日	木		十六甲午金角除[illegible]
四日	金	○望午前九時二十六分 [illegible]	十七乙未金亢滿
五日	土		十八丙申火氐平[illegible]
六日	日		十九丁酉火房定[illegible]

芒種午後[illegible]時[illegible]分　舊五月節　日出四時四十五分　晝十四時三十分　日入七時十五分　夜九時三十分

七日	月		二十戊戌木心定
八日	火		廿一己亥木尾執
九日	水		廿二庚子土箕破
十日	木		廿三辛丑土斗危
十一日	金	◑下弦午前[illegible]時[illegible]分	廿四壬寅金牛成[illegible]
十二日	土		廿五癸卯金女收
十三日	日		廿六甲辰火虛開
十四日	月		廿七乙巳火危閉

十五日火		廿八丙午水壁建
十六日水		廿九丁未水奎除 宜[illegible]
十七日木		三十戊申土婁滿
十八日金	●合朔午前十時三十分	**舊五月小** 初一己酉土胃平
十九日土		初二庚戌金昴定 宜[illegible]
二十日日		初三辛亥金畢執
二十一日月		初四壬子木觜破
二十二日火		初五癸丑木參危 宜[illegible]
	夏至午前五時三十二分	**舊五月中** 日出午前四時四十二分 晝十四時三十六分 日入七時十八分 夜九時二十四分
二十三日水		初六甲寅水井成 宜[illegible]
二十四日木		初七乙卯水鬼收
二十五日金		初八丙辰土柳開 宜[illegible]
二十六日土	◐上弦午前[illegible]	初九丁巳土星閉 宜[illegible]
二十七日日		初十戊午火張建
二十八日月		十一己未火翼除 宜[illegible]
二十九日火		十二庚申木軫滿 宜[illegible]
三十日水		十三辛酉木角平

七月大三十一日

日	曜	記事	陰曆
一	日木		十四壬戌水角定
二	日金		十五癸亥水亢執
三	日土	○望午後八時○七分	十六甲子金氐破
四	日日		十七乙丑金房危
五	日月		十八丙寅火心成 [illegible]
六	日火		十九丁卯火尾收
七	日水		二十戊辰木箕開 [illegible]
八	日木		廿一己巳木斗閉 [illegible]
		小暑午前四時三十分	舊六月節 日出四時四十五分 日入七時十五分 晝十四時三十分 夜九時三十分
九	日金		廿二庚午土牛閉 [illegible]
十	日土	◑下弦午後一時五十七分	廿三辛未土女建
十一	日日		廿四壬申金虛除
十二	日月		廿五癸酉金危滿
十三	日火		廿六甲戌火室平
十四	日水		廿七乙亥火壁定 [illegible]

日		
十五日木		廿八丙子水參執
十六日金		廿九丁丑水井破
十七日土	●合朔午後[illegible]時三十[illegible]分　六月大	初一戊寅土鬼危 宜[illegible]
十八日日		初二己卯土柳成 宜[illegible]
十九日月	初伏	初三庚辰金星收
二十日火		初四辛巳金張開 宜入學
二十一日水		初五壬午木翼閉 宜[illegible]
二十二日木		初六癸未木軫建 宜[illegible]
二十三日金		初七甲申水角除 大暑六月中 宜[illegible]
大暑午後九時五十七分		舊六月中　日出四時五十四分　日入七時○六分　晝十四時十二分　夜九時四十八分
二十四日土		初八乙酉水亢滿
二十五日日	◐上弦午後[illegible]時二十五分	初九丙戌土氐平
二十六日月		初十丁亥土房定 宜[illegible]
二十七日火		十一戊子火心執 宜[illegible]
二十八日水		十二己丑火尾破
二十九日木	中伏	十三庚寅木箕危 宜[illegible]
三十日金		十四辛卯木斗成
三十一日土		十五壬辰水牛收 宜納財

八月大三十一日

一日	日		十六癸巳水房開
二日	月	○望午前五時○六分	十七甲午金心閉宜栽種
三日	火		十八乙未金尾建宜上官嫁娶
四日	水		十九丙申火箕除
五日	木		二十丁酉火斗滿
六日	金		廿一戊戌木牛平
七日	土		廿二己亥木女定
八日	日	◑下弦午後八時○五分　末伏	廿三庚子土虛定立秋七月節
		立秋午後二時二十二分	舊七月節　日出五時○八分　日入六時五十二分　晝十三時四十四分　夜十時十六分
九日	月		廿四辛丑土危執
十日	火		廿五壬寅金室破
十一日	水		廿六癸卯金壁危宜上官嫁娶移徙裁衣入宅修造動土開市納財安葬
十二日	木		廿七甲辰火奎成
十三日	金		廿八乙巳火婁收
十四日	土		廿九丙午水胃開宜入學

十五日日		三十丁未水昴閉
十六日月	●合朔午前七時四十分　七月小	初一戊申土畢建宜裁衣上樑設帳納財安葬
十七日火		初二己酉土觜除宜安葬
十八日水		初三庚戌金參滿宜裁衣栽種
十九日木		初四辛亥金井平
二十日金		初五壬子木鬼定
二十一日土		初六癸丑木柳執宜上官裁衣動土上樑設帳納財栽種安葬
二十二日日		初七甲寅水星破
二十三日月		初八乙卯水張危
二十四日火	◐上弦午前十一時三十五分	初九丙辰土翼成處暑七月中宜入學
處暑午前四時五十六分		舊七月中　日出五時三十四分 日入六時二十六分　晝十三時十二分 夜十時四十八分
二十五日水		初十丁巳土軫收宜上官嫁娶移徙裁衣上樑設帳開市納財
二十六日木		十一戊午火角開宜上官入學嫁娶移徙裁衣動土上樑設帳開市栽種
二十七日金		十二己未火亢閉
二十八日土		十三庚申木氐建宜上官裁衣納財
二十九日日		十四辛酉木房除
三十日月		十五壬戌水心滿宜上官移徙裁衣動土上樑設帳開市納財栽種安葬
三十一日火	○望午後一時○四分	十六癸亥水尾平

九月小三十日

一	日水		十七甲子金箕定宜祭祀[illegible]移徙裁衣動土上樑[illegible]開市納財
二	日木		十八乙丑金斗執
三	日金		十九丙寅火牛破
四	日土		二十丁卯火女危宜[illegible]
五	日日		廿一戊辰木虛成宜[illegible]裁衣動土上樑[illegible]納財安葬
六	日月		廿二己巳木危收宜[illegible]移徙動土[illegible]
七	日火	◑下弦午前一時四十五分	廿三庚午土室開
八	日水		廿四辛未土壁閉白露八月節
		白露午後五時○三分	**舊八月節** 日出五時四十五分 日入六時十八分 晝十二時三十六分 夜十一時二十四分
九	日木		廿五壬申金奎閉
十	日金		廿六癸酉金婁建
十一	日土		廿七甲戌火胃除宜[illegible]
十二	日日		廿八乙亥火昴滿宜[illegible]移徙裁衣動土上樑[illegible]開市納財
十三	日月		廿九丙子水畢平
十四	日火	●合朔午後十一時五十六分	八月大初一丁丑水觜定宜[illegible]裁衣動土上樑[illegible]納財

乾元節

陽曆	記事	陰曆
十五日水		初二戊寅土參執
十六日木		初三己卯土井破
十七日金		初四庚辰金鬼危 [illegible]
十八日土		初五辛巳金柳成
十九日日		初六壬午木星收
二十日月		初七癸未木張開 [illegible]
二十一日火		初八甲申水翼閉 [illegible]
二十二日水		初九乙酉水軫建
二十三日木	◑上弦午前三時十一分	初十丙戌土角除
二十四日金		十一丁亥土亢滿 秋分八月中
秋分午前三時十六分		舊八月中 日出六時○分 日入六時○分 晝十二時○分 夜十二時○分
二十五日土	社	十二戊子火氐平
二十六日日		十三己丑火房定
二十七日月		十四庚寅木心執
二十八日火		十五辛卯木尾破
二十九日水	○望午後九時十一分	十六壬辰水箕危
三十日木		十七癸巳水斗成

[illegible]

十月大三十一日

一日	金		十八甲午金牛收
二日	土		十九乙未金女開宜祭祀上官入學會親友嫁娶移徙上樑裁衣[illegible]
三日	日		二十丙申火虛閉
四日	月		廿一丁酉火危建
五日	火		廿二戊戌木室除
六日	水	◑下弦午後二時五十四分	廿三己亥木壁滿
七日	木		廿四庚子土奎平
八日	金		廿五辛丑土婁定宜[illegible]納財
九日	土		廿六壬寅金胃[illegible]九月節
		寒露午前八時十六分	舊九月節 日出六時十八分 晝十一時二十四分 日入五時四十二分 夜十二時三十六分
十日	日		廿七癸卯金昴執宜祭祀上官[illegible]嫁娶移徙[illegible]動土[illegible]裁衣[illegible]
十一日	月		廿八甲辰火畢破宜破屋
十二日	火		廿九乙巳火觜危
十三日	水		三十丙午水參成
十四日	木	●合朔午後[illegible]時[illegible]分	舊十月大 初一丁未水井收

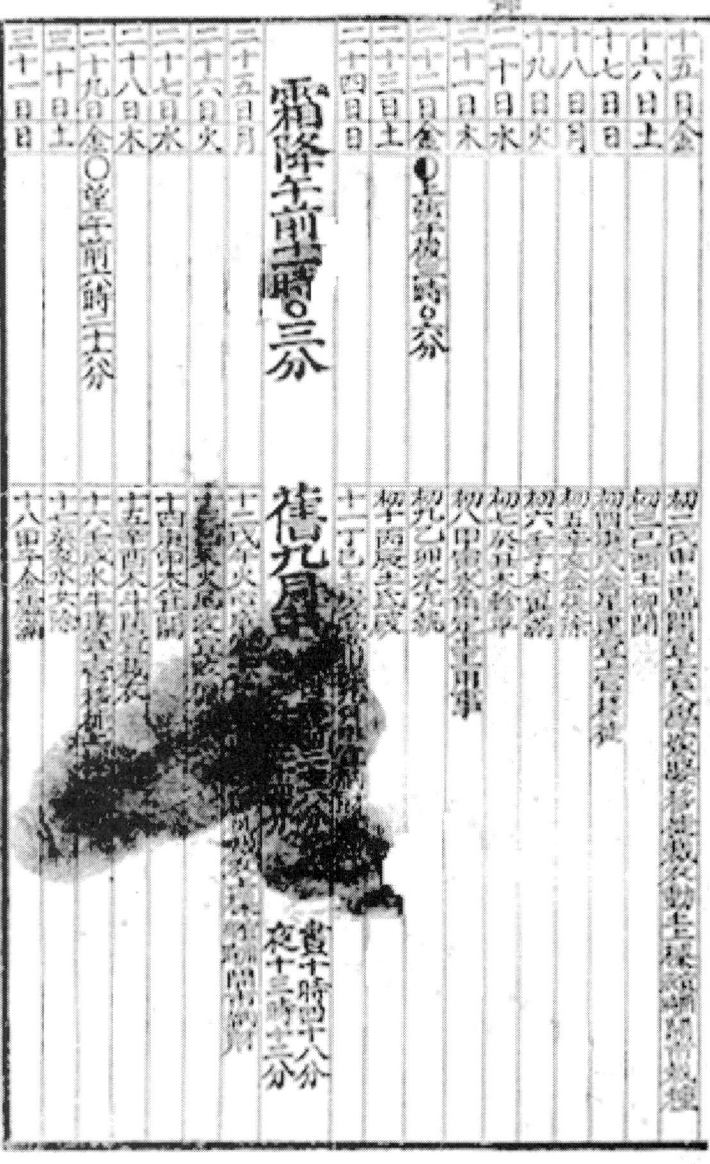

十五日金
十六日土
十七日日
十八日月
十九日火
二十日水
二十一日木
二十二日金◐上弦午後[illegible]時○[illegible]分
二十三日土
二十四日日
霜降午前[illegible]時○三分
二十五日月
二十六日火
二十七日水
二十八日木
二十九日金○望午前[illegible]時二十分
三十日土
三十一日日

舊九月

十一月小三十日

日	曜	弦望	舊曆
一日	月		十九乙[illegible]金危平
二日	火		二十丙[illegible]
三日	水		廿一丁[illegible]
四日	木		廿二[illegible]
五日	金	◑下弦午前[illegible]分	廿三[illegible]
六日	土		廿四[illegible]
七日	日		廿五辛未[illegible]
八日	月		廿六壬申金[illegible]
立冬午前七時四十七分			舊十月節　日出六時五十三分　日入五時○八分　晝[illegible]時十六分　夜十三時四十四分
九日	火		廿七癸酉[illegible]
十日	水		廿八甲戌[illegible]
十一日	木		廿九乙亥火井建
十二日	金		三十丙子水鬼除
十三日	土	●合朔午前[illegible]分	十月大初一丁丑[illegible]
十四日	日		初二戊寅[illegible]

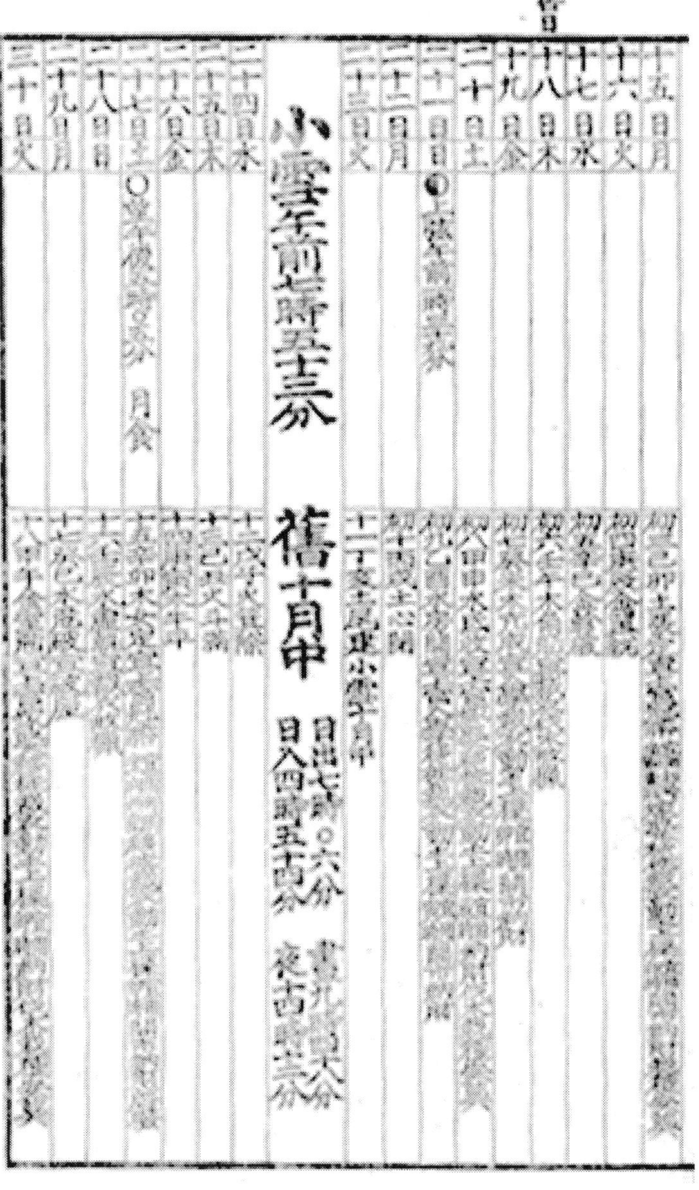

十五日月
十六日火
十七日水
十八日木
十九日金
二十日土
二十一日日
二十二日月
二十三日火
二十四日水
二十五日木
二十六日金
二十七日土
二十八日日
二十九日月
三十日火

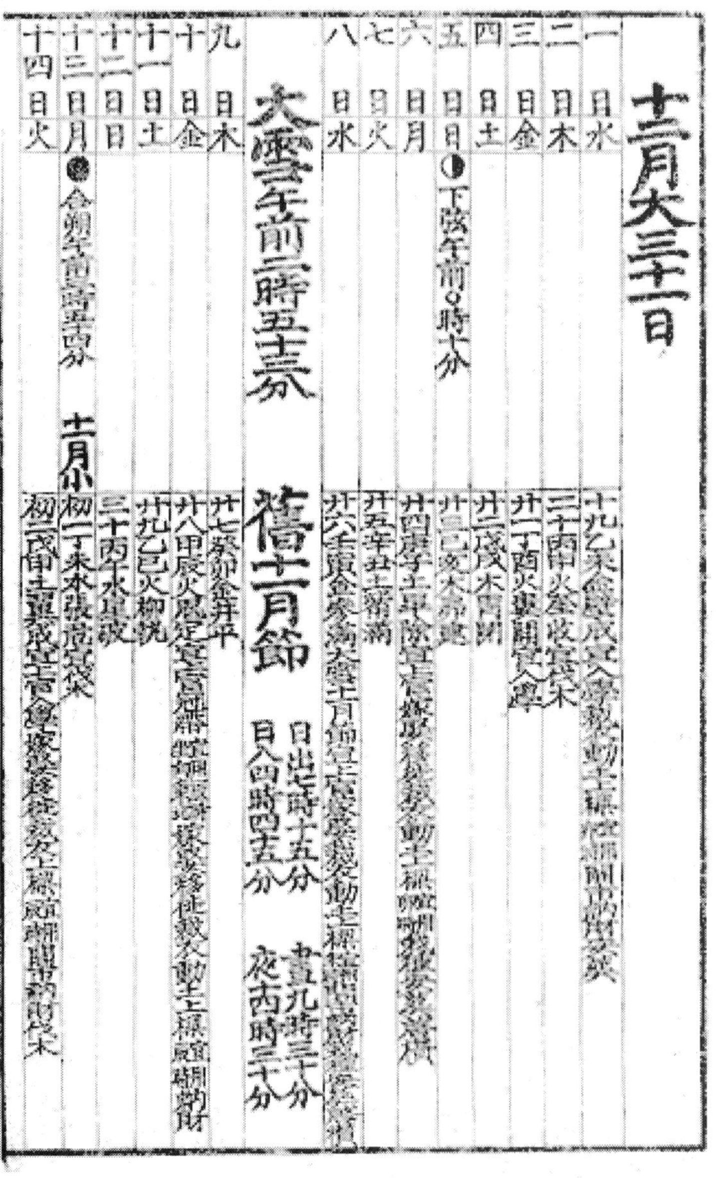

十二月大三十一日

日	曜	記事	陰曆
一日	水		十九乙未金壁成[illegible]
二日	木		二十丙申火奎收宜葬未
三日	金		廿一丁酉火婁開[illegible]
四日	土		廿二戊戌木胃閉
五日	日	◑下弦午前〇時七分	廿三己亥木昴建
六日	月		廿四庚子土畢除[illegible]
七日	火		廿五辛丑土觜滿
八日	水		廿六壬寅金參滿[illegible]
		大雪午前二時五十六分	舊十二月節 日出七時十五分 晝九時三十分 日入四時四十五分 夜十四時三十分
九日	木		廿七癸卯金井平
十日	金		廿八甲辰火鬼定[illegible]
十一日	土		廿九乙巳火柳執
十二日	日		三十丙午水星破
十三日	月	●合朔午前四時五十四分 十二月小	初一丁未水張危[illegible]
十四日	火		初二戊申土翼成[illegible]

陽曆		舊曆
十五日木		初三己酉土軫收宜臘
十六日水		初四庚戌金角開宜入學裁衣動土栽植納畜
十七日金		初五辛亥金亢閉
十八日土		初六壬子木氐建
十九日日		初七癸丑木房除宜襲爵受封裁衣動土栽植開市納財
二十日月	◐上弦午前七時十九分	初八甲寅水心滿宜嫁娶裁衣動土栽植開市納財牧養
二十一日火		初九乙卯水尾平
二十二日水		初十丙辰土箕定冬至十一月中宜冠帶會親友納采婚姻裁衣動土栽植開市納財
	冬至午後八時二十九分	舊十一月中 日出七時十八分 日入四時四十二分 晝九時二十四分 夜十四時三十六分
二十三日木		十一丁巳土斗執
二十四日金		十二戊午火牛破
二十五日土		十三己未火女危宜祭祀
二十六日日		十四庚申木虛成
二十七日月	○望午前五時四十二分	十五辛酉木危收
二十八日火		十六壬戌水室開宜入學裁衣動土栽植開市納財
二十九日水		十七癸亥水壁閉
三十日木		十八甲子金奎建
三十一日金		十九乙丑金婁除宜襲爵受封裁衣動土栽植破土安葬

附

隆熙三年中陰曆歲次己酉年月表及節候表

（[illegible]）

月	朔	節候	節候
正月小	壬午	十四日 二月四日 乙未 戌初初刻六分 立春 正月節	二十九日 二月十九日 庚戌 申正初刻四分 雨水 正月中
二月大	辛亥	十五日 三月六日 乙丑 未初三刻六分 驚蟄 二月節	三十日 三月二十一日 庚辰 申正二刻十分 春分 二月中
閏二月小	辛巳	十五日 四月五日 乙未 酉正三刻十分 清明 三月節	
三月小	庚戌	初一日 四月二十日 庚戌 子正二刻 穀雨 三月中	十七日 五月六日 丙寅 午初初刻七分 立夏 四月節
四月大	己卯	初三日 五月二十一日 辛巳 丑正一刻十二分 小滿 四月中	十九日 六月六日 丁酉 申初二刻八分 芒種 五月節
五月小	己酉	初五日 六月二十二日 癸丑 巳正二刻七分 夏至 五月中	二十一日 七月八日 己巳 寅正三刻 小暑 六月節
六月大	戊寅	初七日 七月二十三日 甲申 亥正三刻六分 大暑 六月中	二十三日 八月八日 庚子 辰正三刻二分 立秋 七月節
七月小	戊申	初九日 八月二十四日 丙辰 午正三刻十二分 處暑 七月中	二十四日 九月八日 辛未 亥初四刻八分 白露 八月節
八月大	丁丑	十一日 九月二十四日 丁亥 未正二刻一分 秋分 八月中	二十六日 十月九日 壬寅 亥正三刻六分 寒露 九月節
九月大	丁未	十一日 十月二十四日 丁巳 子初初刻十二分 霜降 九月中	二十六日 十一月八日 壬申 巳正三刻六分 立冬 十月節
十月大	丁丑	十一日 十一月二十三日 丁亥 辰初初刻八分 小雪 十月中	二十六日 十二月八日 壬寅 寅正三刻八分 大雪 十一月節
十一月小	丁未	初十日 十二月二十二日 丙辰 戌正三刻四分 冬至 十一月中	二十五日 一月六日 辛未 未初初刻十二分 小寒 十二月節
十二月大	丙子	十一日 一月二十一日 丙戌 卯正三刻十一分 大寒 十二月中	二十六日 二月五日 辛丑 子正三刻十二分 立春 正月節

錄

年神方位圖

太歲己酉
十日得辛
二龍治水

嫁娶周堂圖

夫 廚 婦
姑 竈 第
翁 堂 門

凡選擇嫁娶日大月從夫順數小月從婦逆數擇得第堂廚竈日用之如遇翁姑而無翁姑者亦可用

逐日人神所在不宜針灸

一日在足大指 二日在外踝 三日在股內 四日在腰
五日在口 六日在手 七日在內踝 八日在腕
九日在尻 十日在腰背 十一日在鼻柱 十二日在髮際
十三日在牙齒 十四日在胃脘 十五日在遍身 十六日在胸
十七日在氣衝 十八日在股內 十九日在足 二十日在內踝
二十一日在手小指 二十二日在外踝 二十三日在肝及足 二十四日在手陽明
二十五日在足陽明 二十六日在胸 二十七日在膝 二十八日在陰
二十九日在膝脛 三十日在足趺

百忌日

甲不開倉 乙不栽植 丙不修竈 丁不剃頭 戊不受田
己不破券 庚不經絡 辛不合醬 壬不決水 癸不詞訟
子不問卜 丑不冠帶 寅不祭祀 卯不穿井 辰不哭泣
巳不遠行 午不苫蓋 未不服藥 申不安床 酉不會客
戌不乞狗 亥不嫁娶

天火日

正五九月子日 二六十月卯日
三七十一月午日 四八十二月酉日

收實定價金拾錢

大韓國政府印刷局製造

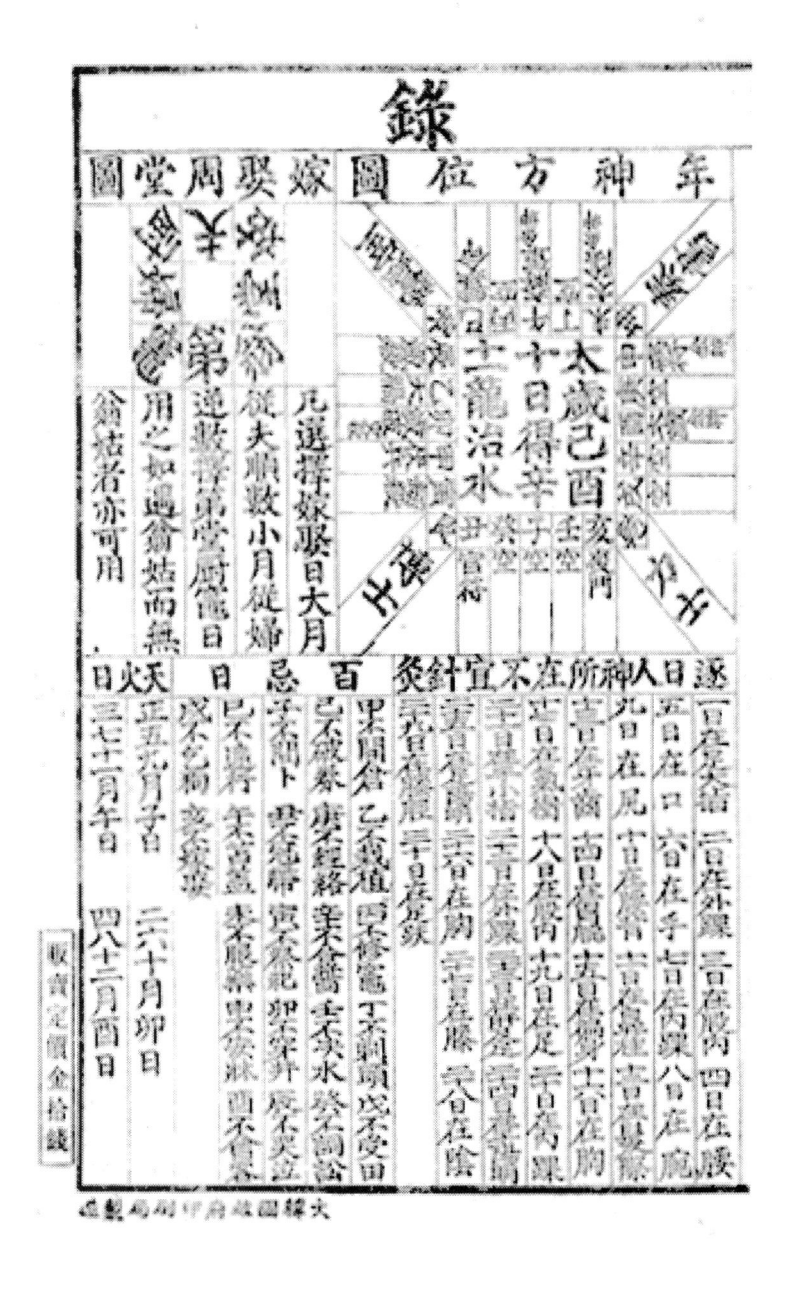

13 大韓隆熙四年曆(1910)

平年 凡三百六十五日

大韓隆熙四年曆

學部編輯局編製

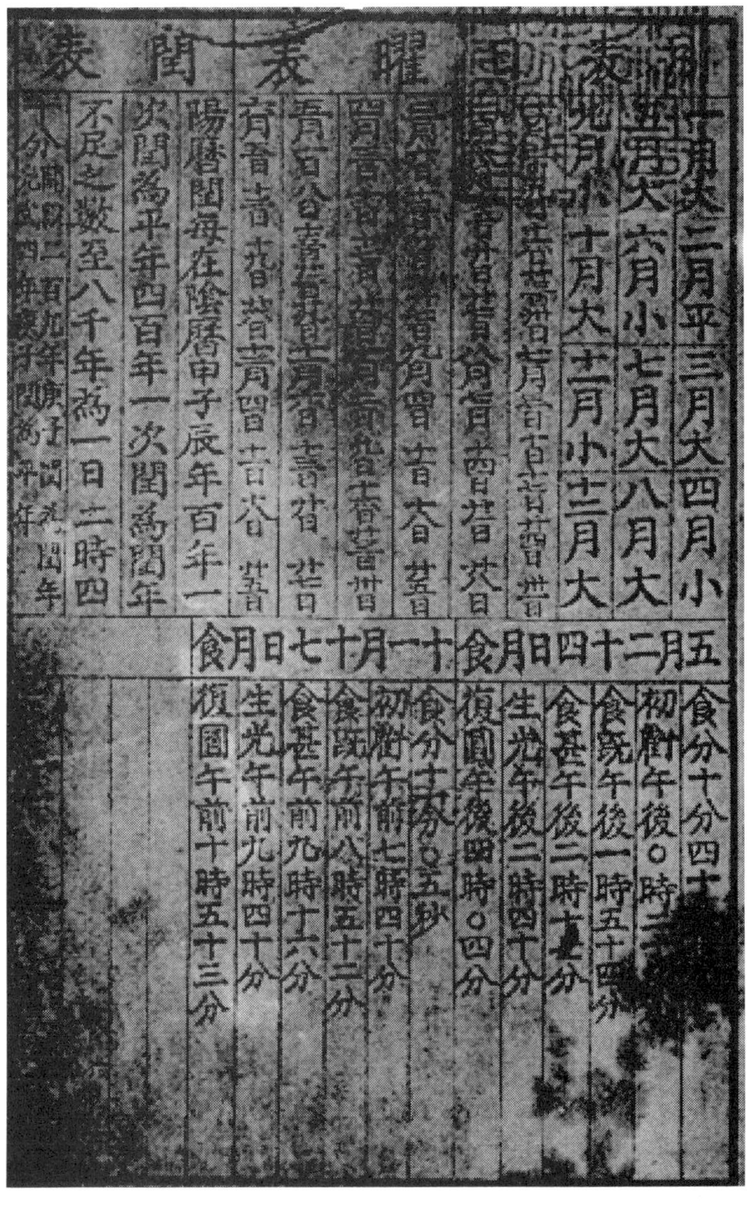

曜表

閏表

陽曆閏每在陰曆申子辰年百年一
次閏爲平年四百年一次閏爲閏年
不足之數至八千年爲一日二時四

二月平三月大四月小
六月小七月大八月大
十月大十一月小十二月大

五月二十四日月食
食分十分四十
初虧午後○時二
食既午後一時五十四分
食甚午後二時十分
生光午後二時四十分
復圓午後四時○四分

十一月十七日月食
食分十六分○五秒
初虧午前七時四十分
食既午前八時五十二分
食甚午前九時十六分
生光午前九時四十分
復圓午前十時五十三分

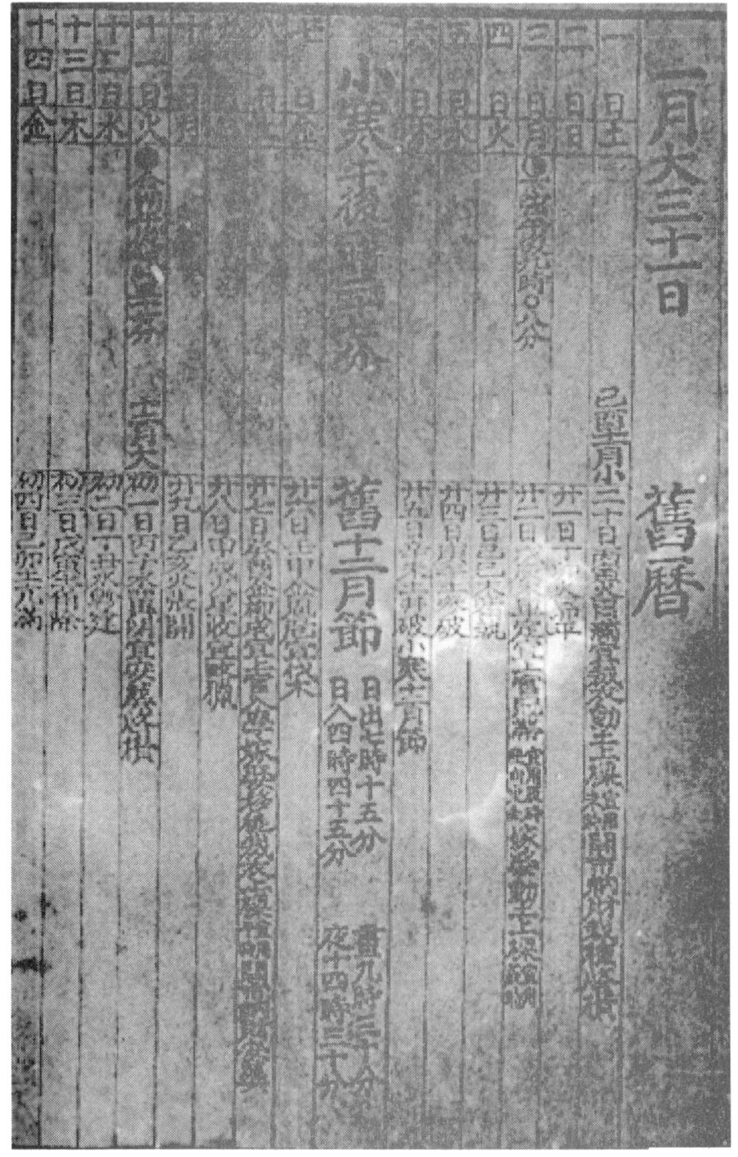

一月大三十一日

舊曆

舊十二月節

日出七時十五分
日入四時四十五分

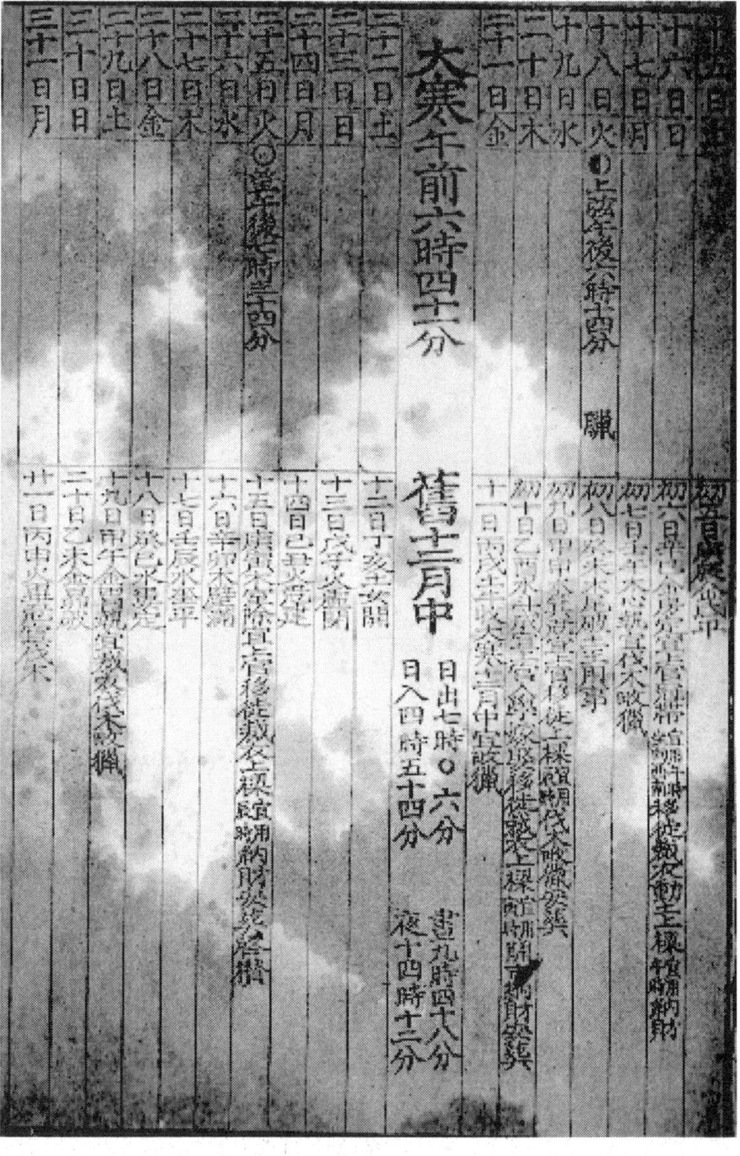

十六日日
十七日月
十八日火 ◐上弦午後六時十四分
十九日水
二十日木
二十一日金
大寒午前六時四十六分
二十二日土
二十三日日
二十四日月
二十五日火 ○望午後七時三十四分
二十六日水
二十七日木
二十八日金
二十九日土
三十日日
三十一日月

舊十二月中 日出七時○六分 日入四時五十四分 晝九時四十八分 夜十四時十二分

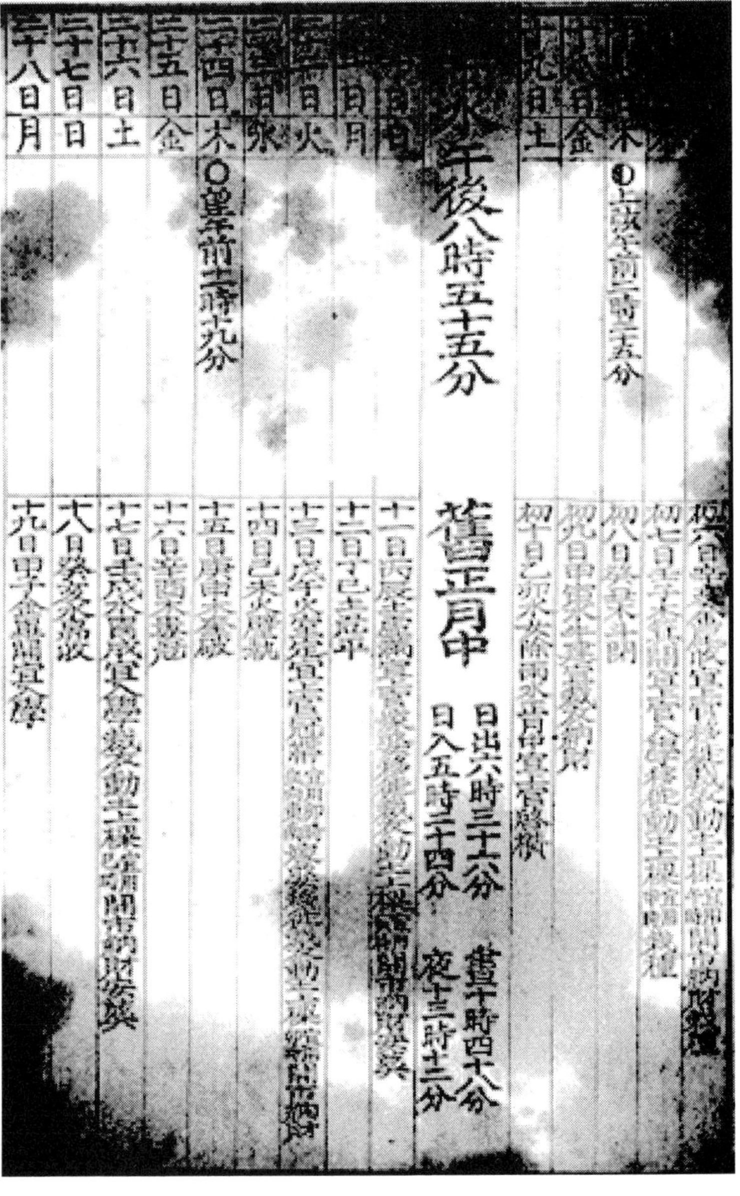

○上弦午前一時二十五分

○望午前十二時十九分

水午後八時五十五分

舊正月中 日出六時三十六分 晝十時四十八分
日入五時二十四分 夜十三時十二分

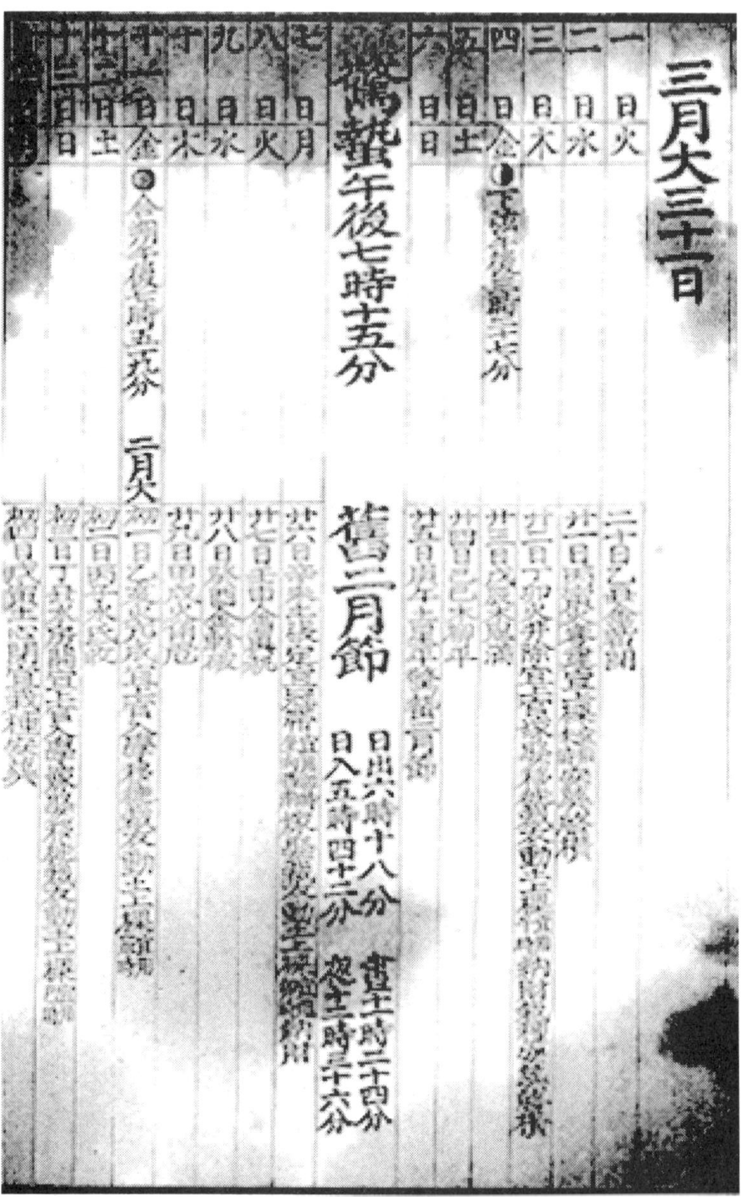

乾元節

十六日水
十七日木
十八日金 ◐上弦午前十時三十六分
十九日土
二十日日
二十一日月

春分午後八時二十七分

二十二日火
二十三日水
二十四日木 社
二十五日金
二十六日土 ○望午前四時三十六分
二十七日日
二十八日月
二十九日火
三十日水
三十一日木

初五日己卯土建
初六日庚辰金除
初七日辛巳金滿
初八日壬午木平
初九日癸未木定 [illegible]
初十日甲申水執
十一日乙酉水破 春分二月中

舊二月中

日出六時○分　晝十二時○分
日入六時○分　夜十二時○分

十二日丙戌土危
十三日丁亥土成
十四日戊子火收
十五日己丑火開
十六日庚寅木閉 [illegible]
十七日辛卯木建 [illegible]
十八日壬辰水除 [illegible]
十九日癸巳水滿
二十日甲午金平
廿一日乙未金定 [illegible]

四月小三十日

一日	金		廿二日丙申火執
二日	土		廿三日丁酉火破
三日	日	◑下弦午前八時三十分	廿四日戊戌木危
四日	月		廿五日己亥木成
五日	火		廿六日庚子土收
六日	水	寒食	廿七日辛丑土開清明三月節宜栽種

清明午前○時四十七分　舊三月節　日出五時四十二分　日入六時十八分　晝十二時三十六分　夜十一時二十四分

七日	木		廿八日壬寅金開宜上表章入學冠帶移徙裁衣動土豎柱上樑開市納財栽種
八日	金		廿九日癸卯金閉
九日	土		三十日甲辰火建
十日	日	●合朔午前五時二十六分　三月小	初一日乙巳火除
十一日	月		
十二日	火		
十三日	水		
十四日	木		

十五日金		初六日庚戌金[illegible]
十六日土	◐上弦午後七時○五分	初七日辛亥金[illegible]
十七日日		初八日壬子木[illegible]
十八日月		初九日癸丑木[illegible]
十九日火		初十日甲寅水[illegible]
二十日水		十一日乙卯水[illegible]
二十一日木		十二日丙辰土[illegible]
穀雨午前八時十九分		舊三月中 日出五時二十四分 日入六時三十六分 晝十三時十二分 夜十時四十八分
二十二日金		十三日丁巳土[illegible]
二十三日土		十四日戊午火[illegible]
二十四日日	○望午後九時二十六分	十五日己未火[illegible]平
二十五日月		十六日庚申木[illegible]定
二十六日火		十七日辛酉木[illegible]執
二十七日水		十八日壬戌水[illegible]破
二十八日木		十九日癸亥水[illegible]危
二十九日金		二十日甲子金[illegible]
三十日土		廿一日乙丑金[illegible]

五月大三十一日

一	日	日	廿一日丙寅火[illegible]
二	日	月	◑上弦午後九時三十四分　廿二日丁卯火閉
三	日	火	廿三日戊辰木建
四	日	水	廿四日己巳木除
五	日	木	廿五日庚午土滿
六	日	金	廿七日辛未土[illegible]舊四月節
立夏午後六時五十五分			舊四月節　日出五時○八分　晝十三時四十四分　日入六時五十二分　夜十時十六分
七	日	土	廿八日壬申金[illegible]
八	日	日	廿九日癸酉金[illegible]
九	日	月	●合朔午後一時三十七分　四月小　初一日甲戌火[illegible]
十	日	火	初二日乙亥火[illegible]
十一	日	水	初三日丙子水[illegible]
十二	日	木	初四日丁丑水[illegible]
十三	日	金	初五日戊寅土[illegible]
十四	日	土	初六日己卯土[illegible]

十五日日		初七日庚辰金[illegible]
十六日月	◐上弦午前十時十五分	初八日辛巳金[illegible]
十七日火		初九日壬午木[illegible]
十八日水		初十日癸未木[illegible]
十九日木		十一日甲申水[illegible]
二十日金		十二日乙酉水[illegible]
二十一日土		十三日丙戌土[illegible]
二十二日日		十四日丁亥土成 小滿四月中

小滿午前八時十五分　舊四月中　日出四時五十四分　日入七時○六分　晝十四時十二分　夜九時四十八分

二十三日月		十五日戊子火[illegible]
二十四日火	○望午後一時三十分　月食	十六日己丑火[illegible]
二十五日水		十七日庚寅木[illegible]
二十六日木		十八日辛卯木[illegible]
二十七日金		十九日壬辰水[illegible]
二十八日土		二十日癸巳水[illegible]
二十九日日		廿一日甲午金[illegible]
三十日月		廿二日乙未金[illegible]
三十一日火		廿三日丙申火[illegible]

六月小三十日

一日	水	◑下弦午前六時三分	廿四日丁酉火翼[illegible]
二日	木		廿五日戊戌木軫執[illegible]
三日	金		廿六日己亥木角破[illegible]
四日	土		廿七日庚子土亢危[illegible]
五日	日		廿八日辛丑土氐成[illegible]
六日	月		廿九日壬寅金房收 芒種五月節
		芒種午後十二時四十四分	舊五月節　日出四時四十五分　晝十四時三十分　日入七時十五分　夜九時三十分
七日	火	●合朔午後九時十八分	五月大 初一日癸卯金心收
八日	水		初二日甲辰火尾開
九日	木		初三日乙巳火箕閉
十日	金		初四日丙午水斗建
十一日	土		
十二日	日		
十三日	月		
十四日	火		初八日庚戌金室定[illegible]

陽曆	陰曆
十五日水 ◐下弦午前○時五十分	初九日辛亥金[illegible]
十六日木	初十日壬子木[illegible]
十七日金	十一日癸丑木[illegible]
十八日土	十二日甲寅水[illegible]
十九日日	十三日乙卯水[illegible]
二十日月	十四日丙辰土[illegible]
二十一日火	十五日丁巳土[illegible]
二十二日水	十六日戊午火[illegible]
夏至午後四時四十一分	舊五月中 日出四時四十二分 日入七時十八分 晝十四時三十六分 夜九時二十四分
二十三日木 ○望午前四時○五分	十七日己未火[illegible]
二十四日金	十八日庚申木[illegible]
二十五日土	十九日辛酉木[illegible]
二十六日日	二十日壬戌水[illegible]
二十七日月	廿一日癸亥水[illegible]
二十八日火	廿二日甲子金[illegible]
二十九日水	廿三日乙丑金[illegible]
三十日木 ◑上弦午後○時三十八分	廿四日丙寅火[illegible]

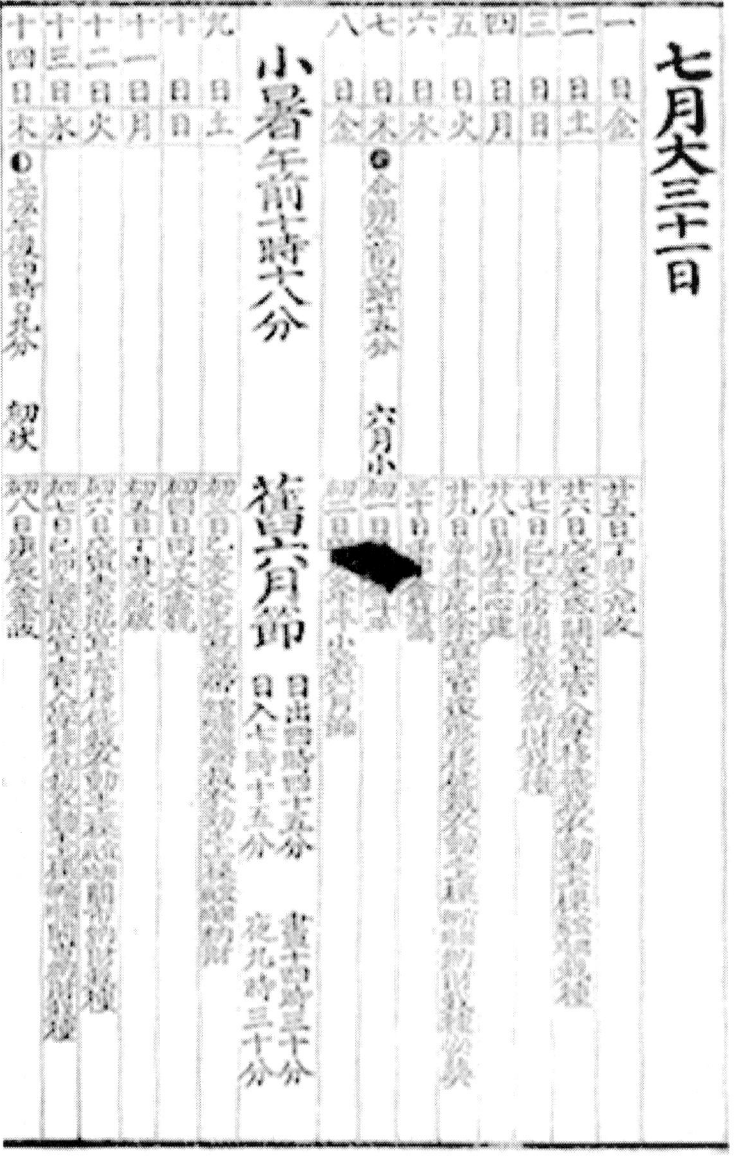

七月大三十一日

一日 金
二日 土
三日 日
四日 月
五日 火
六日 水
七日 木 ● 合朔
八日 金

小暑午前十時十八分　舊六月節　日出四時四十五分　日入七時十五分　晝十四時三十分　夜九時三十分

九日 土
十日 日
十一日 月
十二日 火
十三日 水
十四日 木 ◐ 上弦　初伏

十五日金　初九日 [illegible]
十六日土　初十日 [illegible]
十七日日　十一日 [illegible]
十八日月　十二日 [illegible]
十九日火　十三日 [illegible]
二十日水　十四日 [illegible]
二十一日木　十五日 [illegible]
二十二日金 ○望午後[illegible]　十六日 [illegible]
二十三日土　十七日 [illegible]
二十四日日 中伏　十八日 [illegible]

大暑午前三時四十五分　舊六月中　日出[illegible]　日入七時○六分　晝十四時十二分　夜九時四十八分

二十五日月　十九日 [illegible]
二十六日火　二十日 [illegible]
二十七日水　廿一日 [illegible]
二十八日木　廿二日 [illegible]
二十九日金 ◑下弦午後[illegible]　廿三日 [illegible]
三十日土　廿四日 [illegible]
三十一日日　廿五日 [illegible]

八月大三十一日

日	曜	記事	舊曆
一日	月		廿六日戊戌木心平
二日	火		廿七日己亥木尾定
三日	水		廿八日庚子土箕執
四日	木		廿九日辛丑土斗破
五日	金	●合朔午後[illegible]分　七月大	初一日壬寅金牛危[illegible]
六日	土		初二日癸卯金女成[illegible]
七日	日		初三日甲辰火虛收
八日	月		初四日乙巳火危收立秋七月節
		立秋午後八時○八分	舊七月節　日出五時○八分　晝十三時四十四分　日入六時五十二分　夜十時十六分
九日	火		初五日丙午水室開
十日	水		初六日丁未水壁閉
十一日	木		初七日戊申土奎建[illegible]
十二日	金		初八日己酉土婁除[illegible]
十三日	土	◐上弦午前[illegible]分　末伏	初九日庚戌金胃滿[illegible]
十四日	日		初十日辛亥金昴平

十五日月
十六日火
十七日水
十八日木
十九日金
二十日土
二十一日日 ○望前零時○分
二十二日月
二十三日火
二十四日水

處暑午前十時四十四分 舊七月中 日出五時二十四分 日入六時三十六分 晝十三時十二分 夜十時四十八分

二十五日木
二十六日金
二十七日土 ◐下弦午後十時三十九分
二十八日日
二十九日月
三十日火
三十一日水

九月小三十日

一日	木		二十八日己丑[illegible]
二日	金		二十九日庚寅[illegible]
三日	土		三十日辛卯[illegible]
四日	日	●合朔午前[illegible] 八月小	初一日壬辰[illegible]
五日	月		初二日癸巳[illegible]
六日	火		初三日甲午[illegible]
七日	水		初四日乙未[illegible]
八日	木		初五日丙申[illegible]
白露午後十時五十一分			舊八月節 日出五時四十二分 日入六時十八分 晝十二時三十六分 夜十一時二十四分
九日	金		初六日丁酉[illegible]
十日	土		初七日戊戌[illegible]
十一日	日		初八日己亥[illegible]
十二日	月	◐上弦午前[illegible]	初九日庚子[illegible]
十三日	火		初十日辛丑[illegible]
十四日	水		十一日壬寅[illegible]

仲秋節

陽曆	曜	記事	陰曆
十五日	木		十二日癸未木[illegible]
十六日	金		十三日甲申水[illegible]
十七日	土		十四日乙酉水[illegible]
十八日	日		十五日丙戌土[illegible]
十九日	月	○望午後○時五十六分	十六日丁亥土[illegible]
二十日	火	社	十七日戊子火[illegible]
二十一日	水		十八日己丑火[illegible]
二十二日	木		十九日庚寅木[illegible]
二十三日	金		二十日辛卯木[illegible]破
二十四日	土		廿一日壬辰[illegible]秋分八月中

秋分午前八時○四分　**舊八月中**　日出六時○分　日入六時○分　晝十二時○分　夜十二時○分

陽曆	曜	記事	陰曆
二十五日	日		廿二日癸巳[illegible]
二十六日	月	●下弦午前四時五十六分	廿三日甲午金心收
二十七日	火		廿四日乙未金尾開[illegible]
二十八日	水		廿五日丙申火箕閉
二十九日	木		廿六日丁酉火斗建
三十日	金		廿七日戊戌木牛除

十月大三十一日

日	曜		陰曆
一日	土		廿八日己亥木滿
二日	日		廿九日庚子土平
三日	月	●合朔午後四時二十六分　九月大	初一日辛丑土定宜[illegible]納財
四日	火		初二日壬寅金執
五日	水		初三日癸卯金破
六日	木		初四日甲辰火危
七日	金		初五日乙巳火成
八日	土		初六日丙午水收
九日	日		初七日丁未水收寒露九月節
寒露午後二時○五分			舊九月節　日出六時十八分　晝十一時二十四分 日入五時四十二分　夜十二時三十六分
十日	月		初八日戊申土開宜[illegible]
十一日	火	◐上弦午後九時四十一分	初九日己酉土閉
十二日	水		初十日庚戌金建宜[illegible]納財
十三日	木		十一日辛亥金除宜[illegible]
十四日	金		十二日壬子木滿

陽曆	曜日	節氣·月相	陰曆
十五日	土		十三日癸丑木[illegible]
十六日	日		十四日甲寅[illegible]
十七日	月		十五日乙卯[illegible]
十八日	火	○望午後十時四十六分	十六日丙辰[illegible]
十九日	水		十七日丁巳[illegible]
二十日	木	千秋慶節	十八日戊午[illegible]
二十一日	金		十九日己未[illegible]
二十二日	土		二十日庚申[illegible]
二十三日	日		廿一日辛酉[illegible]
二十四日	月		廿二日壬戌[illegible]

霜降午後四時五十二分　舊九月中

日出六時三十六分　晝十時四十八分
日入五時二十四分　夜十三時十二分

陽曆	曜日	節氣·月相	陰曆
二十五日	火	●下弦午後三時○分	廿三日癸亥[illegible]
二十六日	水		廿四日甲子金[illegible]
二十七日	木		廿五日乙丑金[illegible]
二十八日	金		廿六日丙寅火[illegible]
二十九日	土		廿七日丁卯火[illegible]
三十日	日		廿八日戊辰木[illegible]
三十一日	月		廿九日己巳木[illegible]

十一月小三十日

日	曜		陰曆
一日	火		三十日庚午[illegible]
二日	水	●合朔午前[illegible]分	十月大 初一日辛未[illegible]
三日	木		初二日壬申[illegible]
四日	金		初三日癸酉[illegible]
五日	土		初四日甲戌[illegible]
六日	日		初五日乙亥[illegible]
七日	月		初六日丙子[illegible]
八日	火		初七日丁丑[illegible]舊十月節
立冬午後四時三十六分			舊十月節 日出六時五十三分 晝十時十六分 日入五時〇八分 夜十三時四十四分
九日	水		初八日戊寅[illegible]
十日	木	◐上弦[illegible]分	初九日己卯[illegible]
十一日	金		初十日庚辰[illegible]
十二日	土		十一日辛巳[illegible]
十三日	日		十二日壬午[illegible]
十四日	[illegible]		十三日癸未[illegible]

十五日火 [illegible]

十六日水 [illegible]

十七日木○望[illegible]分 月食[illegible]

十八日金 [illegible]

十九日土 [illegible]

二十日日 [illegible]

二十一日月 [illegible]

二十二日火 [illegible]

二十三日水 [illegible]

小雪午後一時四十二分 舊十月中 日出七時○六分 日入四時五十四分 晝九時四十八分 夜十四時十二分

二十四日木●下弦午前[illegible]分 [illegible]

二十五日金 [illegible]

二十六日土 [illegible]

二十七日日 [illegible]

二十八日月 [illegible]

二十九日火 [illegible]

三十日水 [illegible]

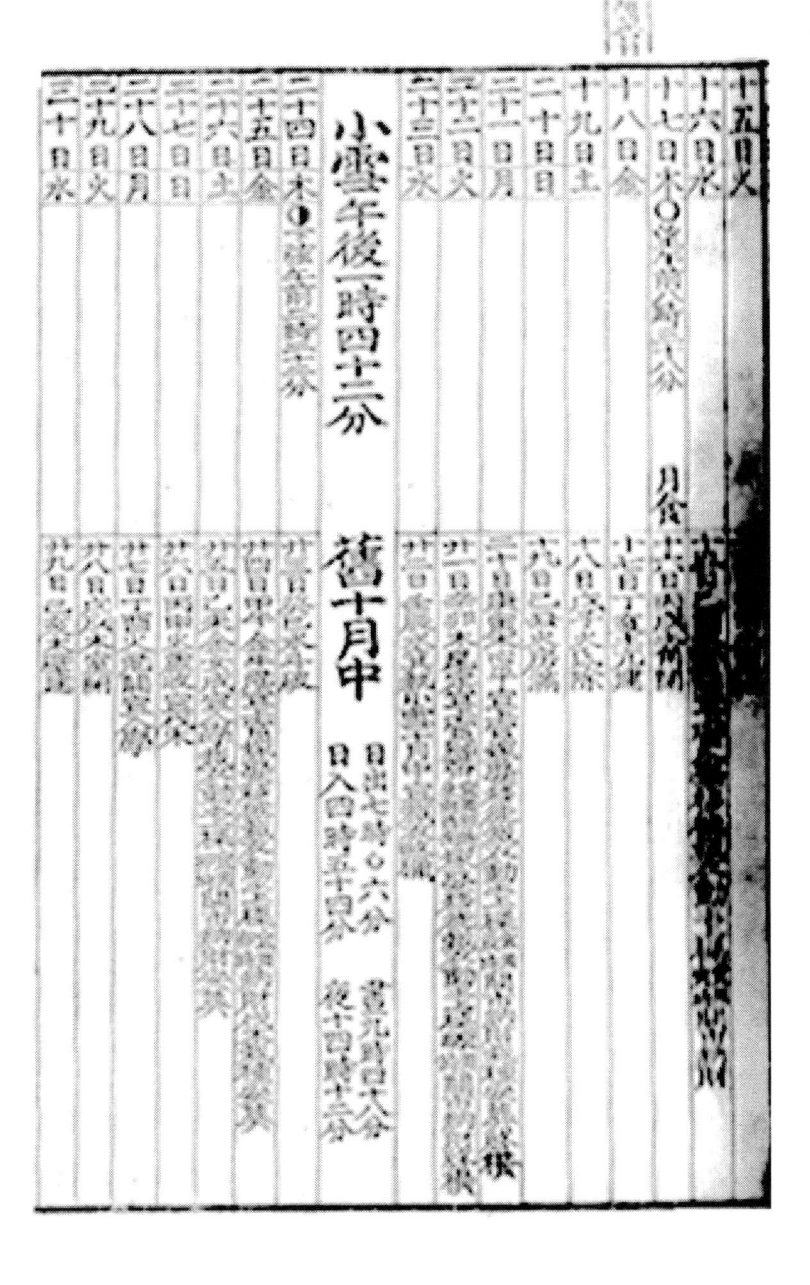

十二月大三十一日

日	曜	記事	舊曆
一日	木		三十日庚子 [illegible]
二日	金	◐合朔午前[illegible]時[illegible]分　靑天	初一日辛丑 [illegible]
三日	土		初二日 [illegible]
四日	日		初三日 [illegible]
五日	月		初四日甲辰 [illegible]
六日	火		初五日乙巳 [illegible]
七日	水		初六日丙午 [illegible]
八日	木		初七日丁未 [illegible]

大雪午前八時四十[illegible]分　舊十一月節　日出七時十五分　日入四時四十五分　晝九時三十分　夜十四時三十分

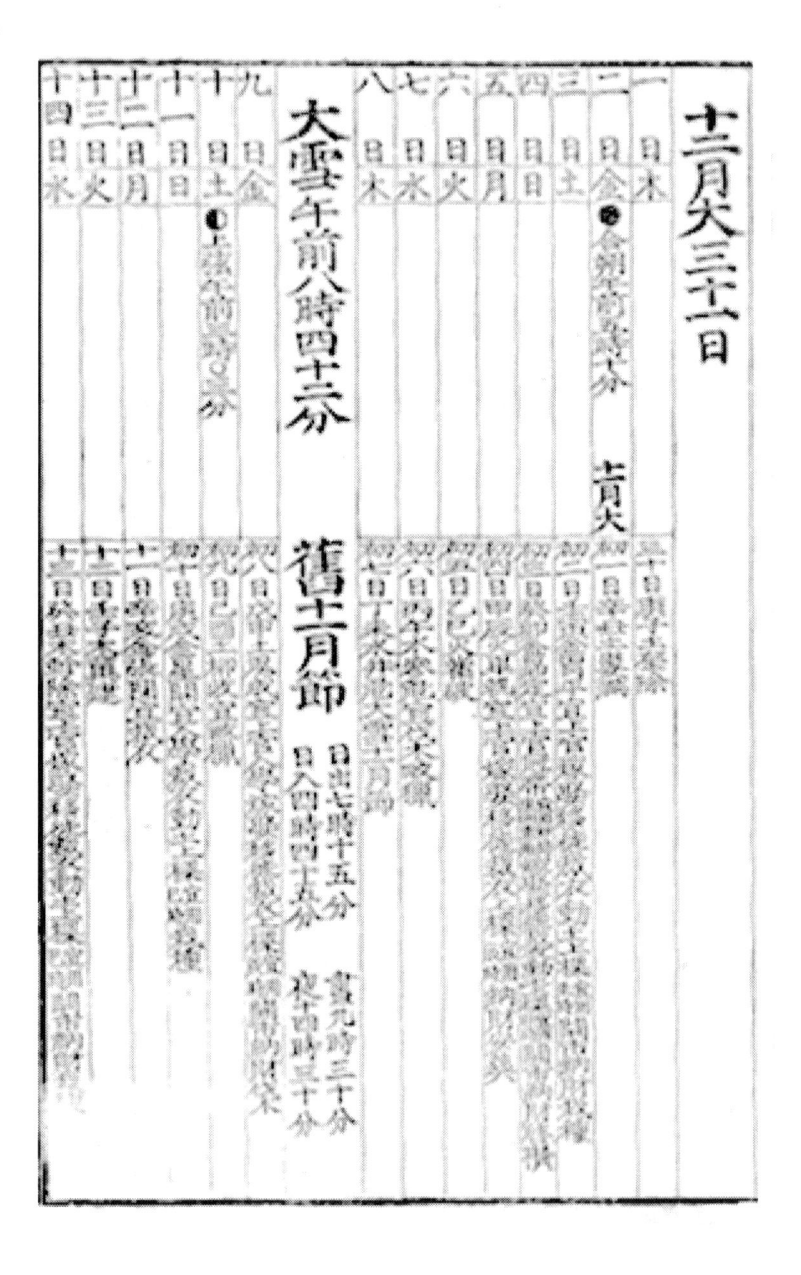

日	曜	記事	舊曆
九日	金		初八日 [illegible]
十日	土	◐上弦午前[illegible]時[illegible]分	初九日己酉 [illegible]
十一日	日		初十日庚戌 [illegible]
十二日	月		十一日 [illegible]
十三日	火		十二日 [illegible]
十四日	水		十三日 [illegible]

양력	월상	음력
十五日木		十四日甲寅水滿
十六日金	○望下後七時○分	十五日乙卯水平
十七日土		十六日丙辰土定 [illegible]
十八日日		十七日丁巳土執
十九日月		十八日戊午火破
二十日火		十九日己未火危 [illegible]
二十一日水		二十日庚申木成 [illegible]
二十二日木		廿一日辛酉木收
二十三日金	◑下弦後[illegible]時[illegible]分	廿二日壬戌水開 冬至十一月中 [illegible]

冬至午前二時十九分　舊十一月中

日出七時十八分　晝九時二十四分
日入四時四十二分　夜十四時三十六分

양력	월상	음력
二十四日土		廿三日癸亥水閉
二十五日日		廿四日甲子金建
二十六日月		廿五日乙丑金除 [illegible]
二十七日火		廿六日丙寅火滿 [illegible]
二十八日水		廿七日丁卯火平
二十九日木		廿八日戊辰木定 [illegible]
三十日金		廿九日己巳木執 [illegible]
三十一日土		三十日庚午土破

附

隆熙四年中陰曆歲次庚戌年月表及節候表

正月小 丙午朔 初十日乙卯戌正三刻十分 雨水 正月中 二十五日庚午戌初一刻 驚蟄 二月節

二月大 乙亥朔 十一日乙酉戌正三刻十二分 春分 二月中 二十六日庚子子正三刻一分 清明 三月節

三月小 乙巳朔 十二日丙辰辰正一刻四分 穀雨 三月中 二十七日辛未酉正三刻十分 立夏 四月節

四月小 甲戌朔 十四日丁亥辰正一刻 小滿 四月中 二十九日壬寅亥初刻十四分 芒種 五月節

五月大 癸卯朔 十六日戊午申正三刻十一分 夏至 五月中

六月小 癸酉朔 初二日甲戌巳正三刻三分 小暑 六月節 十八日庚寅寅初三刻 大暑 六月中

七月大 壬寅朔 初四日乙巳戌正初刻八分 立秋 七月節 二十日辛酉巳正三刻十四分 處暑 七月中

八月小 壬申朔 初五日丙子亥正三刻七分 白露 八月節 二十一日壬辰辰正初刻四分 秋分 八月中

九月大 辛丑朔 初七日丁未未初刻五分 寒露 九月節 二十二日壬戌申正三刻七分 霜降 九月中

十月大 辛未朔 初七日丁丑申正一刻六分 立冬 十月節 二十二日壬辰未初三刻十一分 小雪 十月中

十一月大 辛丑朔 初七日丁未辰正三刻十二分 大雪 十一月節 二十二日壬戌丑正一刻四分 冬至 十一月中

十二月小 辛未朔 初六日丙子戌初一刻一分 小寒 十二月節 二十一日辛卯午正二刻一分 大寒 十二月中

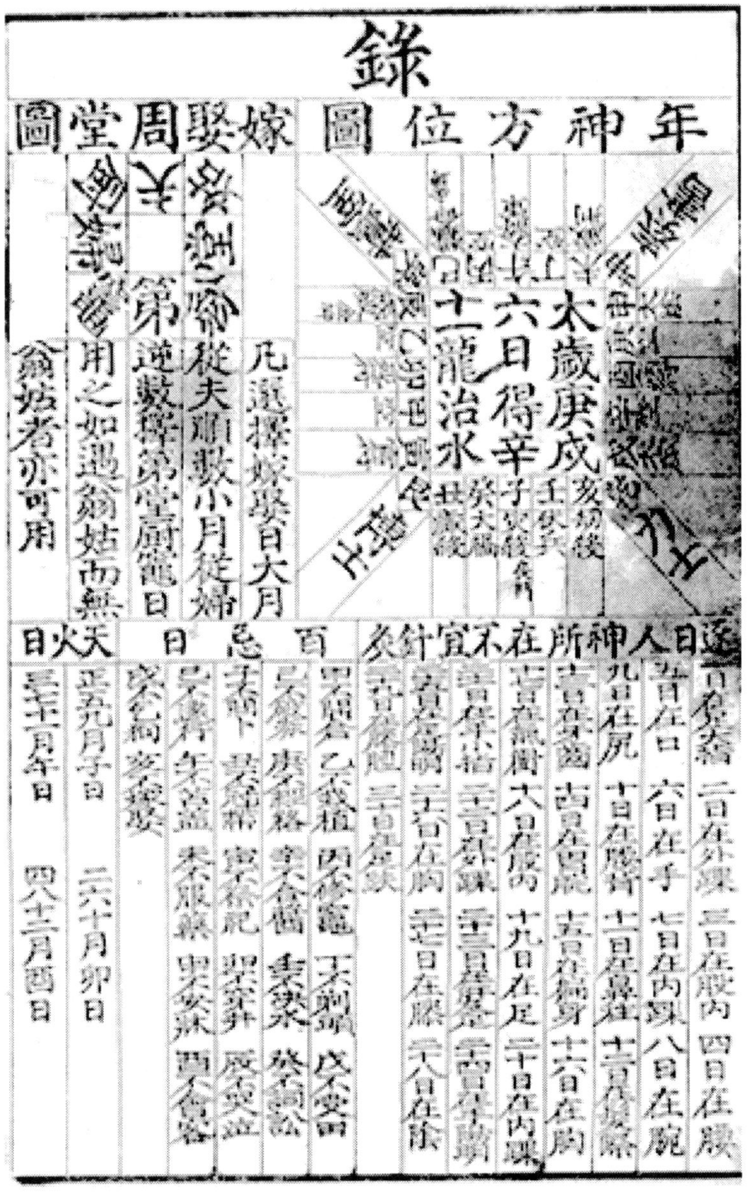

錄

年神方位圖

太歲庚戌
六日得辛
十二龍治水

嫁娶周堂圖

凡選擇嫁娶日大月從夫順數小月從婦逆數値第堂廚竈日用之如遇翁姑而無翁姑者亦可用

逐日人神所在不宜針灸

一日在足大指 二日在外踝 三日在股內 四日在腰
五日在口 六日在手 七日在內踝 八日在腕
九日在尻 十日在腰背 十一日在鼻柱 十二日在髮際
十三日在齒 十四日在胃脘 十五日在遍身 十六日在胸
十七日在氣衝 十八日在股內 十九日在足 二十日在內踝
二十一日在手小指 二十二日在外踝 二十三日在肝及足 二十四日在手陽明
二十五日在足陽明 二十六日在胸 二十七日在膝 二十八日在陰
二十九日在膝脛 三十日在足趺

百忌日

甲不開倉 乙不栽植 丙不修竈 丁不剃頭 戊不受田
己不破券 庚不經絡 辛不合醬 壬不汲水 癸不詞訟
子不問卜 丑不冠帶 寅不祭祀 卯不穿井 辰不哭泣
巳不遠行 午不苫蓋 未不服藥 申不安床 酉不會客
戌不乞狗 亥不嫁娶

天火日

正五九月子日 二六十月卯日
三七十一月午日 四八十二月酉日

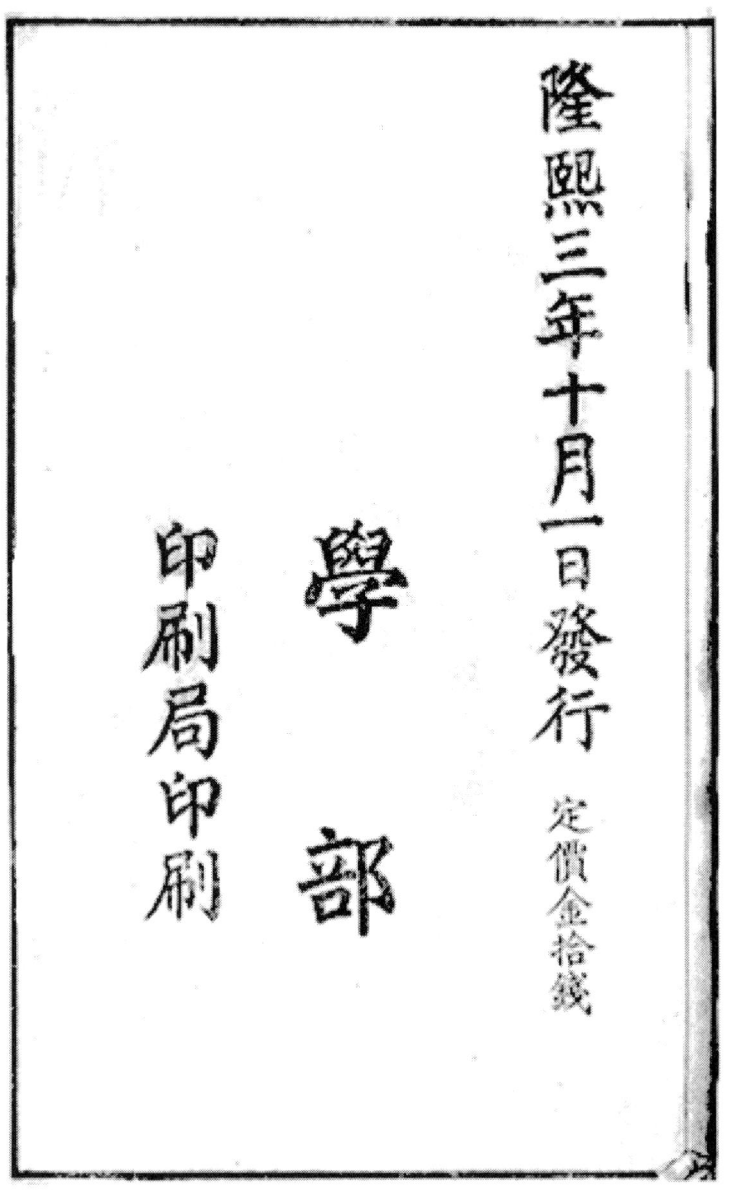
隆熙三年十月一日發行

定價金拾錢

學部

印刷局印刷

옮긴이 박경수朴京洙

전남대학교 일본문화연구센터 학술연구교수로 재직 중이다.

전남대학교에서 일본근현대문학 및 한일비교문학 연구로 석박사 학위를 취득한 이래 최근까지 전남대학교에서 일본문학 강의를 하였다.

그간의 연구물로는, 저서 및 역서로 『정인택, 그 생존의 방정식』, 『한국인을 위한 일본문학개설』(공저), 『제국의 전시가요 연구』(공저), 『제국의 식민지 역사 지리 연구』(공저) 『한국인 일본어 문학사전』(공저) 등과, 『정인택의 일본어소설 번역』(공역), 『조선총독부 편찬 초등학교 〈歷史〉교과서 번역』 (上)(下)』(공역), 『조선총독부 편찬 초등학교 〈地理〉교과서 번역 (上)(下)』(공역) 외 다수, 편서로는 『日帝强占期 曆書』 (上)(下)』(단독) 등이 있으며, 논문으로는 「엔카와 大正데모크라시의 영향관계 고찰—添田啞蟬坊의 엔카를 중심으로—」, 「幕末「對外觀」의 교육적 의미—내셔널리즘 발흥을 중심으로—」, 「일제의 식민지 지배전략과 神社—특히 지리학적 관점에서—」, 「제국의 역사교육과 운문의 상관성—역사서사에서 和歌의 역할 고찰—」, 「大和田建樹의 『地理教育世界唱歌』를 통해 본 제국주의 패러다임」 외 다수가 있다.

이 책은 2020년 대한민국 교육부와 한국연구재단의 지원을 받아 수행된 연구임
(NRF-2020S1A5B5A16082138)

大韓帝國期 曆書

초판인쇄 2022년 12월 20일
초판발행 2022년 12월 27일

편　　제 학부 관상소, 학부 편집국
엮 은 이 박경수
발 행 인 윤석현
발 행 처 제이앤씨
책임편집 최인노
등록번호 제7-220호

우편주소 서울시 도봉구 우이천로 353 성주빌딩
대표전화 02) 992 / 3253
전　　송 02) 991 / 1285
홈페이지 http://jncbms.co.kr
전자우편 jncbook@hanmail.net

ⓒ 박경수 2022 Printed in KOREA.

ISBN 979-11-5917-225-0 93910 정가 38,000원

* 이 책의 내용을 사전 허가 없이 전재하거나 복제할 경우 법적인 제재를 받게 됨을 알려드립니다.
** 잘못된 책은 구입하신 서점이나 본사에서 교환해 드립니다.